可操作的转型

中国企业的成功转型样本

李伟　周立◎主编　杨燕◎执行主编

四川人民出版社

目　录

海尔：用户驱动的互联网化转型 / 069

海尔最新推出的 SCRM（社会化客户关系管理系统）正是基于大数据，打通内部数据“孤岛”，并连接外部市场数据，融合内外，并实际落地应用到相应的 APP，来助推海尔家电的市场营销。同时，海尔也在试水基于用户交互的智能互联工厂，推行 C2M（Customer to Manufacturing）大规模定制。本案例将从市场营销、战略管理、大数据应用等角度来分析海尔这家传统的制造业巨头如何进行战略、组织革新，并实际落地其基于大数据的互动精准营销和智能制造。

奥飞：从玩具到泛娱乐的转型之路 / 095

奥飞动漫是我国动漫文化产业的领导者之一，成立十余年，已成功推出如火力少年王、巴拉拉小魔仙、铠甲勇士，喜羊羊与灰太狼（收购）等知名 IP，创造了一系列深入人心的动漫形象和故事，并打造了以动漫为核心的内容制作、发行、衍生品制造、品牌授权的产业链条。本案例将主要从市场营销、消费者心理学、动漫文化产业运营等角度看奥飞如何不断发展并创造一个个动漫“故事”。

酷特云蓝：服装大批量生产转型大规模定制 / 121

青岛酷特智能有限公司是一家以西装为主的服装生产企业，它的发展起点遵循着典型的传统 OEM 发展模式。但自 2003 年，酷特试水大规模定制，打造单件生产的柔性生产线。2013 年酷特个性化西服定制柔性生产线 RCMTM（Red Collar Made to Measure）基本成型，成为国内首家大规模服装定制企业。本案例通过研究酷特近些年来的发展，探索在互联网高速发展的当下，传统企业是如何利用新技术来实现转型的。

代　序

唯变不变　未来已来

编者按：

“未来已来”高度概括了这个“技术创新、模式演进与经济变革”正在不断发生的时代。改革开放四十年来，在一代代中国企业家追赶与引进西方先进技术与管理经验的紧促脚步声中，中国企业也在同步积累着来自本土市场的实战经验。正如著名企业家张瑞敏所说的那样——“没有成功的企业，只有时代的企业。”努力求变、求新，正是这个瞬息万变的时代中企业生存和发展的根本。

改革开放初期的1978年，全国工业系统中有高达24%的企业存在不同程度的亏损[①]，产品质量与销路都存在问题。持续至1992年，随着改革开放的深入与市场机制增强，企业经济效益、利润率、资金利税率等持续提高，但整体经济效益水平仍然较低。四十年峥嵘岁月，中国企业随着改革开放的深入取得举世瞩目的成就。目前，中国企业已占据2017年《财富》世界500强企业排行榜中的115席，其中三家中国企业跻身前十。一批世界级企业的诞生使得中国成为全球世界500强企业第二多的国家[②]。2016年，中国各类企业单位数已经高达1461万

① 数据来源于国家统计局1978年全国年度统计公报。

② 数据来源于2017年《财富》世界500强排行榜。

个，规模以上工业企业主营业务收入达到115万亿元[①]。中国企业的成长与企业家精神的回归、中国庞大的市场以及劳动力等相关生产要素的成本优势息息相关。

企业的发展离不开企业家精神。这种精神的塑造不仅取决于数据、硬知识，更依赖于软知识：包括企业家对市场前景、技术发展和资源可获得性的想象力、感知力、判断力以及恒心。针对市场变化与政策导向，企业家需要快速准确地识别商机，并迅速调整战略加以应对。他们既是承担风险的一批人，也是寻求创新、精益求精的一个群体。他们领导团体，制定员工激励措施，带领企业提高效率。企业家精神的回归植根于健康稳定的营商环境、科学合理的经济体制与法制下的产权保护，而改革开放四十年的春风带来的制度环境的改善也与企业家精神的回归相辅相成。

较低的劳动力成本与广阔的对外贸易市场是中国企业快速成长的原因之一。上世纪八十年代，一批劳动密集型企业以出口为导向进行来料加工，依托较低的劳动力成本与庞大的市场优势，迅速形成规模化产业集聚，通过出口产品满足国际市场需求。到2007年前后，国内持续近三十年的人口红利为这批中国企业源源不断地提供廉价的劳动力要素，而加入WTO后至经济危机前的国际贸易增长也为这类出口导向型企业的发展提供了需求端的巨大动力。

然而，在国际金融危机爆发后的第十年，国际环境与国内市场已经发生了巨大的变化："去过剩产能""供给侧改革"和"实现经济由高速增长向高质量发展的转变"成为了新的关键词。近年来疲软的欧洲市场与多变的美国贸易政策已为一批对外依存度较高的企业敲响了警钟，国内市场对于廉价、低质、较低技术含量产品的容忍度也在降低，在过去数年间海外代购的迅速发展以及中国人在全球各地的"买买买"都是中国人追求更高生活质量的表现。另一方面，针对高涨的劳动力成本，一部分企业选择自主研发或引进新技术以降低成本，智能制造等高新技术在为这些企业节省成本、提高效率的同时，也进一步引领消费升级。

通过技术与模式创新向产业链与全球价值链高端位置转移，成为当代中国企业

① 数据来源于国家统计局《中国统计年鉴2017》。

的共识。截至2016年，科技进步对中国经济增长的贡献率已达到56.2%[①]，而企业在技术研发上的投入成为重要推动力量。2016年，中国规模以上工业企业在研发投入方面已成规模，研发人员、研发经费与研发项目已分别高达270万人，1.1万亿与36万项；以发明专利数据来看，规模以上工业企业专利申请数已超过71.5万件[②]。部分企业如华为、小米、阿里巴巴和海尔等，都占据着专利申请量排行榜的前列。另一方面，一些中国企业通过全球化经营，收购兼并实现规模经济，以及跨界整合、产业链优化、渠道创新等手段进行资源整合，实现溢出效应。

国家赋予中国企业新一轮的发展机遇已经到来。党的十九大报告提出引导企业加快技术、产品、管理、商业模式等方面的创新；引导中小企业加大研发投入力度，鼓励其掌握关键核心技术和自主知识产权，不断开发新技术，涉足新领域，推出新产品，通过产品创新引领消费创新和支持传统产业优化升级。改革开放四十年里中国企业积累的丰富实战经验如何运用于新经济中，互联网赋能、用户驱动、大数据与人工智能等一系列新经济模式与企业增长的内在逻辑是什么，是中国企业适应新经济、把握新机遇需要思考的重大问题。

本书甄选的十个案例企业，无一不应时代之变，在纷繁芜杂的商业战场中各尽所能、各显身手。这些企业有的或转型初有成果，有的或经营陷入困境，有的或创新寻求突破……但无论成败为何，他们所积累的经验和教训无疑是十分宝贵的。其中，一些企业致力于技术领域的投资与研发，并通过技术产业化创造企业价值，例如以语音交互技术见长的科大讯飞，以及打造3D打印全产业链的先临三维等都是该类企业的代表；一些企业通过融合新技术对传统产业改造升级，例如海尔、美的、苏宁等企业的数字化转型，以及酷特（原红领）的大规模定制，皆属此类；还有一些企业利用新技术、新业态进行市场模式与组织结构创新，例如盒马鲜生对零售业态的改造、华为手机业务的转型发展等。

弘扬企业家精神，抓住全球化发展的历史机遇大胆地去创新、去试错，是中国企业乃至中国经济过去四十年发展动力之本源。新一轮科技和产业革命带动中国消

---

① 刘垠.2016年我国科技进步贡献率达56.2%[N].科技日报,2017-01-11(001).

② 数据来源于国家统计局《中国统计年鉴2017》。

费升级与技术革新的机遇已经到来。面对新时代之变，中国企业面临的挑战包括创新能力，以智能制造为例，核心装备严重依赖国外，在2017年，全国75%的工业机器人，95%的高端传感器以及70%的核心支撑软件都依赖进口①。其次在于劳动力成本的提高，中国制造业的平均劳动成本增长速度从金融危机前的11.0%跃升到了金融危机后的13.1%，为全球主要制造业国家的最高水平②。最后，外部环境挑战还包括国际市场优势的衰落与贸易保护主义势力的抬头。2008年国际金融危机后，欧盟与美国等发达市场针对中国企业的海外投资并购进行了更多的限制，并对中国商品征收了大量的反倾销税。情况已经发生了巨大的变化，一些过去多年来促进经济增长的重要因素已经无法再继续支撑中国企业去应对新时代的变革了。

改革开放四十年后的今天，中国企业已经积累了大量基于本土的转型与创新经验。同时，中国已经建立起了一个行业齐全的工业体系，成为全世界唯一拥有联合国产业分类中全部工业门类的国家。制造业不断往高端装备转型，早在2009年，在22个国际标准工业大类中，我国制造业占世界比重已经在7个大类中名列第一，15个大类名列前三③。另一方面，中国的移动互联网迅猛发展，腾讯、百度入选全世界25家最大的科技公司④。截至2017年12月，中国拥有高达12.5亿⑤的全世界最大的移动互联网群体，2016年中国在移动支付规模上已达5.5万亿美元，同年全美移动支付规模仅为1120亿美元⑥，这将重新凝聚成新的市场规模红利与宝贵的大数据资产。

面对新机遇下中国企业的优势与挑战，中国企业家唯有以求新、求变的决心应对这个瞬息万变的市场，才能成为创新的驱动者和贡献者，与全球合作伙伴一起协同发展。创新驱动、消费升级与结构改革多重红利叠加下的中国经济新态势，必将会使得中国企业站在新的历史起点上，创造新奇迹，谱写更伟大的篇章。

---

① 数据来源于国家制造强国建设战略咨询委员会《制造强国研究》总第9期。

② 数据来源于第一财经研究院2018年《中国与全球制造业竞争力》。

③ 数据来源于国家统计局专题分析《庆祝新中国成立60周年》系列报告之十二。

④ 数据来源于《福布斯》2017年科技公司榜。

⑤ 数据来源于工业与信息化部2017年11月份通信业统计。

⑥ 数据来源于2017年中国移动互联网年度报告。

苏宁云商

线上线下的融合之路

案例点评：

苏宁的发展史可谓是中国现代商业的进化史。与国美一道，苏宁打造出当时最为先进的家电连锁卖场零售模式，并在2008全面超过国美，稳居行业第一。但就在第二年，张近东即敏锐地关注到当时还相当弱小的京东商城的崛起，彼时，京东的年销售额还在十几亿上下，可谓小荷才露尖尖角。张近东选择“逼近京东”，在2009年进入互联网零售，这比其他的传统家电零售同行早了若干年。

这一转型被证明非常痛苦，因为当时线上线下完全是两种打法，而苏宁内部几乎没有互联网人才。比如线上线下同价的策略，遭到了传统门店的激烈反对，因为线下的成本远高于线上，无法承受同样的价格。苏宁以强大的执行力，确保了战略实施，这样艰苦做了三年，易购在2012年做到了152亿的规模，终于站稳了脚跟，但和京东的差距依然很大。

2013年，张近东提出了“一体两翼三云四端”的新战略，明确指出以 “互联网零售为主体”，这带有划时代的意义。苏宁是第一家全面拥抱互联网的传统零售企业。到2017年，苏宁在线上完成975亿的交易，首次超过线下交易总额。

这样的进展，与苏宁的“智慧零售”概念有密切关系，即未来零售运用互联网、物联网技术，感知消费习惯，预测消费趋势，引导生产制造，为消费者提供多样化、个性化的产品和服务。这个概念，与阿里提出的新零售相呼应，包括三方面的数字化：商品，用户，和支付，从便利店到苏宁生活广场，将涵盖各种消费场景。

在大浪淘沙的现代零售业，苏宁能够一直站在潮头而不落伍，源于其战略的敏锐性，以及居安思危的意识。唯一不变的，只有变化。不断的战略转型，就是与变化同舞。

从阿里巴巴的“新零售”，到京东的“无界零售”，再到苏宁的“智慧零售”，每个企业对于今天零售业态的升级、变革都有自己的理解和实践。“运用互联网、物联网技术，感知消费习惯，预测消费趋势，引导生产制造，为消费者提供多样化、个性化的产品和服务。”这是张近东对苏宁“智慧零售”的解读。

从2009年设立简单的电商部门苏宁易购，2011年成立独立公司，2013年正式提出线上线下融合发展，以及“一体两翼三云四端”的方针路线，再到今天成为“全渠道、全品类”的零售平台，并向“智慧零售”转型，张近东带领着苏宁在互联网时代不断摸索中闯关，今年已是第十个年头。

从2017年的业绩看，苏宁的双线融合战略取得了不错的成绩。据财报数据，苏宁2017年实现营业收入1879亿元，同比增长26.48%，净利润42.13亿元，同比增长498.02%。2017年的商品销售规模为2433.43亿，其中线上1266.96亿，占比52.1%，线下门店3799家。在艾瑞咨询2018年3C白皮书中，2017年中国主要家电零售企业在市场全渠道销售份额分布中，苏宁以20%份额居于首位。

在这十年的时间里，苏宁如何开始探索线上线下融合的转型之路？在此模式下，苏宁的线上电商和线下实体又是如何有效融合，协同发展？

苏宁转型的关口

1990年，辞去国企文职工作的张近东怀揣10万元租下南京宁海路的一间二层的门面，取名“苏宁交家电”，做起空调销售与批发生意。通过“淡季订货、反季节打款” 等创新模式，苏宁一步步做大做强，1994年已成为中国最大的空调批发企业之一。1996年，面临空调批发行业的发展瓶颈，张近东砍掉了占苏宁收入90%以上的批发业务，转型做综合家电零售商。1999年，意识到零售渠道的重要性，张近东又开始转向连锁化发展。到2010年，苏宁已拥有门店1342家（含海外31家），营收达到755亿元，利润54亿元[①]。

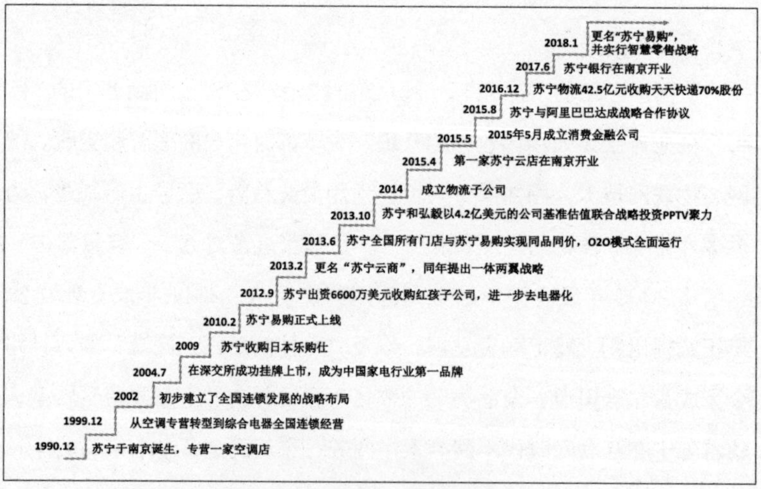

图1-1　苏宁发展历程

资料来源：长江商学院案例研究中心整理

早在1999年张近东就考察过电子商务，但当时他认为进入电子商务的时机并不成熟，重点仍是放在发展实体电器零售。然而，随着互联网的浪潮席卷中国，零售业态也发生着快速的变化。互联网、物流、第三方支付等条件走向成

① 苏宁公司2010年年报。

熟，便捷、有价格优势、不受时间空间限制的网络购物逐步吸引更多消费者。2007年到2011年，我国网购平均增速超过70%[①]。

同时，随着消费者收入的提高，对网购商品的质量、服务要求也在逐步提高，B2C模式成为网购新热点。2004年成立的京东商城趁势而起，与淘宝“集市”上商品质量参差不齐、较差的快递体验相比，京东以低价、正品行货、优质的物流和售后服务逐渐赢得了消费者的青睐。在2008年B2C市场尚属蓝海之际，京东已占据了约16.3%的市场份额，成为市场份额仅次于天猫的B2C电商领军者。

距上一次考察时隔十年后，苏宁也于2009年开始正式进军B2C业务。

苏宁线上线下融合之路

2009年，张近东在内部抽调了大约300个大学生（其中最高人员层级也仅仅是经理级），组成了苏宁易购部门开始尝试触网。同年8月，苏宁易购试运营。2010年2月1日，苏宁易购正式上线。2011年，苏宁易购被分离出来，以独立公司身份运营。

2009到2012年我国B2C市场迎来爆发式的增长[②]，苏宁易购上线仅两年就迅速做到了全国B2C市场第三的份额（天猫56.7%，京东19.6%，苏宁易购5.5%）[③]。从2011年开始，苏宁易购不再局限于3C家电，逐步上线图书、日用百货等新品类。引入新品类的最主要目的是引流，以解决网站缺乏流量的问题。苏宁曾试过广告、低价等方式来引流，但效果不佳，后来发现最有效的方式还是丰富商品类目。为了更顺利地扩大品类，在一方面扩大自有供应链的同时，2013年苏宁宣布开放平台招商，这些举动被外界认为是苏宁全面“去电器化”的开端。

① 艾瑞资讯。

② B2C市场交易规模2009年为220亿，增速171.1%；2010年1028.9亿，增速367.3%；2011年2406亿，增速133.8%；2012年4792.6亿，增速99.2%。以上数据来源于易观咨询。

③ 数据来源于艾瑞咨询。

在苏宁易购独立运营、快速发展的同时，实行和线下“异价并行”的状态。线上线下价格不同、“左右手互博”的问题十分困扰张近东，也招致了消费者和外界对苏宁的各种议论。但是由于当时各大供应商对苏宁线上业务的抵触，担心自己的利润和话语权受到损害，甚至以如果同价就撤柜来“威胁”苏宁，导致苏宁迟迟没能实现双线价格统一，也不敢撤去富余的驻店销售员。

然而随着时间的推移，张近东感受到了不得不变的压力。直接的诱因就是京东挑起的“价格战”。2012年8月14日刘强东在微博上称，“未来三年京东大家电‘零毛利’，保证比国美、苏宁连锁店便宜至少10%以上”，同时招募5000名价格情报员入驻苏宁国美门店人肉比价，掀起价格大战。京东不是第一次这样做了，曾经也和当当打过图书价格战。京东的发展逻辑是通过资本市场注血，以持续低价策略来追求规模扩张。京东意图很明显，大家电仅占据京东10%的业务，却是苏宁的主营业务和利润来源，张近东认为，刘强东将价格战挪到线下，就是希望瞄准苏宁的“七寸”，四两拨千斤来大幅压缩苏宁利润并制衡易购的发展。

对于京东的挑衅，张近东决定牺牲掉短期的利润也要和京东打一仗。苏宁易购微博宣称，包括家电在内的所有产品价格必然低于京东，以“全品类低价”和“价差双倍赔付”回击。随后国美、当当、易迅等纷纷加入，掀起了当年著名的电商大战。

价格战后，张近东坚定了决心要还击京东。原因之一是京东对苏宁主营业务直接的抢夺 同时也是因为通过电商大战，京东给消费者灌输了线上比线下便宜、去苏宁门店就应该比价京东再购买的消费观。如果苏宁再不改变，消费者会继续流失。8月17日，价格战后没几天苏宁就宣布在全国1700多家门店进行“全国惠战”，启动大规模促销，让线下价格向线上看齐，逐步展开各品类的同价策略。

除了苏宁易购，张近东也在考虑苏宁门店的未来。此时苏宁的门店发展已显疲态。苏宁过往模式是低毛利、高流通，通过不断复制开店做大规模，赚取进销差价来获取利润。然而在互联网时代，这种盈利模式已不再如以往那样有效。苏宁的线下收入增速放缓，2012年累计可比店面同比下降12.38%，当年关店178家。[①]

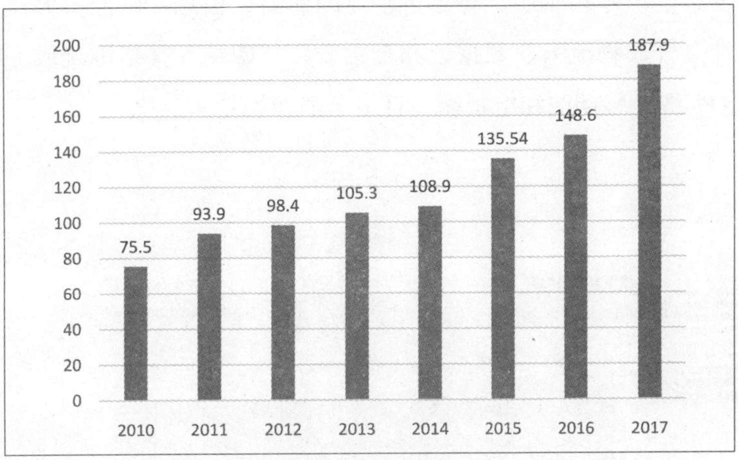

图1–2　苏宁收入一览（单位：十亿）

资料来源：苏宁公司公司历年年报

一面是线上业务面临激烈竞争，一面是线下发展疲软。张近东面临着这样的问题：是不是就搞电子商务，不搞实体连锁了？如果继续做线下，如何协调好苏宁线上与线下的业务，使两者避免互博，同时发挥最大的协同效应？

经过再三考虑，他决定还是不放弃实体零售。张近东认为，未来消费趋势会向品质消费和体验消费靠近，而实体门店就是提供品质和体验消费的最好渠道。电商尽管这几年增速强劲，但是缺乏体验这个核心内容。他相信，零售总有一天会回归线下，而苏宁需要做的是对门店进行格式化再造，升级价值。而且网络零售的本质还是零售，苏宁20年积累的遍布全国的物流仓储和门店、领先的供应链管理、庞大的专业人员队伍等，都是苏宁长期的竞争力。

不放弃线下而探索线上线下并举，苏宁便这样踏上了“戴着镣铐跳舞”的转型之路。2013年，苏宁正式对外宣布转型互联网零售商，走“一体两翼三云

① 苏宁公司2012年年报。

四端”路线。“一体”是指以互联网零售为主体；“两翼”是指打造线上苏宁易购和线下苏宁易购云店，采取O2O全渠道经营模式和线上线下的开放平台；“三云”是指围绕零售本质，将零售企业的商品、信息、资金三大核心资源社会化，向社会开放物流云、数据云和金融云；“四端”是指围绕线上线下，布局POS端、PC端、移动端和电视端，打造全消费场景。

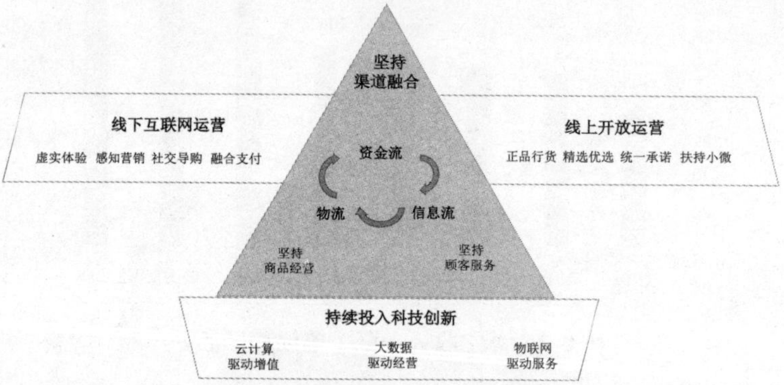

图1–3　苏宁O2O融合模式示意图

资料来源：苏宁公司官网

O2O融合的具体实践

张近东希望打造的是一个O2O融合的零售模式：苏宁线上提供便利的商品信息并吸引消费者到云店来实际体验。云店为消费者提供休闲、购物等服务体验的同时，承担着售后、物流、供应链等服务，从而结合网购打破时间、空间限制的特点和实体零售“看得见摸得着”的线下体验特点，虚实互补，走出一条和京东、天猫差异化的竞争路线。

张近东认为，即便是转型互联网，零售的本质没有变，苏宁做的不过是“+渠道”，“+商品”，“+服务”。具体来看，苏宁云商在前台实行“电商+店商”的O2O融合，增加渠道、商品与服务来扩大市场与流量，在后台建设物流、供应链、信息、金融等核心能力进，并通过建立开放平台做零售服务商。

前台O2O融合，打造入口体验

双线融合

2013年2月苏宁正式更名为苏宁云商，6月开始全面地推行线上线下融合。曾作为单独BU的苏宁易购被纳入整个体系，后台运营完全打通，苏宁云商正式地从两个公司变成了两个平台、一个公司。

在最新架构下，线上线下两大渠道的供应链系统合并，从而实现统一结算，苏宁易购在各地区销售额将会算成对应大区的业绩，每个门店的业绩包含线上和线下两部分，无论是线上还是线下发货，销售额都归属于门店业绩，以解决线上线下左右手互搏的问题。双线融合后，负担着租金、人力等成本的线下业务利润立即缩水。苏宁云商财报显示2013年净利润同步下跌86.11%，归属于上市公司股东的净利润总额从2012年的26.76亿元跌到3.72亿元。[①]

线下门店互联网化，打造流量入口与体验价值

张近东希望的是通过O2O模式来培育苏宁云商线下门店的长期价值。具体来看，包括门店的流量价值、体验价值，以及补充线上价值。

在张近东的战略构想里，门店被视为和苏宁易购APP、网页等一样的端口，具备着流量入口的价值。2014年上海浦东和南京山西路两家云店率先开业，随后云店模式向全国推广，一些核心的传统门店被逐步升级改造成为云店。

所谓云店，COO侯恩龙用十二个字总结，即“卖产品、卖服务、卖体验、卖生活”。张近东认为，云店的作用就是要实现销售、体验、服务、本地化营销四大功能的协同，对不能成为流量入口，不能提供体验的门店要坚决淘汰。和传统门店相比，云店的装修布景更加开放式，侧重体验、场景化，并开辟了相应的服务专区，如咖啡区、金融理财专区、售后区等。在店内设置了如摄影课堂、烹饪课堂等兴趣专区，定期举办活动引流并带动销售。同时在门店周围配备中高端餐饮店，以及楼下的苏宁超市，为顾客提供一站式的购物休闲体验。

---

① 苏宁公司2012、2013年年报。

在苏宁北京慈云寺云店，店内有免费Wi-Fi，所有商品有二维码标签，消费者用手机扫码即可访问苏宁易购网页或APP来完成商品订购，并可自助选择线上或线下支付、自行提货或门店配送。

云店负责人介绍，对于苏宁云商员工的考核和培训，已由过往的以商品介绍和销售为主，转为提升服务质量与推介消费者扫码和下载APP为主。譬如，某员工如成功让顾客下载苏宁易购APP，则可获得单次2-3元的奖励，同时也会从该顾客一个月内的购买金额中获得提成奖励。店内也有专区，把部分苏宁易购（包括海外购以及开放平台商户）的商品进行实体展示，同时用电子货架、视频以及二维码对其他商品进行虚拟展示，从而打破实体店限制、提高坪效（即每坪商店面积产出的营业额），并为线上引流。借助门店引流，苏宁在移动端快速增长，以2015年双十一为例，移动端APP订单占线上整体比例为64%，截至2017年底该比例已提升至89%。[①]

按照张近东的想法，云店就是苏宁的明星产品，将按照互联网产品思维不断迭代云店版本，从1.0、2.0到如今的3.0模式。截止2017年，云店数量已增加至323家。门店升级也带动苏宁整体同店数据从2016Q3开始改善。据2016年财报数据，在各其他业态店可比店面销售收入同比下降的情况下，云店同比提高3.67%。

表 1-1　苏宁易购云店模式升级和特点

模式	门店特点
云店1.0	苏宁易购与云店线上线下相结合，全店SKU3-5W。商品全品类展示，苏宁易购平台的商户落地到线下。
云店2.0	在1.0的基础上，加大家电场景化布置，注重消费者体验。全店SKU几十万个，把商品品类按真实生活场景分区域布置，设置消费者体验专区。加入随处可扫码支付，与线上一体化收银。同时加入红孩子母婴店、苏宁超市等业态。
云店3.0	整个门店场景化，更多的加入了高端智能技术，如无人店、刷脸支付等技术。加入VR等体验增加了消费者与商品的体验交互。加大智能衣柜等高科技设施引导消费者消费，减少导购设置。绑定会员权益可在线上线下同时使用，同时消费者可以现场下单和取货，门店提供3公里范围1小时送达服务。

资料来源：长江商学院案例研究中心整理

① 苏宁公司2017年年报。

表 1–2　2016 年苏宁各业态店可比店面销售收入同比数据

	云店	旗舰店	中心店	社区店	县镇店
可比店面销售收入同比	3.67%	−1.36%	−3.46%	−5.55%	−3.83%

资料来源：公司 2016 年年报，长江商学院案例研究中心整理

除了导流和提供体验，苏宁的线下门店还可发挥补充线上、作为售后、供应链、O2O物流仓的仓储和快递点的重要职能。如通过后台系统智能匹配配送地址，苏宁可实现从用户附近门店直接进行最后一公里配送，从而实现了全国多地保证2小时免费“急速达”。根据苏宁云商2015年数据，双十一苏宁共完成4.9万单免费的两小时“急速达”，妥投率（即快件派送成功的比率）达97.8%。在苏宁与阿里2015年签订的合作协议里，双方重点在门店和物流方面展开合作：苏宁物流已接入菜鸟，而门店也承担着天猫商品的售后服务、维修以及仓储物流的角色。

表 1–3　2014—2016 年苏宁门店类别和数量、占比①

	2016		2015		2014	
店面类型	数量	占比	数量	占比	数量	占比
云店（注1）	141	9.34%	42	2.66%	–	–
旗舰店（注1）	242	16.03%	298	18.90%	339	20.55%
中心店	389	25.76%	406	25.75%	438	26.55%
社区店（注2）	672	44.50%	721	45.72%	797	48.30%
县镇店（注2）	34	2.25%	43	2.73%	61	3.70%
红孩子店	26	1.72%	27	1.71%	8	0.48%
超市店	6	0.40%	37	2.35%	4	0.24%
乐购仕店	0	0.00%	3	0.19%	3	0.18%
合计	1510	100%	1577	100%	1650	100%
注1：2014–2016年，共有77家旗舰店改造为云店						
注2：社区店除了包括在一、二级市场社区商圈开设的店面以外，也包括在县级市场开设的3000平米左右的标准店；县镇店指在欠发达的县级市场与镇级市场开设的800–1500平米的店面。						

资料来源：苏宁公司 2014–2016 年年报，长江商学院案例研究中心整理

① 苏宁在2017年年报中，重新划分了店面业态，主要有三种：家电3C店、母婴店、超市店、社区便利店、苏宁易购直营店，其中，云店在家电3C店类别中。

除了在一线城市推进云店并关闭效率不高的门店，苏宁云商也开始逐步“下沉渠道”。苏宁已加快对二三线城市的渗透，并通过苏宁易购直营店进军三四级农村市场。苏宁易购直营店被视为苏宁产品和特色服务进军农村市场的据点，除了承担苏宁品牌推广、购物、物流售后等职能外，也可为农村用户提供金融服务（零钱宝等理财产品）、免费便民服务、招商服务（引入特色农村产品到苏宁易购）等。截止2017年底统计，苏宁易购直营店共计2215家。

据2017年年报公布，目前苏宁已形成“一大、两小、多专”的业态产品族群，“一大”是指苏宁易购广场，“两小”是指苏宁小店与苏宁易购直营店；“多专”是指专注于垂直类目经营的，如家电3C、母婴、超市、家居生活等业态店面。

表 1–4　苏宁业态产品族群

		业态	面积（平方米）	数量	定位
一大	苏宁易购广场	商业综合体	3–8万	15	集合苏宁垂直业态店，一站式商业中心
两小	苏宁小店	社区便利店	80–200	23	社区、城市CBD、交通站点的便利服务
	苏宁易购直营店	下沉县域乡镇	200–700	2215	欠发达县级与镇级市场开设店铺，
多专	家店3C	苏宁云店、苏宁易购常规店	2000–8000	323/1144	一线城市核心商圈/二三级市场
	红孩子母婴店	一站式母婴体验中心	1000–6000	53	选址在苏宁云店、苏宁易购广场、万达广场内部
	超市店	苏鲜生	3000–5000	9	打造“生鲜+餐饮+超市”复合业态超市

注：苏宁易购常规店 1144 家包括，旗舰店 118 家、中心店 371 家、社区店 655 家。

资料来源：公司 2017 年年报，长江商学院案例研究中心整理

除了门店，在“四端导流”布局中，张近东尤其注重苏宁在手机、TV的引流潜力。苏宁借助PPTV电视内嵌苏宁易购入口而进入“客厅大屏”。据报道，2015年上半年PPTV聚力内容的月覆盖人数达到了2.4亿，占据超过1亿（国内占

比30%）以上的手机视频用户[①]。据苏宁门店人员介绍，第一批出品的PPTV电视销售供不应求，顾客可在PPTV内一键登录购物。

线上品类扩展，增加用户黏性

在线上方面，苏宁推进了多品类扩张的“去电器化”战略，已形成涵盖电器3C、超市、母婴、百货、金融等不同品类组合（图1–4）。苏宁的意图是以全品类经营吸引更多流量，并增加用户黏性。苏宁云商的副董事长孙为民谈到，“做全品类唯一的理由就是只要顾客黏性，为了提高顾客黏性，同时能够把你物流的资源进行更多的共享，这个还是靠谱的。”

苏宁云商2011年5月推出运动馆，9月上线虚拟物品频道，10月末上线60万SKU的图书频道。2012年4月，逐步上线商旅、酒类、再到母婴频道，2014年推出苏宁超市等，形成了“巩固家电、凸显3C、培育母婴超市”的全品类发展策略。[②]

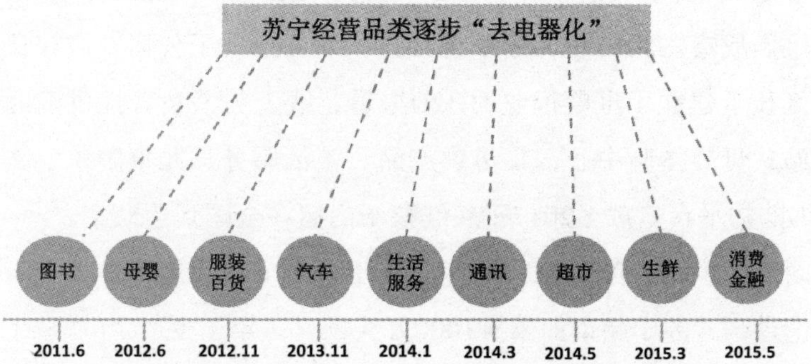

图1–4　苏宁的“去电器化”过程

资料来源：苏宁公司官网、齐鲁证券研究所

在品类拓展上，苏宁云商具体采取了“自营+开放平台+投资并购”三管齐下的策略。苏宁自营产品仍以传统的优势商品如3C、家电为主，可以在品牌信

---

① 《PPTV智能电视发布 苏宁亮出四端融合王牌》，新浪广东频道，参见http：//gd.sina.com.cn/fs/jingji/2015-08-01/092236845.html，2015-8-1。

② 苏宁公司2014年年报。

誉、商品质量、售后满意度上打造专业优势和品质保障。

苏宁2013年正式宣布为苏宁易购开放平台招商，以达到迅速扩展品类、丰富平台SKU的目的。苏宁主要对百货和日用品进行招商，同时对平台商户有着一定的遴选标准，限制同一类目、同一SKU商家数量，在品牌定位上偏向中高端品牌，并要求注册法人与开具增值税发票的资质，以把控商品质量，避免过度同质化竞争。

另外，苏宁通过2012年收购母婴零售品牌红孩子，实现了对母婴行业的快速布局。苏宁收购红孩子，除了瞄准中国母婴产品消费的市场潜力，更是看中了母婴品类为苏宁整体带来的会员群体和流量。苏宁传统的优势商品是单品价值高的家电和3C，消费频率低、复购率低、消费人群男性占比偏高。而母婴产品特点是复购率高、消费群体以年轻女性为主，能够帮助优化苏宁的用户结构，扩大会员规模，同时带来更多用户黏性和流量。2014年，张近东将发展母婴品类提上公司的战略高度，确定了“巩固大家电，凸显3C，培育母婴”的自营品类聚焦战略。2015年，苏宁将红孩子划为独立子公司，放权让其全力推进。之后红孩子建立了母婴行业的O2O渠道，线上为消费者提供商品选择，线下开设一站式母婴体验中心，集母婴产品、生活服务、儿童游乐、文娱试听为一体的O2O购物平台。截至2017年底红孩子门店在全国到达53家。

按照同样的逻辑，苏宁在2014年上线了自营的苏宁超市。苏宁云商COO侯恩龙曾评论道，“苏宁超市如果有1000万买家，每年至少产生6次以上的复购，所带来的引流，以及用户粘性，就能成为苏宁加速发展非常好的一个利器，这无法用一个简单的投入和产出来进行比较。”为强调流量和会员规模的重要性，苏宁在对这两个品类的考核也有所侧重：KPI（Key Performance Indicator，关键绩效指标）权重中最重的部分是会员，尤其是新会员的数量和复购率，其次才是销售量。数据显示，苏宁超市从2014年一季度16%的增长率迅速增长到2015年一季度813%的增长率。

面对日益庞大的自营品类，苏宁采用聚焦策略，选择刚性需求、复购率高的商品进行“单点突破”，并将其打造成“爆品”来推动流量、口碑和认知度，从而带动其他产品的销量增长。例如，红孩子主推的卫生巾单品，在2014年8月3天活动期间通过营销和价格促销就取得了过去一年的销量，其增速位列各品类之首。这个逻辑也被复制在超市等其他品类上。张近东认为，苏宁单点突破的策略能够得以实现，苏宁组织结构的支持很重要。在最新的架构下，母婴、超市等重点品类已被划分成独立的子公司，可以自主决策，在市场应对上相对会更加灵活。

另外，在传统的优势项目3C/大家电上，为寻找更多盈利点，苏宁已开始探索以C2B反向定制为主的差异化自营产品。另，在海外购越发火热的背景下，苏宁拓展了海外供应链渠道，已成立包括美国、日本、香港等在内的苏宁易购海外采购公司。

当前，苏宁的SKU达到4400多万（比2014年增长5倍多），开放平台商户增加至3万家。苏宁线上平台实体商品交易总规模从2015年的402.93亿元增长至2017年的1266.96亿元。2017年8月，苏宁发布会员体系全面升级，打通零售、金融、文创、体育等会员体系，以实现苏宁生态会员一账通，苏宁会员体系总数达到6亿。

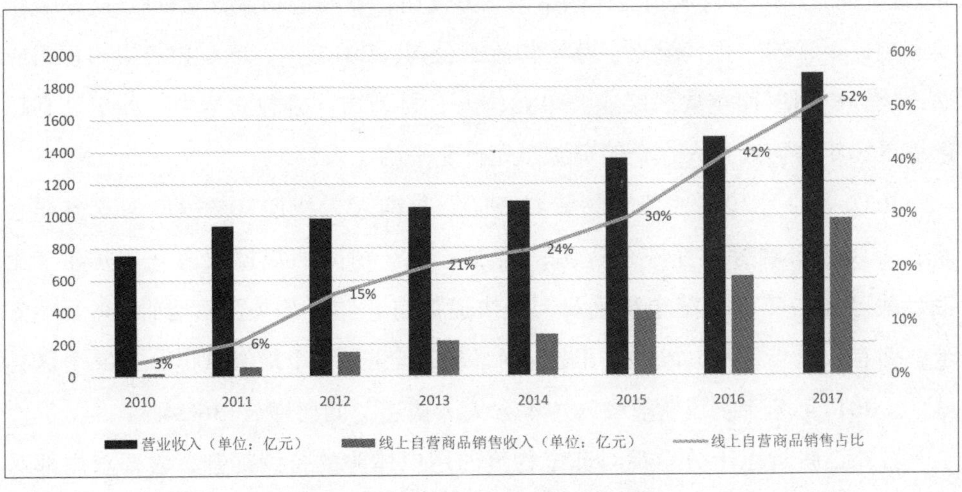

图1-5　苏宁2010-2017收入一览

资料来源：苏宁历年年报，长江商学院案例研究中心整理

后台能力建设

张近东认为，前台的互联网化，对应的必须有后台，包括物流、供应链、金融体系等的有力支撑才能顺利推进，苏宁的线上线下融合，是个全局的概念。

物流管理

张近东一直将物流视为零售行业的核心之一，从苏宁创办初期就开始了对物流的投入。他认为，优秀的物流能力是互联网零售的核心竞争力之一。由于网络购物的“虚拟性”，物流最后一公里是消费者直接感受电商服务的重要环节，物流服务好坏直接影响电商口碑、用户粘性与最后的销售规模。

然而，物流体系的建设需要大量的资金投入。根据苏宁的情况，一个200亩左右的物流基地平均投入达到1.5–2 亿元。可见，苏宁或京东这样企图建立分布全国的物流仓储会造成对现金流和融资能力的巨大考验，同时也会给物流建设后发者竖立相应的竞争壁垒。而对于已建成的自有物流，随着销售规模的扩大、以及对第三方开放服务，将会逐步释放其规模效益。亚马逊在90年代的仓储物流费用曾达到20%以上，而随着订单量的提升，物流成本得以摊薄，一度降低到10%以下，[①]而自2007年开放物流体系给第三方使用，亚马逊物流开始创收。

2014年，苏宁正式成立了苏宁物流子公司。2015 年，苏宁物流集团正式成立，成为集团层面重要战略业务单元，人、财、物、事独立运作。苏宁已有超过积累20年的物流投入，仓储资源领先行业平均（表1–5）。

2016年12月30日，苏宁物流42.5亿元收购天天快递70%股份，双方在仓储、干线、末端等方面整合资源，增加了苏宁物流的规模效应——据苏宁年报，截至2017年底，苏宁物流及天天快递拥有仓储及相关配套合计686万平方米，拥有快递点20871个，公司物流网络覆盖全国352个地级城市、2908个区县城市。2017年苏宁物流营业收入（不含天天快递）同比增长136.24%。

另外，张近东十分重视对苏宁物流的用户体验的持续提升，曾要求内部对

① 亚马逊财报数据整理。注：2010年–2016年，随着亚马逊对物流仓储的持续投入，物流仓储成本占营收支出比例已超过10%，2017年H1统计为14%。

标物流行业标杆，持续提升服务质量。在最后一公里的打造上，苏宁推出“有速度、有温度、有风度”的三有服务法则，注重速度与客户体验并行。苏宁物流在全国推出了“准时达”、“如约送”、“送装一体”等服务，同时也推出了包括“去前电联、送货上门、可视化配送、来电秀、白手套验机、带扔垃圾、包装回收”等一系列特色服务[①]。根据国家邮政局调研，苏宁易购快递投诉率从2015年10月0.66%降到了2017年6月0.08%（京东2017年为1.81%）。

表 1–5 苏宁及其他电商物流能力对比

企业	物流对象	仓储环节	配送环节	物流模式	仓储资源					配送速度
					全国级枢纽仓储物流中心	区域级枢纽仓储物流中心	城市级中转仓	快递点	总体仓储面积	
苏宁云商	本企业+菜鸟网路+第三方服务对象	自营	自营	全程参与物流的仓储，分类，配送环节	8	47	12	20871	686万平方米（包含天天快递）	覆盖全国352个地级城市、2908个区县城市；319个城市实现次日达和半日达；9个城市准时达；114个城市送装一体
京东	本企业+第三方卖家	自营	自营+达达	全程参与物流的仓储，分类，配送环节	9	269	217	7000（自提点和配送点）	1200万平方米	覆盖全国300个城市、2830个区/县，60万行政村，200个城市京准达，6个城市夜间配、50多个核心城市和600多个区县3小时极速送达
天猫商城	本企业+第三方卖家	使用第三方物流团队	使用第三方物流团队	依靠“云物流”在需求端汇总单信息，在给供给端整合各类零散物流企业	阿里巴巴旗下大数据物流平台菜鸟网络已经建立起一张广至全球范围、深入国内农村，含干线到末端的大数据物流全网链路。目前菜鸟平台伙伴共拥有17.6万个物流快递网点，在全国设立8个大型仓储物流基地，合作伙伴配送能力覆盖全国2900多个区县，存储面积500多万平方米，覆盖全球国家和地区224个。					
当当网	本企业+第三方卖家	自营	外包给民营物流	依靠租赁仓储中心集合订单需求，使用各类零散民营物流企业配送	8	37		/	42万平方米	28城当日达，607城次日达，1764行政区县配送
亚马逊	本企业	自营	外包给民营物流	依靠仓储中心集合订单需求，和成熟第三方物流对接配送	13	不分区域	5	5000（自提点）	超过50万平方米	全国1400多个城市、区、县的消费者能享受到当日或次日送达服务
注：当当网为2014年数据；亚马逊总体仓储面积为2015年数据；菜鸟平台伙伴共同拥有物流快递网点为2015年数据；其他数据均为2017年数据。										

资料来源：各项数据来自各大公司财报，由长江商学院案例研究中心整理

① 苏宁提供资料。

供应链管理

除了物流，在张近东看来，“商品供应链的专业化经营能力一直是苏宁零售的CPU，也是苏宁赢得市场地位的关键能力。这种能力是对用户需求的分析、对产品功能体验与成本结构的理解、对流行趋势的预测以及商品流通、库存周转、线上线下运营等一整套的能力，需要靠长时间的积淀与市场实战才能积累的。”在推行线上线下融合的战略后，张近东做的是在扩大供应链的基础上，将这20多年的供应链能力互联网化、数据化，以释放更大的效能。

精准制造与营销：C2B反向定制

2015年1月20日，苏宁云商COO侯恩龙宣布了苏宁的“供应链转型变革”：“2015年，苏宁要实现与供应商的极效协同，成为供应商最具价值的开放协同平台。要将苏宁已有的丰富资源运用互联网技术为供应商创造更大价值。”

在互联网时代，供应链模式已逐步从“生产采购驱动型”转变为“消费需求驱动型”模式。在大数据技术支持下，C2B反向定制（或定制包销）模式应运而生。该模式是通过对在线用户海量购买信息的大数据分析，聚合零散但庞大的用户群需求，并向供应商提出有针对性的规模化采购要求，供应商按需生产，避免大量前期研发投入和产能过剩，能以较低成本快速生产符合用户个性化需求的商品。

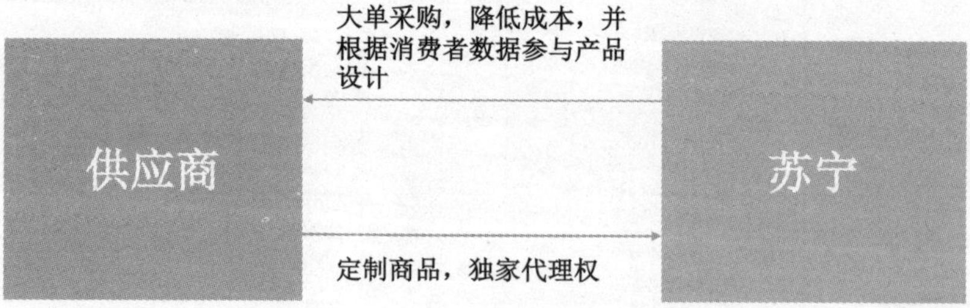

图1-6　苏宁定制包销模式示意图

资料来源：长江商学院案例研究中心整理

在该模式下，基于海量数据挖掘用户需求，苏宁和供应商之间从买卖博弈关系过度到商品合作关系。以2015年双十一为例，苏宁推出了C2B反向定制+苏宁独家专供的模式，开放1.98亿会员数据资源与各大家电商共享，通过对消费者购买习惯、购买频次、购买喜好等信息进行大数据分析，与包括美的、海尔、三星等在内的上百家品牌供应商签订C2B反向定制订单。同时，配合C2B反向定制，苏宁又推出大数据驱动的精准营销。借助C2B反向定制和精准营销，在全国手机销售下滑的大背景下，苏宁通讯公司实现了69%的逆市增长，尤其是线上的增幅达到了191%[①]。

2014年7月苏宁上线“苏宁众包”，进一步拓展了基于大数据的定制包销的范围至中小型创新企业，为小微企业提供创意转化、产品孵化、品牌打造、市场加速的整体解决方案，意在弥补苏宁传统买手制的供应链，同时孵化潜在的商业变现机会[②]。张近东希望，通过定制包销、差异化商品等策略，有助提升苏宁的商品毛利。

升级IT系统

在连锁化之初，张近东就开始在苏宁内部建立基于信息化管理的“全程供应链”，随后在2006年苏宁正式实施SAP（Systems Applications and Products in data processing，即基于客户/服务机结构和开放系统的、集成的企业资源计划系统）/ERP（Enterprise Resource Planning，即企业资源计划），与供应商共享云端的库存、销售信息，后端供应商可准确及时获得前端销售情况来调整生产，同时前端销售可根据生产库存调整销售结构，这些举措都为苏宁日后触网奠定了一定的基础。2013年起，苏宁进一步整合了线上线下IT系统，订单、物流、价格体系，实施一体化。同年12月苏宁正式从SAP系统升级为LES系统（Logistics Execution System，即资产维护管理系统）。升级后，系统可实现订单、仓库、运输和财务四大模块的整合，提高采购、仓储物流及运营效率。线下约4000个配送点全部融入物流配送体系，系统可以智能匹配最近门店仓，并

① 张近东2015年弘毅年会讲话，由苏宁提供资料。

② 苏宁公司2014年年报。

安排最后一公里配送，如果附近门店无货则可在对应区域中心调货。另外，IT系统也可根据大数据分析消费者购买习惯，预测不同消费者在何时何地需要何种商品，智能调度库存，以保持门店高效运营。

资金流/金融

苏宁从2011年开始布局金融领域，陆续推出了苏宁易付宝、苏宁理财、任性付、企业贷款、电器延保等一系列金融产品，持有民营银行、第三方支付、消费金融等14张金融牌照。目前苏宁金融业务主要聚焦支付、供应链金融、消费金融、苏宁银行等核心板块。根据年报和公开数据，2016年苏宁金融（支付业务、供应链金融业务等）总体交易规模增长157.21%。

供应链金融

苏宁目前为平台商户、上游供应商提供了“账速融”、“信速融”、“票速融”、“货速融”四大融资服务产品，贯穿了供应链流程中订单、交货、结算、支付等各个环节，可满足应收账款、信用、票据贴现等多种类型的融资需求。

张近东认为，通过向上游供应链提供金融服务，供应商会更愿意使用苏宁的仓储和物流，加强了苏宁对供应链的掌控并有益于供应链整体的降本增效。同时，利用平台上聚集的大量上下游结算数据，帮助上下游企业解决贷款账期的问题。据苏宁产业研究院副院长张清正对外透露，2017年，苏宁供应链金融总交易额达350亿元，同比增长119%，惠及1600多家上下游中小企业。

消费信贷

苏宁以易付宝为支付工具，推出了针对消费者的任性付产品，可以在苏宁O2O全渠道使用。据苏宁消费金融公司总经理陈鸣描述，任性付有三个特征：第一是基于苏宁数亿会员消费行为数据，可以做到精准的营销定位和有效的风险管控，这是区别于其他消费金融产品的主要特征；第二个则是直接融合线上线下的消费场景，顾客只需线下扫码或线上一键点击就可以完成购物。同时，苏宁有几千家遍布全国的门店，也可为客户提供线下服务和体验；第三个就是无缝连接各类消费场景，譬如家庭装修、出行、购物、教育培训等等。

据公开资料显示，上线不到三个月，已授信500万用户，预授信额度超过300亿元，向消费者提供消费信贷累计超过5亿元，截止2016年1月，已授信1500万用户、并且通过“三零分期”等不定期的优惠活动，向消费者提供消费贷款累计近1000亿元。

据苏宁介绍，任性付分期每期费率为0.498%，低于各主流电商金融产品，同时最高授信额度可达20万（一般为3-5万元），并最高可分期60期（5年），高于其他电商（一般最多24期）。根据苏宁消费金融2017年半年财报，上半年营业收入达到10221.9万元，同比增长超过136%；半年度利润总额4286.9万元，同比增长达到129.26%，实现扭亏为盈。不良率低于4%。

开放平台建设

在经历了线上线下同价、去电器化后，张近东决定要将苏宁后台的核心能力（物流、数据、金融）开放出来，打造一条通向互联网+的高速公路①，“向上游供应商和平台商户开放入口，向平台合作伙伴开放接口，向零售末端的中小微企业开放出口”。

首先，苏宁云商会逐步向上游供应商和平台商户开放入口。比如，供应链方面开放“数据云”给供应商，提供海量用户信息的同时也提供大数据驱动的精准营销服务工具，帮助供应商降低运营成本，提升推广效率。在物流方面，向第三方开放了“物流云”，到2015年9月已有70%的苏宁易购平台商户开始将自身的物流系统和苏宁物流对接使用，可通过苏宁物流官网自助下单并执行物流服务。此外，苏宁也开始应用“金融云”于供应链上游的开放平台小微企业，通过库存贷、贴现易等金融产品帮助解决资金问题。

其次，苏宁云商会向平台合作伙伴开放接口。按张近东的话说，“将零售CPU嵌入到各大平台中”。除了与阿里的合作外，苏宁也与万达达成合作意向，将苏宁易购云店落户万达广场，万达会根据云店的设计而定制化地建立物

① 张近东2015年弘毅年会讲话，由苏宁提供资料。

业资源，共同打造消费场景。

此外，张近东还设想，在未来向零售末端的中小微企业开放出口。他认为，苏宁云商四端融合（门店、苏宁易购网站、手机APP、家庭电视）是为了离用户近，而如果可以以采购、物流仓储、支付等功能服务于社区内的便利店、服务网点，苏宁可以走的离用户更近，全方位地包围、服务于零售的最末端，打造“身边的苏宁”。

张近东希望的是，通过社会化开放服务，苏宁可以将其积累多年的物流、信息管理、资金管理能力转变为长期的盈利增长点。以苏宁物流为例，从2015年第一季度正式对外开放，苏宁向供应商及第三方提供的物流增值服务收入和信息技术服务，逐步开始从成本中心向利润中心转变。据苏宁2016年报显示，有1000多家企业接入了苏宁物流云系统，由苏宁物流提供仓配一体业务，社会化物流实现快速增长，同比增速达到321.67%。

与阿里巴巴的合作

在张近东看来，与阿里巴巴的合作，是苏宁在开放平台、合作共赢战略上重要的一次实践。 2015年8月10日苏宁与阿里巴巴达成战略合作协议，以相互投资的方式进行合作。阿里以15.23元/股认购苏宁19.99%股权，成为苏宁第二大股东，同时苏宁以81.51美元/股认购阿里1.09%股权。双方意图通过线上线下优势互补，打造升级版线上线下融合战略。

苏宁入驻天猫

对于苏宁而言，首先，将获得天猫的线上流量入口。2015年8月17日，苏宁易购天猫旗舰店正式上线。苏宁天猫旗舰店以3C、家电为主，同时也开辟了超市、母婴、美妆等新品类，全部由苏宁物流配送，同时可在门店享受售后服务。2017年天猫双十一的成交额是1682亿元，其中，苏宁易购位居榜首。根据阿里检测平台数据，苏宁易购天猫旗舰店2017累计交易规模约216亿元，同比增长100%。

苏宁物流接入菜鸟

双方后台物流数据全面打通，以实现信息共享、提高资源效用。苏宁帮客服务对阿里商家开放，承接天猫的商品维修、售后等线下服务。同时，双方已经在北京、上海、广州、深圳、杭州、南京等六个城市实现半日达，并实现了门店自提、最近门店送货等多项服务，提供了“苏宁天猫综合服务台”、“小家电30天无忧退货”、“180天以换代修”、“上门以旧换新”等多项服务体验。

战略协同

张近东认为，苏宁要真正实现线上线下的融合，获得人力（组织架构、人才、文化）和财力（融资管理）两方面的支持非常重要。

组织与人才

组织架构调整

苏宁从传统的电器连锁零售商向全品类的线上线下融合零售商的战略转型也对组织架构提出了新的要求。据苏宁云商CHO孟祥胜介绍，之前苏宁的发展模式是连锁开店，将一个模式克隆到全国，因此其组织架构提倡“公司部门化”，强调标准化、制度化、总部强管控。这被孟祥胜比喻为“火车头模式”：“过去，苏宁各个部门组织在一起，是一个重载的火车，每个车厢是不能独立运动，必须要跟着总部走。”

然而，在“云商”战略下，苏宁全面进入多品类、全渠道的商业环境，面对更多快速、未知的市场变化、各品类和各行业激烈的竞争，以及海量用户庞杂涌现的个性化需求与对极致体验的要求。为了协同战略顺利实施，张近东对苏宁做了一次组织架构的调整：

首先，苏宁开始实行“事业部公司化”，28个事业部分别负责一个品类，被赋予完整的职能，享有自主的财权、决策权、用人权，类似独立公司运作，以小团队所具备的快速灵活来应对变化。

第二，实行“层级扁平化”，简化压缩审批决策流程，同时落实每一件事的终极责任对象，加快决策效率与质量；设立决策委员会、COO、CFO和CHO，从顶层上减掉不必要的屏障；并统筹其他共性职能如人事、信息、财务专业条线，以共享中心的方式服务于事业部。

第三，实行“组织柔性化”，在苏宁内部鼓励创新氛围，允许“先开枪后瞄准”的容错机制，对于创新失败不降薪不降职，鼓励员工积极与用户互动，提升用户体验。

张近东希望，通过新的组织模式，苏宁可以很大程度的减少全品类经营带来的组织协调、管控的复杂度，并释放个体经营体的活力。按照孟祥胜的说法，张近东想打造的是一个苏宁连锁舰队，“总部是一个旗舰，下面的每一个独立单元都是军舰，都能独立运作。总部和大区、各业务单元中既分工独立又相互交错。”

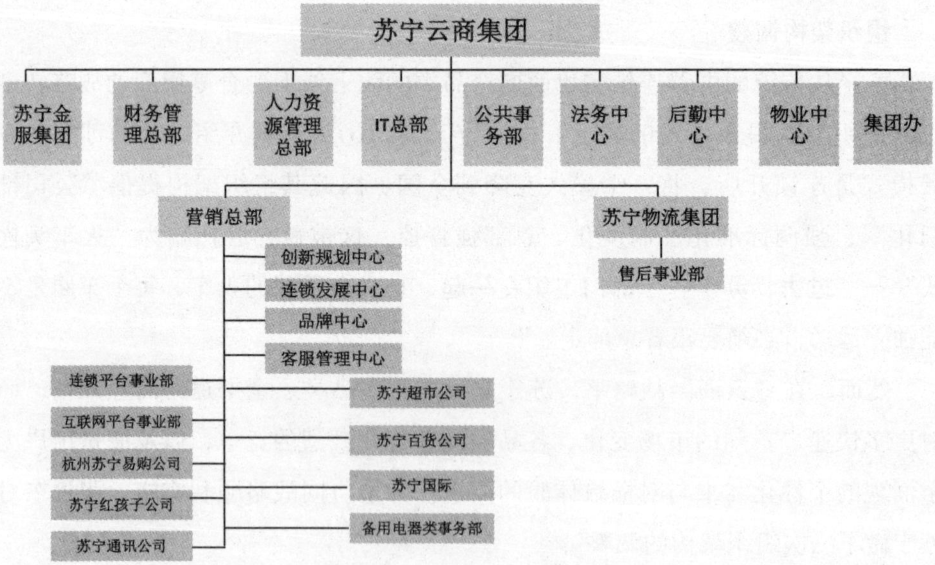

图1-7　苏宁最新组织架构

资料来源：苏宁云商提供资料

然而，也有观点指出，在张近东统帅下的苏宁有着一贯的强执行力文化，是否能够释放出独立自主经营的创新与活力？给予了下面决策权，是否能够做出对的决策？面对质疑，张近东在接受媒体采访时曾回应，苏宁云商会逐渐开放，但需要一个过程。苏宁希望通过激励、鼓励创新、招募新血液等各类方式对企业文化逐步改造。

考核激励

在事业部公司化的基础上，苏宁放松了对事业部的过程管控，但同时又加强了目标和绩效管理。在大区考核上，除销售、利润等基本指标，增加了GMV（交易总额）指标为重点，同时新增“买家数”“妥投率”等指标，来匹配双线融合模式下的业务模式。对核心员工的考核强调优胜劣汰，每月对业务体系第一负责人的绩效进行考察，并及时进行职位调整或管理培训。在给予绩优者奖励的同时，对于绩效考评不达标者直接淘汰。另外，为吸引和保留核心员工，苏宁提出了“事业经理人”的概念，并在2014年推出了员工持股计划，覆盖近1200人中高层员工，总金额超过5亿元。这次持股计划打破入司年龄、先后等限制，既包括IT人员，也包含一线店长，同时新老员工均有覆盖。

而对于基层员工，首先通过双重考核激励来解决个人利益与双线融合的冲突。据云店负责人介绍，在双线融合之前，苏宁不允许员工提出质疑，主要采取做思想工作、或部分补贴厂家的驻店销售员工的方式来缓和线上线下冲突。而在最新的考核体制下，每个线上商品的销售量指标会分散到每个线下区域、每个门店和每个员工身上。不仅考核门店员工线下销售额，也奖励其引流线上产生的销售额，这样的做法使得线下员工比线上员工会更热情响应双线融合。

人才招募培养

苏宁在转型中，主要以大量社会招聘等方式来快速扩充人力资本。从2012年到2014年，苏宁共引入中高层管理人才1600人，占据中高层总数的40%。同时，苏宁通过资本运作、整合兼并收购，来弥补特色人才的缺口。譬如，2014年通过收购好耶，获取了数据化营销、广告引流、搜索推荐等方面的技术与人才。这么多新鲜血液，苏宁该怎么消化吸收？孟祥胜谈到，在招募阶段，会按照候选人价值观是否与苏宁一致、其专业性是否和苏宁的整体大体系的优势融合互补的原则来进行筛选。同时，给予新人相应的时间适应并融入岗位，逐渐成长。

互联网创新基金与人才发展基金

此外，苏宁云商也通过内部打造创新、开放的文化和对内部人员进行能力培养来促进对人才的融合。苏宁设立了1000万元的互联网微创新基金，意在激发全员的创新热情。每季度评选一次特等奖，奖励特斯拉一辆。内部已有不少优秀创新成果投入使用，如受到用户好评的iPhone碎屏保服务等。此外，苏宁设立了2000万元的人才发展基金，用于核心干部出国考察、行业交流、深造学习等，如每年派出300名中层管理人员读MBA项目，希望借此推动高层人才的综合素质能力的提升。

融资管理

据不完全统计，自2009年转型至今，苏宁通过定向增发、发债、创新性资产运作（仓储和门店物业等资产证券化）等融资手段已筹集资金超过500亿元。

表1-6　苏宁2009年至今融资情况

时间	融资方式	融资金额	资金用途
2016	资产证券化	18.1亿（转让对价）	投入优质物流仓储建设
2016	定向增发	293亿	物流平台建设、云店发展，互联网金融、IT建设等
2015	资产证券化	32.65亿（转让对价）	盘活存量资产，资金回笼以再次投入优质门店，巩固线下门店，提升O2O 模式中的门店核心竞争力
2014	资产证券化	43.43亿（转让对价）	盘活存量资产，资金回笼以再次投入优质门店，巩固线下门店，提升O2O 模式中的门店核心竞争力
2013	公司债券	35亿	支持企业实现转型升级以及业务的持续发展
2012	公司债券	45亿	
2012	定向增发	46.3亿	300家连锁店发展，购置店发展，物流中心建设，自动化物流建设，信息平台升级，以及收购天天快递的股权项目等
2009	定向增发	30亿	250家连锁店发展、物流中心建设等

资料来源：Wind 资讯、苏宁公司公告，由长江商学院案例研究中心整理

2014年苏宁开始实体资产的创新运作。将旗下11家门店物业的相关权益（房屋所有权和对应的土地使用权等）以43.43亿的对价转让给由中信金石基金管理公司设立的资产支持专项计划，而之后苏宁再以市场价格租用这11处门店物业继续经营。在此模式下，苏宁获得现金，并可将其回笼资金投入云店转型，建立起“门店资产货币化-门店运营再投入”的良性资产运作模式，同时也为苏宁转型储备资金。这次转让除去税金、费用等，实现净利润约19.77亿元。2015年，苏宁又将14处门店物业以32.65亿元的对价进行转让，最终实现净利润约10.22亿元。与门店转让同样的逻辑，2016年，苏宁再次转让6处仓储物业，交易对价18.1亿元，实现净利4亿元。但也有关投资人对此种运作的可持续性存疑，存量资产有限，不能作为长期的融资渠道。①

2015年苏宁与阿里巴巴达成合作，阿里巴巴将投资283亿元人民币参与苏宁云商的非公开发行，占发行后总股本的19.99%，成为苏宁的第二大股东。同时，苏宁云商将以140亿元人民币认购不超过2780万股的阿里巴巴新发行股份，最后获得净资金143亿元，资金用途主要是投入物流建设和门店升级（两项费用相加占总融资额2/3）。

苏宁的未来与挑战

2017年，苏宁实现营业收入1879亿元，同比增长26.48%，净利润42.13亿元，同比增长498.02%。2017年的商品销售规模（等同于电商GMV）为2433.43亿，其中线上1266.96亿，占比52.1%。线下门店3799家，其中云店数量达到323家。这一年，也是苏宁自2009年互联网转型以来取得的最好业绩，在中国民企500强中位列第二位。

张近东认为，苏宁的双线融合模式已趋近成熟，在此基础上，2017年3月，在两会期间他又提出了 “智慧零售”的概念。所谓“智慧零售”就是运用互

① 数据来源于苏宁历次公告。

联网、物联网、大数据和人工智能等技术，构建商品、物流、支付等零售要素的数字化，采购、销售、服务等零售运营的智能化，以更高的效率、更好的体验为用户提供商品和服务。同年12月19日，苏宁在南京发布智慧零售大开发战略。2018年1月，苏宁云商更名为苏宁易购，正式对外宣布从主打双线融合的“云商时代”迈入打造智慧零售的“易购时代”。

在新的战略中，张近东认为，“线下将在智慧零售发展过程中扮演更重要的角色，将逐步回到舞台中央。智慧零售时代，线下被充分激活，成为智慧化的运营端口，具有线上无法比拟的优势。”为此，在苏宁2018年度工作规划与部署会议上，张近东提出，到2020年苏宁在线下要达到2万家门店，交易规模达到4万亿。同时，为进一步丰富线下消费场景资源，苏宁又与万达、恒大、碧桂园、融创等多家地产商签下战略合作协议，展开业务合作和资源整合。①

张近东对未来是充满信心的，“消费升级成为中国经济发展的第一驱动力，是零售最大的风口，也将为智慧零售创造巨大的蓝海市场。”但新的转型征途，仍有很多挑战和难点需要面对、解决。智慧零售从根本上说就是数字零售，是建立在数据化管理与分析基础上的零售经营能力。如何利用技术手段抓取全产业链中的有效数据，是推进智慧零售的关键。对消费者的数据进行挖掘、获取、存储、管理、分析和运用，最终将实现对于消费者的可识别、可触达、可洞察、可服务，这些也是衡量是否迈进智慧零售的重要标志，是目前零售商最难做到的环节。张近东是否能够带领苏宁这只大象，迎着“智慧零售”的风口继续跳舞呢？我们拭目以待。

（指导教授：滕斌圣　研究员：杨燕、邓迪）

① 2017年11月，苏宁控股集团旗下的南京润恒向恒大地产战略投资200亿元。2018年1月29日，腾讯作为主发起方，联合苏宁云商、京东、融创计划投资约340亿元，收购万达商业香港H股退市时引入的投资人持有的约14%股份。其中，苏宁计划出资95亿元，购买万达商业股东持有的约3.91%股份。

美的智造

传统制造业的数字化转型

案例点评：

今天的传统制造企业无不面临数字化转型的机遇和挑战。美的集团于1968年在中国广东成立，刚好走过了它的50岁生日。从最初的塑料瓶盖生产到后来的家电生产商再到现在的拥有消费家电、暖通空调、机器人与自动化系统、智能供应链（物流）的科技集团，美的努力抓住了每个时间节点上的发展契机，一步一步在实现从中国制造到中国智造的转型之路上坚定前行。美的作为我国制造企业的一个典型代表，它的数字化转型经验对于中国制造业的其它企业具有重要的借鉴意义。

2011年美的集团的营收破了千亿大关，就在众人狂欢之时，方洪波看到了盛世下的隐忧，带领美的开始了从规模导向到效率导向的转型。围绕“产品领先、效率驱动和全球经营”的三大战略主轴，美的的数字化转型走得坚定稳健。美的一方面通过缩减规模小或经营欠佳的品类，关停并转，退还土地厂房，另一方面加大自动化和信息化投入。前者使美的改善产品结构和专注核心业务，后者大大提高了美的的生产效率：从2011年到2015年，美的在减少人员46%的情况下，净利润增长了106%；库存周转率提高了38%。这说明与很多一味追求领先数字化技术的企业不同，美的把数字化水平切切实实地转化成了企业的经营绩效。

除此之外，美的通过收购东芝白电和意大利中央空调品牌Clivet布局海外，弥补自己在海外品牌力和销售渠道的不足；通过收购库卡和Servotronix全面布局工业自动化和机器人产业；通过加大对研发的投入增强技术储备。

美的生产效率能否通过数字化转型的继续深入进一步提高？美的前期的技术和专利储备能否带来真正的智能产品迎接中国的消费升级？ 能否顺利渡过与东芝白电和Clivet的磨合，提高国际化的品牌力和营收？与库卡的协同效应能否实现，工业自动化和机器人产业是否可以真正成为美的增长的第二曲线？让我们拭目以待。

依靠低成本优势，中国制造业在过去三十年取得了极大的成功。但随着各种要素成本的上升以及全球经济的衰退，中国制造业的内外环境在过去几年发生了巨大的变化。制造业快速发展的传统模式已经失效，制造业转型的讨论成为热点话题。

制造业要转型，应该怎么转？1968 年成立于中国广东的美的集团，是我国制造企业的一个典型代表。从最初的塑料生产到后来的家电生产商再到现在的拥有消费家电、暖通空调、机器人与自动化系统、智能供应链（物流）的科技集团，美的努力抓住了每个时间节点上的发展契机，一步一步在实现从中国制造到中国智造的转型之路上坚定前行。

2012 年前后，国家一系列经济刺激性政策进入尾声，中国家电行业的市场竞争加剧。与此同时，互联网企业开始向传统家电行业渗透，挤压传统家电企业的市场空间。在这一背景下，美的适时调整经营模式，加快转型升级。2013 年，走上转型升级之路的美的产品口碑与市场份额稳步回升，公司实现整体营业总收入 1213 亿元，同比 2012 年增长 18%。2014 年，尽管面临宏观经济下行、消费刺激政策退出和房地产政策调控等多重不利因素，美的的经营业绩却稳步提升，营收规模突破 1400 亿元，净利润突破 100 亿元。2015 年，在中国经济“新常态”的背景之下，家电行业市场整体萧条，行业竞争加剧，家电企业纷纷提出转型升级的口号。而早已启动转型变革的美的，在保持整体收入基本稳定的情况下，实现净利润同比增长 17%，成为了家电行业整体调整中的一抹亮色。到了 2016 年，美的集团营业总收入达到了 1598 亿元，同比上升 15%，归母净利润 147 亿元，同比增长 16%。同时，美的海外业务全面增长，全球经营与资产配置开始见到成效，完成了东芝家电、KUKA、CLIVET、SERVOTRONIX 等一系列全球产业并购。这一年，美的成功上榜《财富》世界 500 强。

时间	营业收入（亿元）	营业收入增长率（%）	归母净利润（亿元）	净利润增长率（%）
2011年	1341.28	21.64	34.73	−7.29
2012年	1027.13	−23.42	32.59	−6.14
2013年	1212.65	18.06	53.17	63.15
2014年	1423.11	17.36	105.02	97.5
2015年	1393.47	−2.08	127.07	20.99
2016年	1598.42	14.71	146.84	15.56
2017年	2419.19	51.35	172.84	17.70

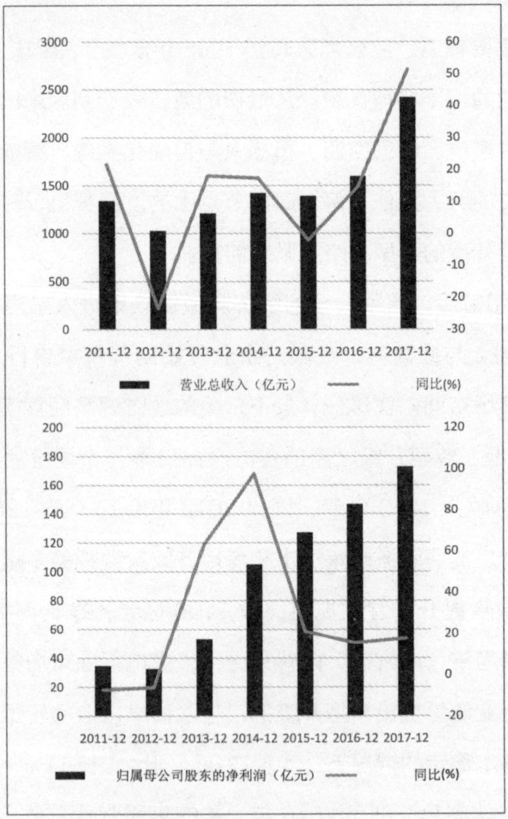

图2-1　美的集团2011年–2017年营收及净利润走势图

资料来源：美的集团 2011–2017 年财务数据

从营收规模来讲，美的已经成为中国最大的家电企业。但是，美的的转型并没有就此停止。2017年8月23日，在北滘总部媒体开放日上，美的再次更新了集团的战略定位，意图成为“全球领先的消费电器、暖通空调、机器人及自动化系统、智能供应链（物流）的科技集团”。

美的这些年的发展是中国制造业企业转型升级的一个典型样本，也是中国制造走向中国智造的一个缩影。那么，美的究竟为什么要进行转型升级，它又是怎样规划并推进它的制造业转型之路的呢?

美的简史

1968年，何享健带领一帮村民艰苦创业做塑料瓶盖的时候，他可能没有想到这个小作坊会在50年后发展成为中国乃至全球最大的家电企业之一。

从没有技术含量也没有广阔前景的塑料瓶盖为起点，美的尝试过生产不同的产品。1981年伴随着中国改革开放的浪潮，美的借助电风扇产品切入家电行业。在接下来30多年的时间里，美的逐渐成长为多产品、跨行业的世界性家电巨头。2017年7月20日，美的以年收入240.6亿美元登上世界财富500强排行榜的第450位，成为唯一一家进入财富500强排行榜的中国家电企业。

表 2–1　美的集团发展阶段及重大事件简介

时期	特点	事件
1968年–1980年	艰苦创业	1968年创始人何享健筹集了5000元创办塑料生产组，开始创业之路，产品以塑料、金属制品为主。其中包括发电机、汽车配件等产品；
1981年–1991年	初涉家电	1980年，美的开始生产风扇，进入家电领域。1981年正式注册“美的”商标，1985年开始生产空调。美的在资金、设备、技术和人才等各个方面逐步发展壮大；
1992年–2002年	规模发展	完成股份制改革，逐步建立起现代企业制度，于1993年在A股上市。加快品牌建设，引进人才。发展大小家电产业群，产品不断多元化。覆盖塑封电机、电饭煲、空调、微波炉等近十个产品系列；
2003年–2010年	跨越发展	在武汉、荆州、重庆以及越南、埃及等境外建立生产基地。加快兼并收购的步伐，深化与国外先进企业的合作。2010年集团销售额突破千亿规模；
2011年–现在	转型再发展	推动战略转型，转变发展方式，打造扁平化敏捷型组织。聚焦核心产业，打造创新中心，推动再发展； 何享健于2012年卸任美的集团董事长，由方洪波接替。这标志着美的完成职业经理人和企业创始人之间的权力交接。2013年美的集团整体上市。

资料来源：长江商学院案例研究中心根据公开资料整理

美的创始人何享健对人才十分重视，他曾说过宁愿放弃100万元销售收入，也绝不放过一个有用之才。美的集团现任董事长方洪波的成长历程就是被外界津津乐道的一个故事。方洪波最初进入美的时是美的集团的内刊编辑，后来经过多次轮岗、升职逐渐成为美的最优秀的职业经理人。2012年起何享健不再介入公司的日常经营决策，主动让贤给以方洪波为首的职业经理人团队。除了权力下放，美的也为职业经理人推出了股权激励计划。以方洪波为例，他是除了何享健家族以外持股最高的个人股东①。美的对人才的重视与放权不论在国有还是民营企业中都是比较罕见的。

在何享健正式退位前，方洪波已经带领着一个职业经理人团队将美的送进了高速增长的快车道。得益于中国经济长时间的高速成长，家电行业的代表企业如美的、格力和海尔都经历了长时间的繁荣期，销售额达到了千亿量级。

表 2-2　美的集团营业收入构成

产品	2017年		2016年		同比增减
	金额（千元）	占营业收入比重	金额（千元）	占营业收入比重	
暖通空调	95,352,449	39.61%	68,726,349	43.21%	38.74%
消费电器	98,748,018	41.02%	76,539,889	48.12%	29.02%
机器人及自动化系统	27,037,062	11.23%	–	–	–

资料来源：美的集团 2017 年度报告

在行业快速发展的背景之下，新一代掌门人方洪波开始考虑美的的未来。2011年下半年，方洪波下定决心引导美的开始了从规模向效率的转型。这次转型被方洪波称为“壮士断腕”：从2011年到2016年的五年时间里，美的关停了10多个生产基地，砍掉多个利润率低的产品，员工数量从近20万缩减到10万以内。

转型给美的经营业绩带来了巨大的冲击，2012年美的集团总体营收相比2011年大幅下滑了300亿元人民币。然而在短暂的阵痛之后，美的开始逐渐收获

① 何享健以美的控股有限公司持有美的集团股份34.71%，方洪波持股比例为2.12%。

转型升级的成果。从2013年起，美的集团营收和利润恢复了稳定增长，并经受住了2015年家电行业整体萧条的冲击。美的集团总营收在2015年仅微跌2%，净利润则逆势增长21%。根据汤森路透发布的《2016全球创新报告》，美的位列家电领域机构创新排名首位以及厨房电器子领域亚洲创新机构首位。美的空调在2016年的市场占有率已经基本追上格力，形成了市场双寡头格局[①]。在小家电和冰洗方面，美的电饭煲、电磁炉、压力锅、电水壶等产品更是占据了市场占有率的头名。

表 2-3　2017 年美的主要家电产品线下市场份额及排名

家电品类		线下份额	市场排名
空调		24.6%	2
洗衣机（美的系）		24.6%	2
冰箱		10.7%	3
厨房大电	烟机	8.5%	4
	灶具	7.0%	4
厨房小电	电饭煲	44.8%	1
	电压力锅	47.7%	1
	微波炉	45.3%	2
	电磁炉	52.5%	1
生活家电	风扇、暖气	45.0%	1
热水器/净水	净水	23.1%	2
	电热水器	19.6%	3
	燃气热水器	11.4%	3

资料来源：美的集团 2017 年度报告、美的集团官网

表 2-4　2017 年美的全网销售主要品类行业排名

家电品类	全网行业份额	全网排名
空调	24%	2
洗衣机	29%	1
冰箱	15%	2

① 数据显示，格力电器空调市场份额在29%左右，美的集团则在24%左右，第三位的海尔集团仅有10%左右，参见http：//smarthome.ofweek.com/2017-07/ART-91007-8440-30154858_2.html。

（续表）

家电品类		全网行业份额	全网排名
厨房大电	烟机	17%	1
厨房小电	电饭煲	33%	1
	电烤箱	21%	1
	电磁炉	42%	1
生活家电	电水壶	25%	1
	电暖器	21%	1
	挂烫机	30%	1
热水器/净水	电热水器	30%	1
	燃气热水器	21%	1
	空气能热水器	38%	1
	饮水机	30%	1
	净水机	12%	3

资料来源：美的集团 2017 年度报告、美的集团官网

那么，在2011年行业形势一片大好的背景之下，美的在生产经营中究竟遇到了什么难题，从而促使方洪波痛下决心决定实施转型？美的又遵循了怎样的转型战略与道路，从而获得了今天的转型成果的呢？

美的转型之路

盛世隐忧

21世纪的第一个十年是美的高速发展的十年。美的电器营业收入从2000年的88.1亿增长到2011年的931.1亿，净利润（扣非）从2.66亿增长到31.3亿，增长规模超过十倍。美的用了十年的时间实现了从百亿级企业到千亿级企业的跨越，奠定了企业未来发展的规模基础。

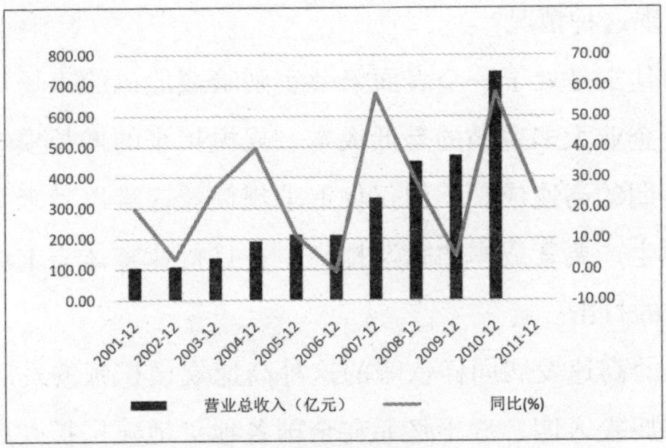

图2-2　2001-2011年美的电器营业收入趋势图

资料来源：美的电器财务报表

2011年，家电市场销售十分火爆。从年初开始，市场订单如雪片飞来，应接不暇；等待拉货的车辆首尾相连，昼夜不息；工人过年不放假，必须加班加点。美的董事长方洪波说："当时简直想把街上过路的人都拉过来干活。"

然而，在红红火火的盛世景象之下，美的头上却一直盘旋着一个挥之不去的阴影。虽然美的经营收入保持高速增长，但盈利水平却不容乐观。作为美的集团中的优质资产，美的电器的销售毛利率逐年下滑、扣非净利润率一直在不到4%的低水平下徘徊。2009年至2011年间甚至出现了增收不增利的局面。

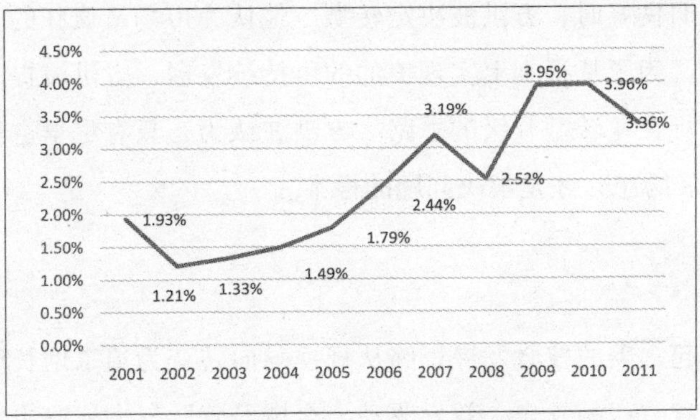

图2-3　2001-2011年美的电器营业收入趋势图

资料来源：美的电器财务报表

为什么会出现这种情况？

当年的美的其实是处于一个表面繁荣实则暗藏危机的市场环境之中。那个时期的中国家电企业大多遵循的是低成本、规模扩张的增长模式。这种经营模式催生了企业早期的高速成长，但仅仅追求规模效应难以带来企业核心能力的提升。随着各项生产要素成本的普遍提高，一旦行业整体需求增长停滞，企业就可能面临致命的打击。

美的历史上的高速发展同样依赖的这种高速规模扩张的发展模式。2010年前，美的每年都要投入四、五十亿元在全国各地买地建厂扩大产能，各地政府从招商引资出发也推出了许多优惠政策助推美的扩张规模。美的将大量资源投入到土地、厂房、生产线中而不是产品研发上。这造成美的产品更新换代慢、中低端产品占比达到70%以上，美的产品的总体利润率越来越低。

上规模，降成本。在需求旺盛时期，低价是王道，产能是优势。美的充分利用了国内的人口红利以及国际市场开放的贸易红利。但旧有的发展模式越来越难以持续，一旦需求不足，产能就会闲置、成为企业的沉重负担。2011年的美的已经到了这样一种“薄利多销不赚钱”的境地，企业积累了巨大的潜在风险。

方洪波清醒的看到了这一点，察觉到了潜伏在企业内部的危机。2011年，在市场行情仍旧良好时，方洪波决定转型。他认为市场最疯狂的时候，一定也是变局的前夜。为了从根本上实现美的的可持续发展，方洪波提出了改变旧的发展模式，进行企业转型升级的思路。方洪波认为，只有尽早进行企业的转型升级，排除发展隐患，才是解决问题的根本。

转型战略

从2011年起，美的核心发展思路从规模导向转变为追求增长质量。美的的转型升级围绕着“产品领先、效率驱动、全球经营”三大战略主轴进行。以这一转型战略为指引，美的确定了“聚焦产业、做好产品、确保规模、改善盈利”四大核心工作。在加强产品研发、提升基础与核心技术能力的基础上，提升产品力与品质管控水平，推进“一个美的、一个标准、一个体系”的制度建设及流程优化，不断提高精细化管理水平与运营效率[①]。

1. 效率驱动

为了实现效率驱动的落地，美的在“自动化”和“IT系统”建设两个方面做了大量的工作。

自动化方面，美的通过应用机器人技术、智能设备等手段对原有生产线进行升级改造。通过提升效率，美的不但将员工总量从2011年的将近20万降低到2017年的不到10万人。同时在不新增生产线的情况下实现了产量提升。以空调业务为例，美的累计投入超过10亿元用于空调产品生产线的自动化改造。到2016年1月已达到机器人数量562台、平均自动化率16.9%，高于行业7%的平均自动化率[②]。相应的，美的空调用工总数从2011年的峰值5万降至2015年的2.8万人，2018年将预计减少到1.6万人。机器人数量则有望在2018年提升至1500台，自动化率提升至50%[③]。

美的在过去的几年时间里关闭了十几个生产基地，同时还给政府7000亩土地。美的还计划进一步地提升制造效率，把使用的厂房面积在未来五年再减少三分之一。智能化改造对于美的不只是为了应对劳动力成本上升问题，也是为了打造柔性生产、高效运作的智能制造体系[④]。机器换人只是这其中的第一步。

在IT系统建设方面，美的通过对企业经营管理各环节进行深入的价值分析来确定数字化项目的实施方案及步骤，首先实现数字透明、然后实现数字驱动。方洪波认为，可持续的卓越运营能力是美的的核心护城河之一。IT系统的建设最终的目的就是提升美的的运营能力。

① 《美的样本：传统家电巨头从中国制造走向中国智造》，凤凰网财经，参见http：//finance.ifeng.com/a/20171016/15727389_0.shtml，2017-10-16。

② 《美的空调“机器换人”：零件生产线希望实现无人化》，机器人网，参见http：//robot.ofweek.com/2016-01/ART-8321202-8460-29057627_2.html，2016-01-22。

③ 同上。

④ 《美的“机器换人”：家电巨头的工业4.0探索之路》，电子产品世界，参见http：//www.eepw.com.cn/article/201601/286303_2.htm，2016-01-27。

为支撑“产品领先、效率驱动、全球经营”的战略转型，从2012-2015年，美的集团有针对性地启动了“632”信息化提升项目。“632”由6大运营系统、3大管理平台、2大技术平台等共计十余个子项目组成。项目的核心就是智能精益工厂建设。项目从一开始就明确了“统一流程、统一数据、统一系统”构建内通外连的IT系统的工作目标。通过自动化、智能机器人、智能物流、移动大数据、物联网集成等关键技术的综合应用达到提升生产制造的信息化、精益化水平、缩短产品制造与交付周期、降低综合生产成本的目的。美的的信息系统就是针对这个目标进行建设的，它主要用于实现以下几个主要功能：

（1）全面品质管理

（2）“智能化”供应商管理

（3）精益化车间生产管理

（4）中央总控及移动报表

通过制造信息化系统以及数字化精益MES平台的建设，美的确立了统一的数据管理机制、制定了统一的数据标准、为集团大数据平台提供了互相兼容的主数据，并在此基础上理顺了业务管理流程以及数据管理组织体系。

数字化系统的建设与提升有效地固化了业务流程和管理标准，支撑了精益管理的集团化和扁平化。在632项目的基础上，信息化建设向大供应链体系延伸，加速各环节任务流动。通过大数据应用不断提升运营效率，借助量化的数据实现了生产管理的专业化和标准化，并最终提升了美的的生产运行效率。

IT系统辅助运营能力提升的一个典型例子就是美的“T+3”项目的实施。美的“T+3”项目的目的是将接收用户订单、原料备货、工厂生产、发货销售四个周期（T）打通，通过全产业链优势优化制造流程、升级制造设备和工艺、产供销联动逐步压缩供货周期，将每个周期压缩至3天甚至更短。

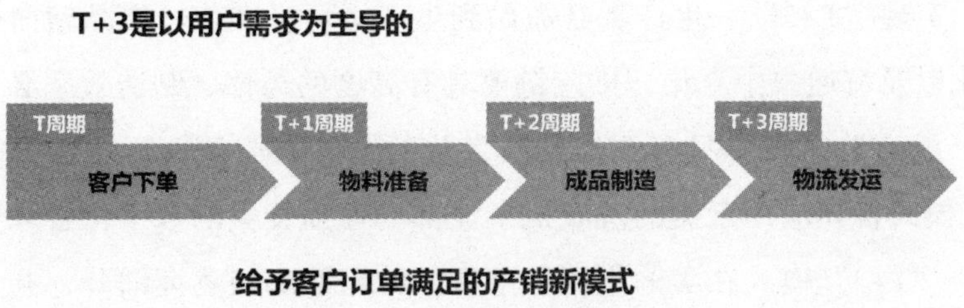

图2-4　T+3模式示意图

资料来源：美的公开资料

在实现“T+3”模式之前，美的产品供货采用的是传统的大规模制造、大规模压货和大规模分销模式。这种模式中，工厂主导产品生产，生产出产品后压给渠道，然后再由渠道进行消化。这种产销模式的弊端显而易见---效率低、库存高，难以满足用户快速多变的多元化需求。

“T+3”与传统模式相比，供货周期的缩短尚在其次，最大的不同在于“T+3”模式是由客户订单驱动。“T+3”模式下的价值链由接收用户订单、原料备货、工厂生产、发货销售依次递进。通过在终端所呈现出来的用户需求信息来指引上端供应商、工厂生产、流通资源分配，力图由原储备式生产转变为客户订单式生产，减少中转等中间环节。通过产销双向考核倒逼制造力提升，加快周转并提升市场竞争力。

T+3模式可以倒逼价值链上的所有环节去适应消费者的需求，精简产品型号、扁平化渠道、缩短交货周期，最终实现“按需生产”。

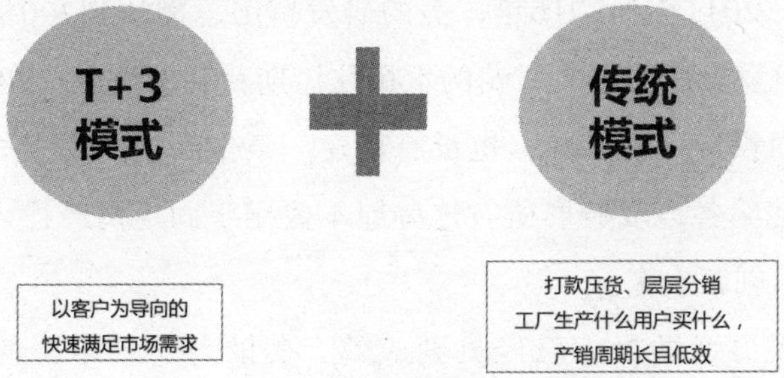

图2-5　T+3模式与传统模式对比

资料来源：美的集团

为了实现“T+3”，生产者必需做到生产平台标准化、产品精简化、供应链集成化以及流通去中介化，供应链要具有高度的柔性、制造效率必须有很大的提升。所有这些条件只有在高度数字化的智能制造条件下才有可能实现。“T+3”模式首先应用于美的洗衣机事业部。伴随着美的数字化管理综合能力的提升，“T+3”模式在美的集团的空调、冰箱等部门逐渐铺开，并且逐渐显现出它在降低库存、减少资金占压等方面的显著优势。

2. 产品领先

以产品为核心，将产品领先放在首位是美的转型的另一个重要特点。产品领先就是要为用户提供更好的产品和服务，美的主要从几个方面入手提升产品的总体市场竞争力：优化原有产品结构，开发智能家居及智能装备产品。

美的首先砍掉了许多利润率低的产品，与此同时加强新产品的研发力度。为了做好产品研发，美的逐步建立起四级研发体系，在全球范围内布局了11个研发中心，分布在美国、日本、德国、意大利、新加坡等国家，从组织到制度保证了对产品研发持续性、高强度的投入。2016年底，美的又投资30亿在顺德建立了全球创新中心，创新中心的中央研究院70%以上是具备硕博学历的科研人员，25%曾有海外经历。整个创新中心内有超过4000名研发技术人员，能够同时进行近千项研究。

数据显示，美的集团年均研发投入在40亿元左右，其中2016年一年投入研发费用60亿元。2011年到2016年，美的研发费用总额达到200亿元人民币。为了保证在产品研发方面的投入，美的抵御住短期获利的诱惑。2011年6月之后，美的没有在国内投资一亩土地，也没有新建一条生产线。不仅如此，美的还归还了7000亩土地给各地政府。所有这些原本要用于固定资产投入的资源全部投在了研发和技术创新上来。

美的在研发方面的投入已经见到成效，美的每年新申请的专利数量近万件，在全国所有企业中排前十位。根据2016年发布的数据，全世界家电企业当中美的集团专利申请数量排名第一。

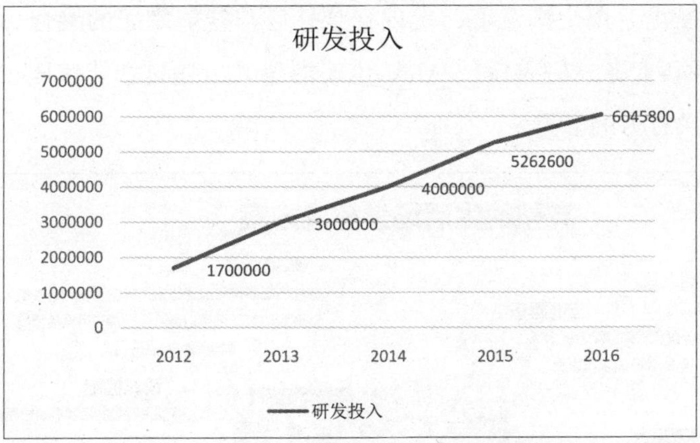

图2-6　2012-2016年美的集团研发投入

资料来源：美的集团 2012-2016 年度报告

智能家居

在智能家居产品领域，美的也进行了重点布局。2014年，美的正式发布了智能家居战略，意在实现全品类智能化覆盖。美的智能家居核心产品包括无线通信模块、语音多媒体模块，家庭安防产品，智能硬件单品，物联网云服务，智能楼宇、智慧社区控制系统和美居APP等。

美的智能家居的目的是为用户打造更智能、更便捷、更舒适的智慧生活体验，提供更多优质的产品和服务，用“美的智慧”连接未来。在面向大众市场研发、生产、销售智能家居单品的同时，依托美的多品类的优势构建系统化服务能力，致力成为提供智慧家居整体解决方案提供商，同时为B2B、B2C业务提供智能家电（居）产品集成解决方案。

2017年，美的智慧家居继续加强M-Smart（美的智慧）战略实施，积极推动M-Smart大平台生态圈的建设。美的智慧家居发布了自主研发的美的智能网关、智能门锁、可燃气体探测器、烟雾探测器、智能面板等新产品和新技术，为用户营造的安全、便利、温情的居住场景，成为业内为数不多的能够提供从芯片到云端再到终端的整体智能家居解决方案的品牌。

美的对云平台、美居、通信模块、智能安防和售后服务等方面也进行了持续优化，不断提升用户满意度，实现智慧社区与智能家居的融合。同时逐步拓展海外物联网+业务，完善Echo/Alexa生态的融入，通过智能家居布局为美的全球化战略提供有力的支持。

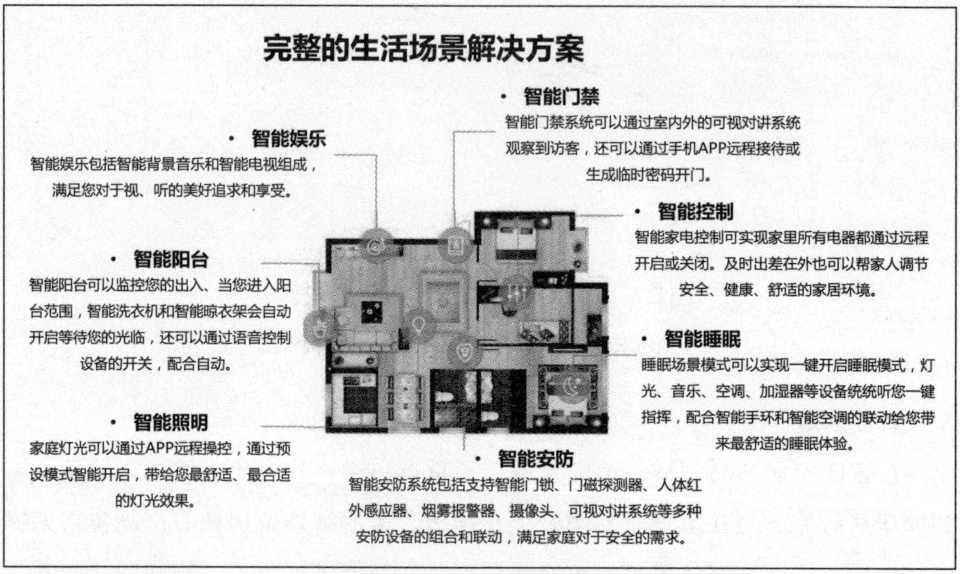

图2-7　美的智能家居系统

资料来源：美的智能家居

智能装备

美的在智能装备领域的进步主要体现在以工业机器人为代表的设备研发、生产及相关服务上。

通过收购库卡以及与高创、安川等企业进行合作，美的已经基本覆盖了机器人行业的全产业链。同时，美的自身的生产线及配套物流体系的建设也为智能装备提供了广阔的测试场。美的本身在传统工厂信息化改造、自动化升级上的积累叠加上先进的工业机器人技术可以形成完整的智能工厂改造解决方案。

3. 全球经营

在内涵式发展的同时，美的也没有放弃外延式扩张的机会。美的认为，通过合作、并购等手段进行全球化拓展不仅能够扩大企业经营规模，同时也是提升企业核心能力的重要手段。美的多次利用资本的力量进行产业链纵向整合和横向并购，从而达到获取核心技术、扩张产品品类或打通市场渠道的目的。

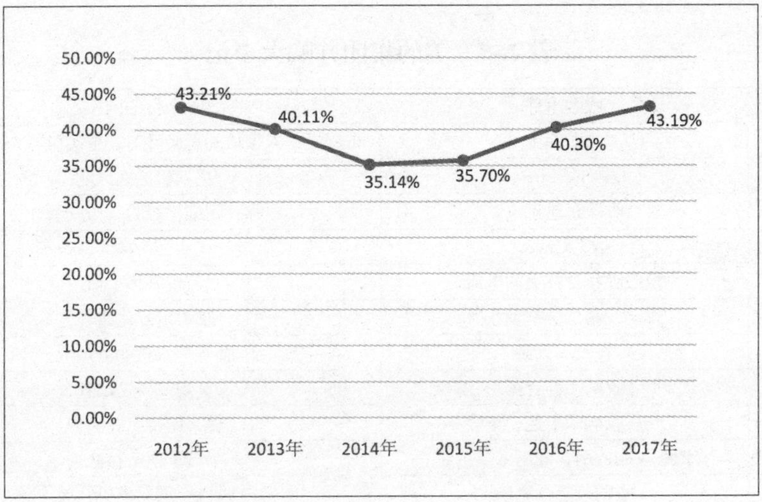

图2-8 美的海外营业收入占比趋势

资料来源：美的集团 2012-2017 年度报告

早在1980年代后期，美的就以小家电的OEM作为国际化发展的第一步，积累了不少技术和管理经验。随后，美的开始采取合资、收购、参股等形式与国外一些技术领先、拥有当地渠道和品牌的企业展开广泛的合作。在一些区域市场逐渐站稳脚跟之后，美的开始以空调作为主打产品在海外市场建立自有品牌并实现供应链本土化，并推出了适应不同市场需求的小家电产品。1998年，为了获取空调压缩机技术，美的收购了东芝万家乐，成为当时中国市场上唯一拥有空调核心能力的厂商①。2001年，美的收购了日本三洋的磁控管工厂，获得了微波炉领域的相关核心技术。2004年和2008年，美的收购了国内的荣事达和小天鹅，扩大了冰箱、洗衣机业务的市场占有率。随着国内家电市场的日渐饱

① 《中国企业海外大并购之进击的美的》，界面新闻，参见http：//www.jiemian.com/article/942235.html ，2016-11-07。

和，美的进一步加大了海外兼并收购力度。仅2016年一年，美的就发起了三项跨国并购，总金额超过300亿元人民币：分别是东芝白电80.1%的股权，意大利中央空调品牌Clivet80%的股权以及库卡94.55%的股权收购。

表 2–5　美的集团并购大事记

时间	收购事件	目的
2017年	收购库卡	布局机器人领域的总装环节，夯实机器人产业实力
2017年	收购Servotronix	拓展机器人产业
2016年	收购东芝家电	弥补精细化经验，布局海外
2016年	收购Clivet	提升在欧洲市场的占有率
2013年	换股吸收合并美的电器	实现整体上市
2011年	收购开利拉美空调业务	加快国际化进程
2008年	控股小天鹅	补齐洗衣机业务短板
2005年	收购江苏春花	实现规模性增长
2004年	先后收购荣事达、华凌	提升制冷产业实力
2003年	相继收购云南、湖南客车企业	进军汽车行业
1998年	收购东芝万家乐	进入空调压缩机领域

资料来源：长江商学院案例研究中心根据公开资料整理

通过一系列的并购，美的的“国际化”道路逐步见到了成效。2016财年，海外市场为美的贡献了合计640亿元人民币的营业额，占整体营收的43.49%，海外市场收入规模和比例高于格力（15%）以及海尔（20.78%①）。

转型成效

美的转型战略的重要目标之一就是提升企业运营效率，运营效率提升的结果集中体现在美的集团应收账款以及存货的相关数据上。通过观察美的集团的财务报表，我们可以看到美的运营效率的改善。虽然有着数次并购重组的影响，但从2012年开始，美的集团的存货周转、应收账款、营业周期等指标始终稳步提升。其中存货周转率从2012年的5.35次提升到2017年的8.01次；应收账款周转率从2012年的10.29次提升到2017年的15.54次；营业周期则从2012年的

① 此处为2015年数据。

102.25天降低到2017年的68.12天，降幅接近35%。

图2-9　美的集团存货周转率趋势图（2010年-2017年）

资料来源：美的集团财务报表

图2-10 美的集团应收账款周转率趋势图（2010年-2017年）

资料来源：美的集团财务报表

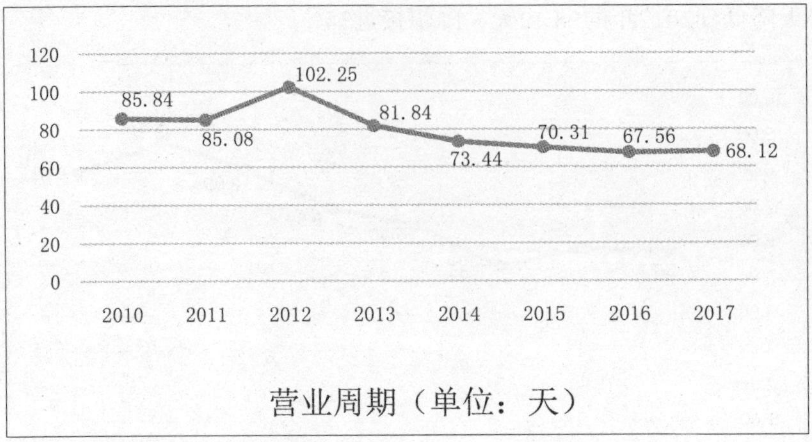

图2-11　美的集团营业周期趋势图（2010年-2017年）

资料来源：美的财务报表

与此同时，美的在产品领先方面的努力也见到了成效。2010年前后，美的集团总体的毛利率水平仅有17%左右。但经过产品结构的优化调整以及新产品研发力度的增强，美的集团的总体毛利率水平在2014年达到了25%，并且持续保持在这一较高水平之上。

效率的提升、产品结构的改善以及外部并购为美的的战略转型以及业绩增长提供了重要的支撑。伴随着美的战略转型的逐步深入，美的集团的整体经营业绩迅速增长。美的集团2017年的营业收入接近2500亿元人民币。更为难得的是，美的集团的净利润也实现了同步增长，2017年的净利润额超过170亿元人民币。这说明美的的业绩增长是有业绩支撑的良性增长。

中国家电制造业的转型探索

得益于长时间的世界经济繁荣以及国际贸易的迅速增长，改革开放后的中国制造业获得了难得的发展良机。但也是因为这个原因，高速发展的中国制造业主要凭借自身的成本优势参与国际竞争，却较少在精细化管理上下功夫。随着中国各要素成本的提升以及全球性经济衰退的到来，中国制造业已经难以延续以往的增长模式。波士顿咨询2015年报告显示，中国制造业成本已经接近美国（制造成本约为0.96：1）[①]。在全球制造业的竞争中，前有欧美工业化国家技术领先、高端制造的战略，后有东南亚、拉美等国家的低成本竞争，中国企业的压力与日俱增。

如何改变自身的生产经营模式以应对变化的经济环境，成为每一家制造型企业面临的重大课题。制造业转型有多种模式。有向产业链下游延伸做终端品牌的；有向产业链上游拓展控制资源的；有攻关产品核心技术提升科技含量的；也有彻底转换行业跑道的，每条转型道路上都不乏成功者，但我们看到更多的则是企业转型的失败。

中国传统家电市场接近饱和已是不争的事实。面对行业天花板，家电企业新的机会主要来自于一是转战海外市场，通过海外并购和开拓海外市场等方式来寻找新的规模扩张点；二是突破传统市场规模限制，从制造转向智造，探索智能家居、智能制造等新蓝海[②]。面对转型升级的大势，许多家电制造业企业都投入了巨大的精力，试图从制造走向智造。

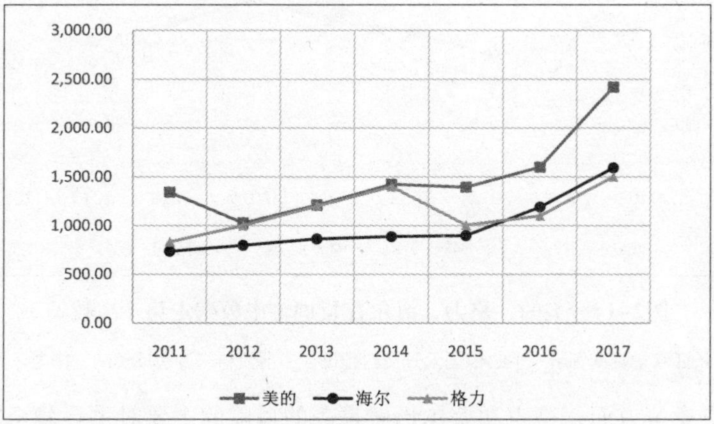

图2–12　美的、格力、海尔营业额数据走势（千元）

① 《美国波士顿咨询集团报告：中国制造成本已接近美国》，环球网财经，参见http：//finance.huanqiu.com/roll/2015–08/7228165.html，2015–08–09。

② 《格力美的双赢的空调专利战背后企业竞争走向高端》，红商网，参见http：//www.redsh.com/ppnews/20170718/175400.shtml，2017–07–08。

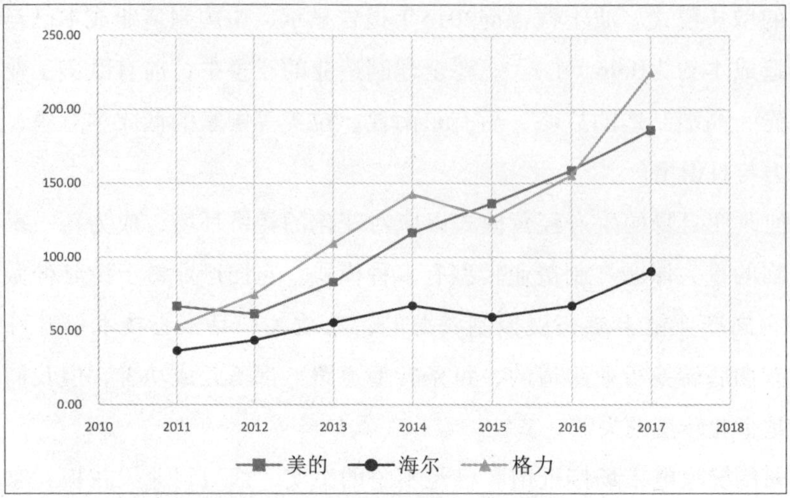

图2-13　美的、格力、海尔净利润数据走势（千元）

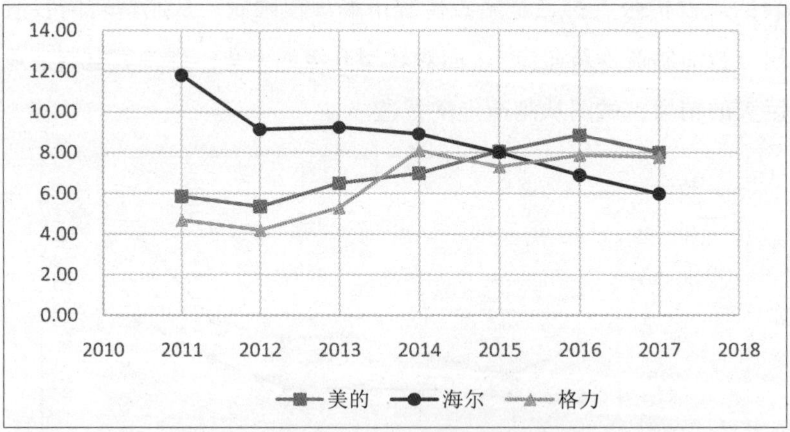

图2-14　美的、格力、海尔存货周转率数据走势（次数）

资料来源：长江商学院案例研究中心根据公开资料整理，主要资料来源包括美的、格力、海尔年度报告

在市场竞争方面，格力和海尔仍然是美的目前的主要对手。截至2018年5月31日，美的集团的总市值为3487亿元人民币，格力电器的市值为2857亿元，青岛海尔的市值是1226亿元。美的集团的营收比格力电器高出1000亿元人民币，但市值差距却并不大。而营收超过格力电器的青岛海尔，市值则与美的集团及格力电器相差甚远。就净利润而言，格力和美的相差不大，格力略多于美的，而海尔的

净利润则远远不及美的和格力。在对家电行业企业的估值上，市场更加看重企业的盈利能力。从这个方面来看，海尔已经明显落后于格力和与美的。

通过观察行业内这三家代表企业美的、格力、海尔近几年的转型实践，能够发现他们在转型思路以及具体路径上的重大差别。

在国际化布局方面，海尔2016年打败美的、伊莱克斯以55.8亿美元斩获GE家电，拥有了GE家电全球物流分销资源和美国市场的零售网络。尽管海尔很早就作为中国企业“出海”代表在美国设厂，但是品牌影响力一直不及美国本土品牌。这一收购不仅使海尔获取了约20%的美国市场份额[①]，同时获得了美国本土市场上的知名品牌。至此，海尔拥有了6大品牌，从高端的GE家电、卡萨帝到中端的海尔再到面对年轻用户的统帅，覆盖全球160个国家、108个制造工厂（海外54个）、10个研发中心，进一步铺开了国际化发展的范围。海尔财报显示，自2016年6月7日收购完成至2016年底，GE家电贡献收入258.34亿元、净利润4.35亿元。

美的在国际化布局方面也很积极。2016年，美的用32亿元人民币的代价收购了东芝白电业务，获取了日本市场和东芝相应的产品技术。然而东芝迄今为止仍处于亏损状态，2017年第一季度美的财报显示东芝亏损约1.88亿元，如何整合成功并让亏损老牌焕发活力是摆在美的面前的挑战。此外，美的还收购了意大利中央空调品牌Clivet80%的股权。此外，在2017年，美的又完成了对德国库卡机器人的收购，开始布局机器人产业。

商业模式方面，海尔侧重于利用互联网模式搭建企业内部的创新创业平台。张瑞敏的理念是围绕用户进行全流程价值链的重塑，将海尔从“传统制造家电产品的企业”转型为“面向全社会孵化创客的平台”，利用互联网的方式为终端用户提供智慧家居解决方案。围绕着用户需求，海尔试图运用互联网连接、聚合、交互的商业模式来改造自身的管理架构、生产流程与供应链上下游。海尔的互联工厂C2M模式，强调大规模定制下的用户体验与连接，从产品

① 《海尔美的大不同》，界面新闻，参见http：//www.jiemian.com/article/1081035.html，2017-01-20。

的创意研发到生产物流，全程用户可视可交互。海尔的在线众创社区众创汇，鼓励用户自主创造个性化需求。而CosmoPlat平台，通过互联网连接更多创客、技术与资源供应商，服务于海尔的大规模定制模式。

相比之下，格力则更加倾向于通过自主研发掌握核心技术，在国际化及并购方面并没有太多的动作。格力主要围绕着机器人和精密机床两大方向进行自主研发，希望从单纯的家电制造行业向新能源行业及装备制造产业拓展。机器人方面格力目前已经完成了从核心零部件到机器人本体再到下游集成应用的整个研发过程。从2013年开始，格力自主研发的工业机器人等智能装备实现小规模外销。截止2016年底，外销设备产值超过了10亿元人民币。除了机器人，格力也在数控机床方面进行了大量的研发投入。董明珠的期望是未来格力可以在智能制造装备上闯出一片市场。董明珠表示，“所有的机器人，支撑运作的核心技术都是我们自己研发的，格力将会坚持走自主创新的道路。”①

与格力和海尔相比，美的转型升级的手段显得更加灵活与多样化。首先，美的并不过分拘泥于自主研发核心技术。在机会出现的时候，美的会毫不犹豫地展开与外部公司的合作甚至是直接并购。以在机器人产业的布局为例，美的围绕着机器人产业链进行了多次收购和合作。美的收购了国内的机器人公司埃夫特，并与日本安川共同设立了合资公司。2017年，美的又收购了世界领先的机器人企业库卡，这标志着美的在智能制造方面的战略布局到了一个新的阶段。

在企业自身能力的提升上，美的的思路也有独到之处。到目前为止美的的企业转型不仅仅是以技术驱动，强调科技创新，“企业总体效率”的提升也是转型的核心。以效率和成本为出发点，优化、整合企业内外部资源，最终实现提升在企业综合成本降低前提下市场竞争力及用户满意度的提升。

① 《董明珠讽同行百亿收购：小偷就是小偷，不能当领导》，澎湃新闻，参见http：//finance.qq.com/a/20170306/005788.htm，2017-03-06。

未来挑战：转型驶入深水区

现实的经济环境异常复杂，企业自身的情况也千差万别，并不存在一套适合所有企业的转型模式。事实上，对许多制造型企业来讲，立足自己以往的优势与积累通过提升效率、降低成本为客户提供更大的附加价值或许是一条更加可行的转型之路。

美的的数字化转型正是着眼于提升效率并且取得了良好的效果。2011年到2017年，美的用六年的时间基本完成了从规模为先向质量效率为先的转型。转型的成果集中体现在经营业绩上。2017年美的营业收入、净利润分别达到2419亿元和186亿元人民币。

转型升级给美的带来了“量增利涨”的丰收局面，但美的并没有就此止步。2017年起，美的集团又开始了新的战略转型历程，意图成为一家集消费电器、暖通空调、机器人与自动化系统、智能供应链（物流）为一体的全球化科技集团。美的集团新的转型基于这样的逻辑和思路：首先，基于制造产业的根基，借助互联网、智能化等工具，让美的从家电制造行业进入位于产业链上游的机器人、自动化等领域，并通过并购、合作等手段掌握上游核心资源；其次，将内部供应链进行智能改造后打造成为开放兼容的智慧供应链，联合美的上下游的供应商、经销商等相关实体共同满足最终用户的需求，更好地打通和拉近企业与市场、用户的距离[①]。

① 《美的集团转型驶入“无人区”》，搜狐科技家电圈，参见http：//www.sohu.com/a/200004320_111100，2017-10-25。

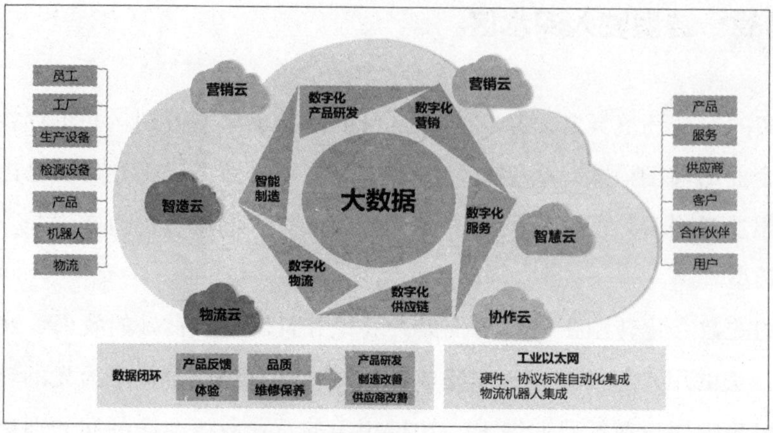

图2-15　美的未来的IT战略

资料来源：美云数字化建设分享

与新的企业战略相对应的IT战略是从2017年开始的数字化2.0和工业互联网建设：构建工业互联网平台，实现业务软件化，决策数字化，实现全价值链上下游业务24小时在线运营。美的希望做到从用户到产品再到制造整个流程的数字化，企业所有的数据都可以24小时在线展示，供产业链上下游的合作伙伴使用。从而进一步提高生产效率，满足用户需求，减少每一个环节产能的浪费。

目前，美的已有4800万用户在移动端共享美的的数据。在供应链方面，供应商也通过数据与美的合作，对供应链协作、工艺仿真、柔性制造等方面的效率进行提升。方洪波认为，利用数字化的工具，最终还是要产生价值、提高效率。“数字化企业就是把人和机器的数据连接起来，进行整理分析，给企业每时每刻的管理提供支持。”

从最熟悉的家电制造行业，跨入陌生的机器人与自动化系统、智能供应链等新行业，美的集团需要重新规划新的发展道路，建立起新的核心竞争力。但是，这一次的转型不再是发展一个或几个新的家电业务品类，而是另起炉灶，面对全球市场寻找新的发展道路。这也就意味着，美的过去在中国家电行业积累的资源和经验，只能借鉴和利用，而不再能直接复制和扩张。

更为重要的是，美的过去的转型与发展更多地是站在模仿者或追赶者的地位，美的前方往往有一个或几个可供模仿或追赶的标杆。但是随着自身规模的壮大以及能力的提升，美的已经成为产业竞争赛道上的领跑者。美的不但失去了可供借鉴的对象，反而需要承担起不断开拓探索的任务。美的已经驶入转型升级的深水区！

方洪波的终极梦想，是把美的建成一家真正意义上的全球化科技公司。要做到这一点，美的面临着巨大的挑战。如何整合不同文化背景的众多海外子公司、建立起适应新环境的创新创造能力，并且在不断探索创新的过程中保持美的在行业中的领先地位，而不是沉没在转型升级的深水区。所有这些都是摆在美的集团管理层面前的难题，也是美的新的转型需要考虑的重大问题。

附录1

美的数字化建设

美的转型的核心思路是提升质量，而不再片面注重规模。通过贯彻“产品领先、效率驱动和全球经营”三大转型策略，美的实现了自身核心能力的积累与提升。但是，要将企业自身的研发、生产、销售整合成一个有机的整体，形成覆盖全球的高效率的生产经营网络，美的还需要建设一套有效的管控体系。

美的用以实现高效管控的重要手段之一就是企业的数字化建设。德国的工业4.0，美国的工业互联网，中国制造2025，说法虽然不同但本质却异曲同工。其核心都是试图通过企业的数字化建设，来推动智能制造的实现。数字化建设已经成为许多制造类企业应对挑战的主要战略。然而，真正能够将数字化建设落地、实现与业务高效有机结合的案例却并不多见。对于众多的制造型企业来讲，美的在数字化企业建设方面的探索具有现实意义。

那么，美的的数字化建设究竟有什么具体内容？美的又是怎样借助数字化建设这一工具实现高效管理，将“美的制造”升级为“美的智造”的呢？

美的“632”信息化战略的实施

在2011年以前，美的集团在信息化建设方面就已经做了许多工作，各主要业务单元及生产基地基本普及了ERP、PLM等信息化系统。但是，这些信息系统由多个供应商开发的多套子平台各自发展组成。由于现场布局、管理要求、操作习惯、工艺流程、设备等多方面的差异，形成了多系统、多版本同时运行的局面。各个业务单位的信息化平台复杂多样、互相不兼容，形成了一个个的信息孤岛。不但难以实现功能和规模的扩展，集团层面也很难及时高效地掌握下属单位的经营状况。同时，由于信息系统分散建设，功能标准化、通用性差，推广实施的成本也很高。

美的的转型战略对基础的信息平台提出了“一个美的，一个体系，一个标准”的要求。这就要求必须打造一个适用全集团统一管理的数字化精益平台，实现订单跟踪全程追溯、与供应商互联、过程自动智能化、品质在线管控、数据采集及大数据应用，从而实现交付精准、效率提升、品质改善的效果。

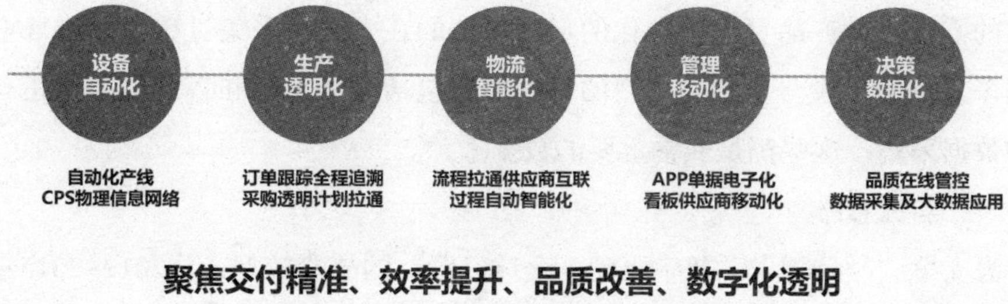

图2-16　美的信息化建设总体要求

资料来源：美的集团公开资料及访谈信息

美的智能制造要求达到三个重要目标：按需设计、按需生产和精准营销。在按需设计方面，美的是要做好对市场格局、对用户的了解。传统的了解市场需求的方法包括市场调研，问卷或者电话寻访等。但这些手段不但准确度低，及时性上也难以满足企业需求。针对这一问题，美的开发了相应的市场需求调研工具。例如，美云智数有一款用于市场需求分析的产品叫观星台，这款产品通过自动采集外部的电商评论信息以及舆情网站的数据来了解市场上什么东西好卖，什么不好卖，以及为什么不好卖。通过用户的需求分析来改进产品，做好贴近用户的产品，从而更好的服务市场需求。除此之外，还有从用户分析角度看产品搭配的是否得当，看用户的痛点能够得到满足等一系列问题，都能够通过数据分析进行了解。

第二块是按需生产，按需生产也是美的非常关注的一个环节。想要生产出更好的商品，意味着要对订单有更好的预测，对决策和制造过程有更加精细化的管理，这是美的在制造里面另外的一个大的思路。美的有自己的MES，是美的智能制造的核心，所有工厂里面的数字化，包括机器人和物料环节上传感器系统，以及终端用户的需求信息都是美的信息系统非常重要的数据来源。

第三点是精准营销。从另外一个角度来看，只有深入了解用户才可以做更好的产品和服务用户，美的的大数据现在拥有超过1.46亿的终端产品用户，可以获得非常丰富的整体用户信息，区域的分布情况以及用户购买产品的使用偏好情况。这使得美的能通过识别用户的特征更好的推销自己的产品，以及通过用户的需求去做产品更加精准化的定制。美的在大数据采集过程中，非常重视数据采集点的建设。美的和用户的数据触点包括线下导购和售后服务，还有线上的数据采集，这些都是非常重要的数据来源。

一、实施思路

为支撑“产品领先、效率驱动、全球经营”的战略转型，从2012-2015年，美的集团有针对性地启动了“632信息化提升项目”（简称632项目）。“632项目”由6大运营系统（PLM、ERP、APS、MES、SRM、CRM）、3大管理平台（BI、FMS、HRMS）、2大技术平台（MIP、MDP）等十余个子项目组成。

“632项目”的核心是智能精益工厂建设。项目从一开始就明确了"统一流程、统一数据、统一系统"构建内通外连的IT系统的工作目标。通过自动化、智能机器人、智能物流、移动大数据、物联网集成等关键技术的综合应用达到提升生产制造的信息化、精益化水平、缩短产品制造与交付周期、降低综合生产成本的目的。

二、系统架构

对制造型企业来说，要实现供应链协同，需要实现价值链各环节的数据共享及顺畅执行。ERP是企业层级的资源计划管理；MES则是位于上层企业资源计划管理系统与底层工业控制之间，面向车间层的管理信息系统。ERP的计划生成可执行的生产工单，而MES则对工单的执行过程跟踪记录，并防止错误发生。

许多制造业企业在数字化的过程中建立起了自己的ERP以及MES系统。但不幸的是很多制造业工厂的ERP与MES互相割裂，没有整合成一个整体。在两套系统各自为政的情况下，工厂产能、订单进度和生产库存对ERP来说只是黑箱作业，ERP系统本应当发挥的功能就成为了摆设。

若企业内部能实现ERP、MES，乃至CRM的集成协同，进一步就需要对接外部用户的需求信息。这其中包括产品订单数据、需求预测信息等。由于这些数据往往来源于不同的合作伙伴，因此合作伙伴的协同管理、信息化水平、数据接口标准，乃至激励机制就成为十分重要的影响因素。

当产业链上的信息系统全面集成、系统整合之后，一条连接市场最终客户、制造业内部各部门、上下游各方的实时协同供应链就形成了。美的的信息系统就是针对这个目标进行建设的，它主要用于实现以下几个主要功能：

1. 全面品质管理

用于实现生产流程中的防错防呆、质量问题自动预警，以及生产过程的数字化、智能化、可视化管理。具体内容包括生产流程基础数据管理、流程数据采集（物料数据采集、设备数据联机、质量缺陷采集、人员岗位数据采集）、制程控制防呆错、制程数据分析、制程质量追溯、制程改善闭环等六大PQC产品化功能的方案规划、设计与开发，从而形成数字化驱动的制程控制管理体系。

2. “智能化”供应商管理

根据工厂布局与管理的实际情况，基于价值流的理念重新设计供应商管理系统。实现供方物流按时刻精确入场，提高供货方入场的物流效率。在工厂内部则通过不同维度的追溯管理机制拉通场内各物流场景、提高场内物流数据的实时性和准确性。

信息互联、强化入场物流管控：通过对供应商的协同管理，对物流过程中的确认送货、备料、发货、装车、运输、轨迹、入场、卸货、出厂等状态进行精准定位及控制管理。

物流信息电子化：供应商物流全面取消送货单打印及过程手工签核，实现手机APP车位预约；按车牌+条码对过程物流状态进行物料移动追溯；全流程支持多平台实时检索查询；过程物料的签收实现按车次批量接收处理，核销周期由天转变为按车次控制。

场内总部装拉动及账务实时拉通：通过工序及完工实现拉动配送、发料管理及同步账务处理、对现场货区货位实现实时自动推荐，实现入场物流、自制件物流、场内物流的财务拉通管理。

3. 精益化车间生产管理

提升制造车间现场日常管理能力，实现会议及点检等流程固化、责任清晰及有效响应，实现问题闭环管理、优化提升关键KPI。

目视化管理：不同层级（线体-区-分厂）的会议展示不同维度（班组-日-月-年）的关键KPI及相关问题点，同时展示一段时期以来的趋势，增加对改善目标如UPPH、不良率、安灯、点检的敏感度，便于及时优化。

固化点检流程、实现可视化：固化点检清单及责任人、定时提醒点检并记录超时行为，同时提供日常性的移动式强化点检管理。在每日会议看板中实时显示检查结果，督促点检并及时发现问题。

矩阵式分配责任及跟踪：由不同部门组织中负责相关职责的人员组成长期或临时性的问题处理组，共同负责问题处理责任，实现矩阵式管理、强化协同工作。

多终端显示：除了提供传统的通知方式外，同时提供手表通知点检、安灯等，并可通过PC、手表、平板电脑等进行响应，促进发现问题、解决问题，提高日常管理的效率及闭环率。

4. 中央总控及移动报表

以3D建模及实时影像的形式实时展现工厂、车间、产线、设备等的总体状态以及关键数据参数。设立总控BI平台，完成多系统的数据集成并展示核心BI数据。在实时显示数据的同时，系统还能够对日、周、月、年度的相关生产经营数据进行不同维度的趋势分析、相关交叉分析、无序交叉分析等操作。实现综合业务数据的实时可视化、可分析、可追溯、可控制执行。

三、项目成效

1．统一的数据管理体系

通过制造信息化系统以及数字化精益MES平台的建设，美的确立了统一的数据管理机制、制定了统一的数据标准、为集团大数据平台提供了互相兼容的主数据，并在此基础上理顺了业务管理流程以及数据管理组织体系。

图2-17　全集团统一的业务数据体系

资料来源：美的集团公开资料

美的集团已经实现信息系统在总部、事业部、基地工厂三级的应用落地，形成了一体化的企业级MES系统，全面覆盖了集团几十家工厂，1000余条生产线。目前美的MES平台日应用人数近10万人，系统每天产生60万条财务交易凭证，100万物资出入库记录，管控90000多个生产作业过程，覆盖制造全流程的采集与追溯。

系统实现了制造过程中人财物等重要资源的集约化管理，通过全面连通自动化机台和产线实现了自动化物流、订单跟踪、数据分析与展现等功能。

2．提升业务管控能力

数字化系统的建设与提升有效地固化了业务流程和管理标准，支撑了精益管理的集团化和扁平化。在632项目的基础上，信息化建设向大供应链体系延伸，加速各环节任务流动。通过大数据应用不断提升运营效率，借助量化的数据实现了生产管理的专业化和标准化，推动管理分析从统计型向分析型转变。

借助于数字化系统的建设与提升，精益MES已经深入到制造管理的各个环节，通过信息流拉动和贯通共享提升业务管控能力，为管理创新打下了良好的技术基础。

美云智数——智能制造云服务平台

美云智数起源于美的自身的IT管理系统。美的集团在2008年就建设了自己的MES业务管理系统，希望籍此建立对自身业务全面深入的智能管控。然而，始建于2008年的美的原MES系统，因业务扩展与要求的提高，暴露了运行稳定性弱、功能覆盖缺失等短板，不能满足业务快速发展的需求。

2014年美的IT组织内部MES团队的核心骨干，以全美的人员为班底组建成立MES产品化项目组，开始自行研发符合美的自身特点及需求的MES系统。美的自行研发的MES系统从业务技术架构制定到底层框架、以及应用编码、测试、发布、落地应用等产品全生命周期都试图更加贴近美的实际需求。在技术层面上，新的MES系统实现了分布式与集中式部署支持、移动互联网应用，利用数据处理模块化构建产品。最终目标是自主研发出懂制造、符合国内制造特色的MES系统。

2015年10月，美的家用空调广州工厂智能制造首批试点成功上线。试点运行过程中又不断对数据实时呈现、异常预警分析、KPI及大数据分析等提出了更高的改进要求。针对用户提出的改进意见，美的MES团队继续开发出中央控制平台等功能模块。次年1月，广州工厂中控中心试点上线使用。试用取得成功之后，这套美的自主研发的MES产品迅速在家用武汉、小电事业部等部门推广应用。截止到目前，美的MES系统已经覆盖美的36个制造基地、2000+产线、2万+采集点、2.2万用户。

根据美的集团的整体战略，2016年11月份，美的MES团队整体转入美云智数，成为美的集团旗下独立的法人单位。独立运作之后，美云智数继续围绕“双智”战略、供给侧改革等思想研发了美云智数MES系列产品，其中包括智造MES、注塑MES、电子MES、MES公有云等。

新的美云智数系列产品除了服务美的集团自身需求之外，还向外扩张到多个行业，为许多外部客户提供服务，如白电、黑电、电子、注塑、手机、机械加工等。美云智数希望基于自身的专业能力及美的集团以往的经验为企业提供全面的集成方案，将美的在智能制造方面的实践经验扩展到更大的范围，帮助传统制造企业打造全价值链的解决方案。

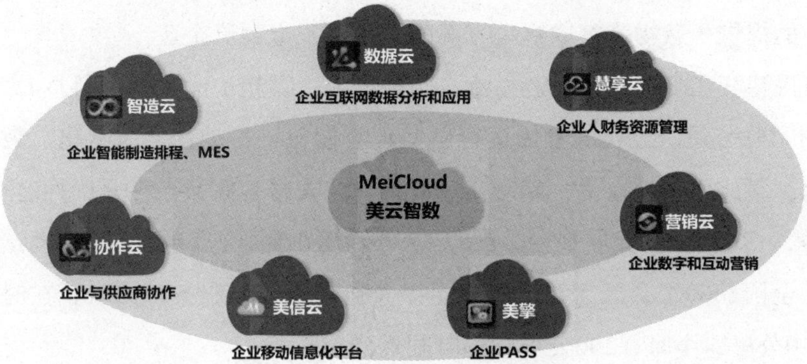

图2-18　美云智数产品结构

资料来源：美云智数公开资料

美云智数使命

打造全价值链企业云，提供全方位云服务，帮助企业实现在员工端、制造端、产品端、营销端和用户端的全面拉通，并借助流程拉通和数据流转，提炼出符合企业不同场景的最佳解决方案。

美云智数系列产品

智造云：促进传统制造向智能制造转型，助力企业迈进工业4.0

协作云：打造协同采购生态，为企业提供灵活可配的采购资源

数据云：构建企业数据生态圈，支持转型实施

美信云：帮助企业利用移动互联网应用进行业务管理

营销云：拉通全渠道营销，帮助传统企业营销向互联网转型

慧享云、美擎：提升企业内部协作与管理效率

安得智联（原安得物流）

安得物流创建于2000年1月，注册资金6.765亿元，原来是美的下属的专门为集团内部提供物流配送服务的一家专业化物流企业。发展到今天，安得的服务范围已经大大超出了为美的集团提供内部物流配送服务这个领域，成为一家全国性的提供智慧物流集成解决方案的大型第三方物流企业。

安得智联在全国拥有冷链物流、国际物流、零担快运、智能科技4家专业公司及28家分公司。公司的整体运行已实现智能化、自动化、信息化、数字化、网络化、集成化、柔性化、移动化、可视化。安得智联目前在全国拥有111个物流中心，176个物流服务平台，8.6万辆可调用车辆，3000多个终端网点。已经实现了全国2869个县区无盲点覆盖，以及送装一体化服务。同时，在时效上实现了100公里24小时，200公里48小时配送到门。

安得智联的客户范围已经突破家电领域，扩展到食品饮料、汽配、酒业、冷链、医药、电子通讯、粮油以及日化保健等行业领域。针对这些领域特殊的物流需求，安得搭建了有针对性的智能物流服务体系，帮助客户提升物流效率。

附录2

美的收购库卡

库卡机器人

德国库卡集团是世界四大机器人企业之一。拥有百年历史的库卡集团堪称德国制造业的一个典范，在目前德国制造业网络化战略“工业4.0”中占据主导地位，在2016年汉诺威工业展上被德国总理默克尔誉为“德国工业的未来”。

库卡集团旗下三个主要业务板块分别为：库卡集团机器人板块（主要从事开发、制造并销售可应用于自动化制造过程的主要核心机器人）、库卡集团系统板块（主要从事设计和建设涵盖整个工厂价值链的自动化制造系统）、瑞仕格板块（为其他领域研发创新自动化提供解决方案）。

库卡的影响力集中体现在两个方面：

第一，他是欧洲排名第一的工业机器人厂商，包括大众、宝马、奔驰、奥迪、沃尔沃等欧美汽车品牌几乎都是由库卡的机器人来生产的。

第二，他的销量中三分之一来自美国，许多大型军工巨头都是他的客户，像生产知名的B-2隐形轰炸机、全球鹰无人机的诺斯洛普·格鲁门公司就是库卡的一个大客户。

收购要点

美的收购库卡的交易，最早是从2015年开始。美的首先在二级市场上进行了两年的收购，达到了第二股东的位置，然后美的才发起这个邀约。

整个收购过程非常紧凑。2016年5月18日，美的第一次向市场公开要约收购行为，到2017年1月6日就完成了这个交易。而且这期间绝大部分的时间用于美国的CFIUS审核和涉及多个国家的反垄断。

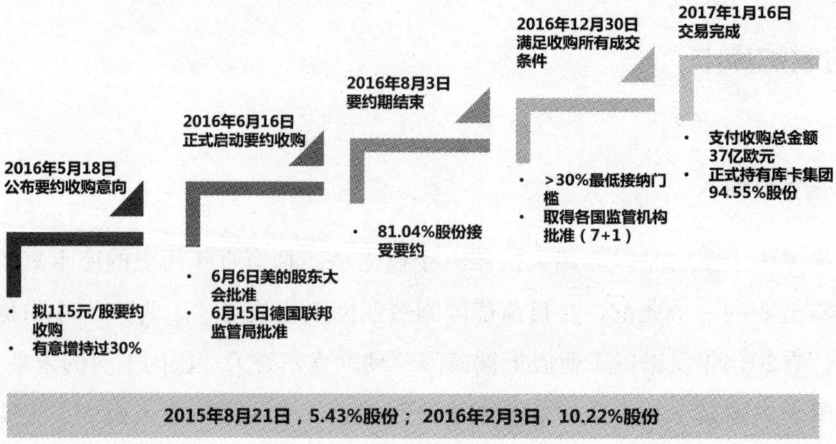

图2-19　美的收购库卡过程

资料来源：媒体公开资料[①]

在整个收购过程中，美的基于充分尊重当地文化、库卡管理团队的原则，并且承诺了库卡未来发展的独立性。因此较快的赢得了库卡管理层及股东的认可。

美的在2015年才成立了专门的机器人部门。但近几年在机器人行业领域的投资及收购让美的在机器人产业布局呈现出爆发式加速的态势。

① 《独家|美的集团副总李飞德谈收购库卡始末》，参见http：//www.sohu.com/a/139138971_618572，2017-5-8。

美的机器人产业将分为两大块，一块是工业机器人，目前库卡的产品大部分是此类机器人；另一块是商用服务机器人，应用于家庭、医院、康复等领域。后者的生产制造，美的主要通过与日本安川合作完成。

“美的机器人战略已经很清晰了。美的把机器人战略当作家电产业、暖通产业、机电产业之外的第四大产业来布局。甚至，在方洪波的战略里，机器人战略高于机电战略。”①

（指导教授：梁超　研究员：祝运海）

① 《美的再拿下机器人公司 产业版图全貌浮出水面》，新浪科技频道载《证券日报》文章，参见http：//tech.sina.com.cn/it/2017-02-17/doc-ifyarrcf4333957.shtml，2017-2-17。

海尔

用户驱动的互联网化转型

案例点评：

大数据本是实实在在的技术，在中国却成了资本炒作的概念。近年来，大数据是商业舆论中最热门的关键词，从民营企业到地方政府，对大数据的热情与投资居高不下。但现实状况常是雷声大雨点小，能够真正落地，产生实际价值的大数据项目不多。这其中既有技术本身的不成熟，也有产业对数据本质和应用方向的误解。在海尔的互联网化转型的案例里，我们着重对数据的核心要素作了深入的讨论。

案例首先明确了大数据的本质：数据的本质是人，是用户的行为产生了数据。任何大数据都应该围绕用户这个中心来努力，而不是就数据做数据。对海尔这样的大型制造企业来说，商业模式中与终端用户的交互是比较少甚至缺失的。因此解决数据问题首先要解决交互问题，建立线上线下贯通的交互平台机制，全面系统地收集数据。孤立的数据也是没有什么作用的，企业收集到的众多数据必须打破孤岛，实现互联互通。在数据应用层面，海尔打造了诸如营销宝和交互宝这样的数据产品，驱动了现实中的销售业务，产生了实际企业价值。但这只是起点，通过数据挖掘洞察客户优化营销，实质是向用户索取。接下来，海尔的数据需要发挥更多的作用，为用户提供更好的产品和服务，实现对用户的付出。这是数据应用的长期目标，同时挑战也更大。数据驱动的智慧服务对数据采集的丰富程度、数据模型的输出精度等都提出了更高的要求，而海尔也正在这个大方向上不断探索与前行。

1985年，时任青岛电冰箱总厂（海尔前身）厂长的张瑞敏让人检查了工厂里所有冰箱，把76台有质量缺陷的冰箱在工厂里排开，在众职工面前带头砸起了冰箱。在当时一台冰箱价格800元，抵一个普通职工两年的收入。“要么不干，要干就要争第一！”张瑞敏用这样的方式开始狠抓质量管理，也使得这家濒临倒闭的工厂起死回生。3年后，海尔捧回了中国冰箱行业的第一块国家质量金奖。

1991年，海尔逐渐过渡到多元化发展阶段，开始生产洗衣机、空调、热水器等多品类家电，并成立海尔集团。随后，海尔率先“走出去”，开始探索国际化发展。根据欧睿国际数据，2009年海尔成为全球白色家电第一品牌，市场占有率第一并蝉联至今。

30多年张瑞敏带领着海尔一直在创新求变，而最新一次求变则是互联网化转型。2000年张瑞敏在参加了达沃斯论坛回来后，就提出“不触网，就死亡”的观点。他认为互联网是一个大趋势，在新的商业与技术浪潮里，“制造业企业的最大问题，是怎样尽快转型为互联网企业”。

经过数年的探索，海尔于2012年正式宣布进入网络化战略阶段。当初砸冰箱，张瑞敏这次选择“砸”组织，去掉1万名中间管理层，打破科层制组织，转型为扁平化网络组织。在这背后是海尔对战略的重新思考。张瑞敏认为，传统时代制造业企业要么成为名牌企业，要么成为名牌企业代工厂。但到了互联网时代，企业要么拥有平台，要么被平台拥有。传统制造企业和平台的最大区别在于前者是以企业为中心来管理客户，后者则是以用户为中心来管理企业。

全流程零距离用户交互、从大规模制造到大规模定制、开放平台建立共赢生态圈，海尔围绕着用户做了一系列互联网转型的尝试与探索。以大规模定制为例，海尔在2015年上线行业首个用户交互定制平台——众创汇。用户可以提出创意需求，全程参与产品设计，定制下单后订单与后端的互联工厂无缝连接并全程可视。海尔的想法是让用户不再是被动的消费者，而是主动的设计者，与其他用户、海尔工厂、资源方进行交互。众创汇根据用户需求定制生产的Hello Kitty家电，在2015年家博会上发布后，三周的预售期就收到了近万名用户的预约、咨询。

其实众创汇只是海尔2012年开始的互联网化转型中的落地的一个环节。那么，海尔究竟是怎么样构建它的互联网化转型战略？具体来说，在用户交互、数据营销、产品定制和智能化制造上有着什么样的探索与实践？

战略背景：海尔的互联网化转型

互联网技术的变革带来了新的商业生态，与传统分工式经济相适应的生产流水线和科层制管理的低效慢慢显现出来。互联网打破了信息不对称，人人都可以是中心，都是发布者、评论者，“去中心化”成为新趋势。企业与用户（消费者）之间交易的链条缩短，中介成为冗余，消费者从被动接受者转而拥有更多选择的权利，且更加强调个性化需求的满足和主动参与感。而企业之间的交易成本也在降低，这促使企业从追求内在一体化向开放合作制造转型。

张瑞敏认为，如果继续传统经济模式，海尔“必死无疑”，就像踏在跑步机上，再使力跑一万步也是原地踏步。海尔需要从传统的自成体系的制造公司向互联网的一个节点转变，从企业制造向社会制造转变，打造与内外部相关方、尤其是用户共创共赢的生态圈。为此，海尔进行了“三化”的变革：企业平台化、员工创客化、用户个性化（图3-1）。

企业平台化方面，海尔颠覆了海尔传统的金字塔式科层管理结构，扁平化了组织结构。转型后，海尔由平台主（负责创造和支持创业团队）、小微主

（内部创业公司）和小微里的创客组成[①]。海尔希望将过去的上下级关系变成投资人与创业者的关系，战略上引领小微创客，同时将IT、信息、人力等职能部门变为服务平台，支持服务小微。

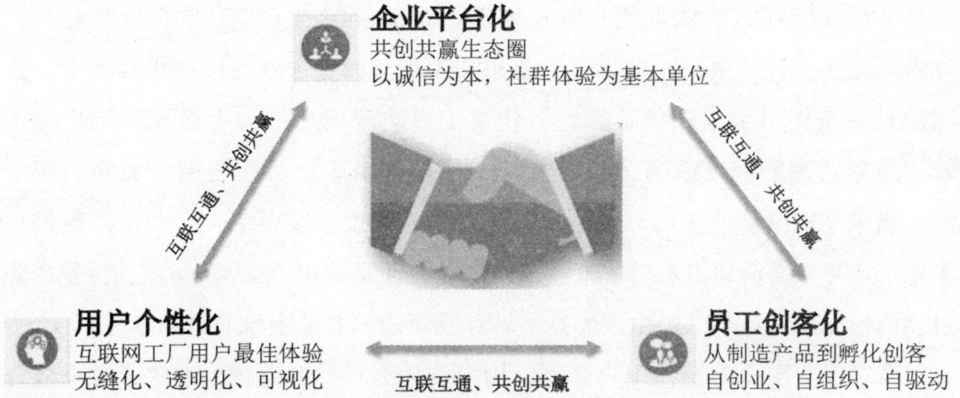

图3-1　海尔战略转型的“三化”

资料来源：海尔公司公开资料

员工创客化方面，海尔曾经的员工从执行者变成创客，在海尔的平台上创业并被给与决策权、用人权和分配权，自主决策和整合资源。海尔内部有一句话，每个员工都是自己的CEO，不用听命于上级，而是听命于用户。按张瑞敏的话来说，“我不会为你提供一个工作岗位，但是我会为你提供一个创业的机会。”海尔意图通过鼓励平台上的众多创客团队创新，实现产品的快速迭代和海量爆发。尤其是通过创客员工的自主创新和与用户的零距离交互来满足用户需求，打造更好的用户体验。

用户个性化则是海尔互联网转型战略的真正落脚点。传统家电制造业产销分离，以前工厂只管生产，生产出来销售给消费者，消费者是被动的，与制造

① 海尔的小微公司分成三类：创业小微，从0到1孵化出来的，如雷神、巨商汇等；转型小微，是成长、成熟的产业模式创新转型而来，如智胜（三门冰箱）、卡萨帝（高端冰箱品牌）等；生态小微，例如9万辆服务车的车小微等。——编者按

隔开的。海尔希望做的是产销合一，让消费者主动参与从研发到制造到销售的全流程，满足用户的个性化体验。根据海尔介绍，海尔正在打造的是C2M—以用户交互为核心的互联工厂模式，目标是无缝化、透明化、可视化，零距离与用户交互的大规模定制。

早在2005年，为强调用户的重要性，张瑞敏提出了“人单合一双赢”，“人”是员工，“单”（即订单）是用户需求。而在最新的网络化转型中，张瑞敏进一步提出了用户付薪理念，让员工以实现用户价值为目标，用户说了算。海尔将薪酬制度改为了二维点阵，横轴是企业价值如规模、利润、现金流，纵轴是网络价值（用户价值），如流量、黏度、留存率、活跃用户数量。家电产业专家罗清启表示，家电业不缺产能，而是缺用户交互。白电[①]行业产能过剩的情况下，竞争已经由产能竞争转移到对用户需求满足能力的竞争。

而对于“用户是谁，用户在哪，用户要什么？”的问题，海尔通过全流程用户交互和相应的用户大数据管理来回答。首先，海尔建立了交互平台，负责业务全流程的各个触点与用户交互。其次，海尔也建立了后端的用户数据平台，负责为交互平台提供数据分析支持，同时相应的分析产出通过交互平台与用户进行连接变现。用户数据平台目前以海尔SCRM（社会化客户关系管理）系统为核心，未来将建成统一的用户中心。用户交互和用户数据平台两个团队均直接汇报给海尔家电产业集团营销总经理。

“无交互不海尔”

在《海尔新模式：互联网转型的行动路线图》一书中，王钦[②]写道：“互联网时代，企业之间的竞争是用户选择权的竞争。”

张瑞敏认为，顾客和用户是两个不同的概念：“顾客是什么？顾客是终

① 白电是指冰箱、洗衣机、空调等可替代人家务劳动的产品，早期这些家电大多是白色的外观，因此得名。——编者按

② 王钦，管理学博士，现为中国社会科学院工业经济研究所副研究员，企业管理研究室副主任。——编者按

点，是一次性的终点，而用户是交互的节点，他全程设计，参与我的研发、设计，体验，永远在我这里头，用户和顾客是完全不同的概念，最后就变成用户的最佳体验，为用户的最佳体验不断地去迭代，不断去改进。”①

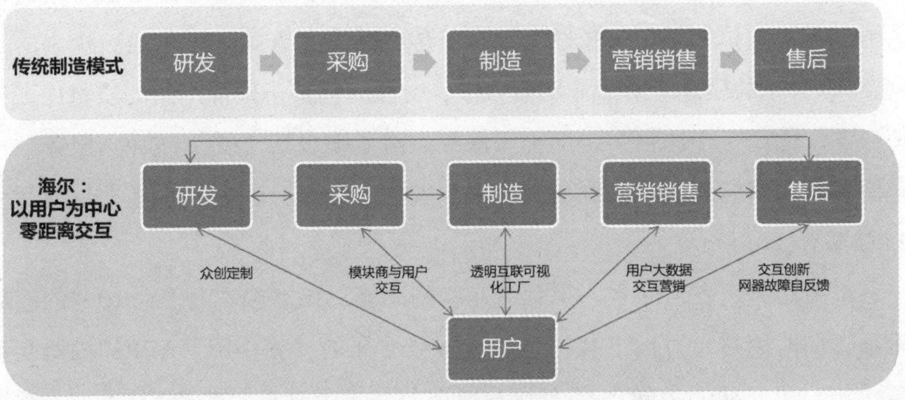

图3–2　海尔以用户为中心的价值链重塑

资料来源：长江商学院案例研究中心整理

海尔定义交互为在企业的全流程与用户的一切互动、交流、沟通。所有与用户接触的线上或线下的触点均被纳入海尔的交互平台，包括社交媒体（微博、微信、QQ）、百度和知乎官方账号、各类APP、官网、论坛、用户电话中心、Hope平台（研发资源平台）、iHaier（模块商）、众创汇（海尔为用户提供的产品定制平台）、海创汇（海尔给创客提供的创意孵化平台）等，同时也包括海尔在线下的各类自建销售渠道或合作销售渠道（如苏宁、国美）。同时，参与交互的人员范围不只是客服和销售人员，企划、研发、营销、服务、会员管理等各个节点的人员都会参与交互。

海尔与用户接触的触点众多，只用传统的人力难以实时、零距离与每一位用户交互。为此，海尔建立口碑交互系统，对约100个主流社交媒体进行舆情监测。只要用户在其中发帖或发言，系统就会实时自动抓取与海尔家电有关的信

① 2015年10月15日，张瑞明在位于青岛举办的世界互联网工业大会上的演讲。

息数据并自动反馈给各个产业或小微的接口员，他们可以直接在系统内与用户回复互动，信息会直接回传到相应的社交媒体或网站。

海尔的家电可以大体分为传统家电和“网器”（联网的智能家电）。据海尔介绍，截止至2017年12月底，海尔网器销量累计约2500万台，全年网器销量占海尔家电整体销量的30%以上。除了传统的交互方式，海尔最新探索的是“网器+社群”的模式。对于非网器家电，交互时侧重于硬件产品的质量保证和增值服务，比如一个冰箱会定期维修保养。网器则包括“硬件+软件+服务”，通过服务打造相应的用户社群和生态圈，这也正是海尔目前主推的“U+智慧生活2.0战略”。

海尔网器的代表产品之一是馨厨互联网冰箱。该冰箱本身自带10寸的液晶显示屏，同时用户也可以下载“U+”APP或专属的“馨小厨”APP和机器互动互联。用户可在馨厨冰箱屏幕上观看影视节目（爱奇艺、蜻蜓FM等）、阅读菜谱获得烹饪建议（可以手动输入或语音搜索）、直接下单选购生鲜产品（苏宁易购货到付款）、进行冰箱食品库存管理等。海尔与本来生活、易果生鲜等30多家资源方入驻，也会在馨厨上推出相应的广告（用户可选择关闭广告）。此外，馨厨冰箱可以与厨房内其他海尔设备如油烟机、燃气灶等相连，根据所做的菜自动调节相应的风力和火候。另外，馨厨冰箱还有一个专属的馨小厨论坛，用户可以将做好的饭菜拍照分享上传，与其他用户互动。此外，网器可以自动回传运行数据给海尔，海尔在后台可以直接对用户的数据进行分析，预测故障并提前登门维修检测等。智能冰箱上市以来累计销售突破300万台，用户及粉丝500余万、平均使用频次40次/日，日活跃用户近80%。①

馨厨冰箱，其实是海尔“U+智慧生活”战略下的一个例子。海尔希望在未来让海尔家电变成一个个的数据传感器，向大数据云平台实时反馈使用过程中产生的环境数据、设备数据和用户行为数据，与用户长期持续深度交互。同时引入第三方的生态资源、硬件软件资源进来提供增值的服务，打造智慧家庭的

① 数据来自于海尔官方。

洗护、水、空气、安全、美食、健康、娱乐生态圈（图3–3）。陈国良介绍到，目前不同的海尔网器还采用各自不同的APP，但是海尔正在打造一个超级APP即“U+”，在未来让用户可以只用一个APP就实现与多台海尔电器的互联互动。

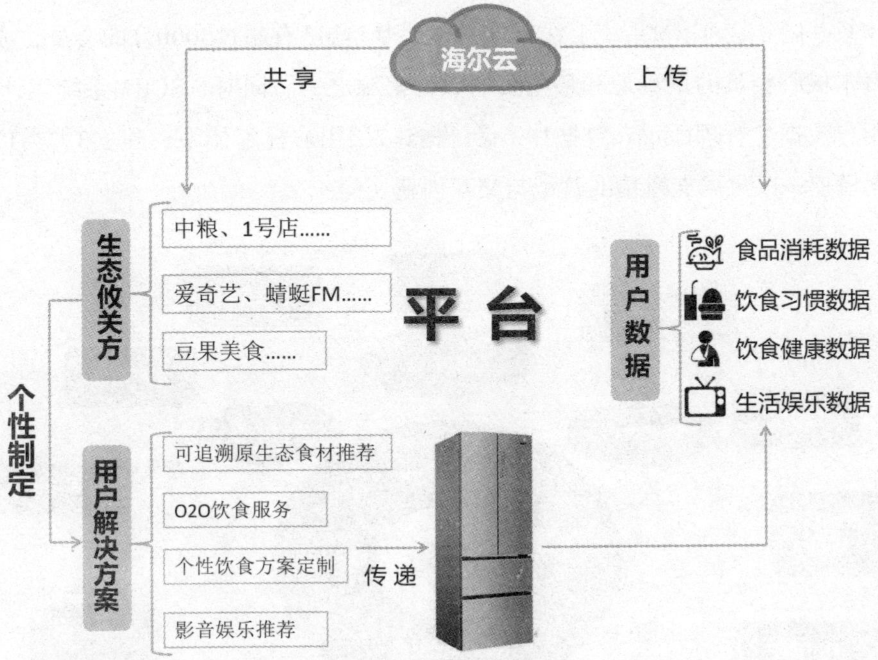

图3–3　馨厨冰箱生态圈

资料来源：太平洋家居网

“无数据不营销”

海尔用户平台交互产生的海量用户数据，则由海尔用户数据平台来统一管理。用户数据平台的负责人孙鲲鹏表示，他们正在做的事情是打通海尔线上、线下、交易、交互、售前、售中、售后等各个与用户接触的触点，实现底层数据的互联互通，从而在未来建立一个企业级的用户数据中心。这样，海尔可以建立统一的规范、对用户统一认证，并对用户形成唯一的识别。当海尔可以精准地识别每个用户、他的家庭和他所使用的海尔产品后，他就可以提供个性化的服务和精准的交互。

2012年及以前，海尔并没有企业级的用户数据平台或统一的会员体系，用户数据分散、孤立。2012年6月，海尔正式启动“梦享+”，开始运营统一的会员体系。同年，SCRM系统上线。2017年，梦享+已有超过5000万的会员，成为了海尔核心会员的聚集地和最重要的数据来源之一。同时，SCRM系统累计3.2亿用户数据，管理Cookie数据19.6亿、构建7层用户标签体系，建立3大类12个数据模型，以数据支撑精准营销与交互创新。

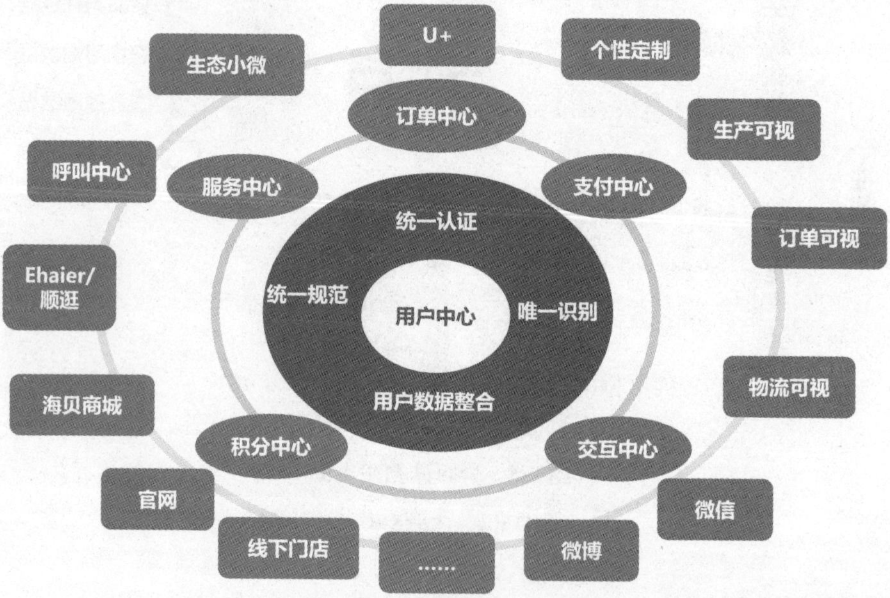

图3-4　海尔未来目标建成统一的底层用户中心

资料来源：海尔公司公开资料

对于海尔数据平台的建设，孙鲲鹏总结了四点：“第一，数据的本质是人。第二，数据的价值在于互联互通。第三，数据的应用在于业务驱动。第四，数据的生命是服务用户。”

“第一，数据的本质是人。”这是指数据平台本身建立在对用户的洞察之上。数据是冰冷的，其背后的人才是有感情有温度的，海尔要以人为核心做数据。海尔内部常说一句话，即“回款不是交易的结束，而是交互的开始”。用户买了家电交了钱，是海尔与之交互的开端。海尔通过两个层面运营用户数据，一是底层数据平台，包括3.2亿海尔用户。二是海尔的官方会员体系梦享+，是核心海尔用户。目前梦享+拥有会员超过5000万人，活跃会员超过1000万人，新会员增量每天约3万人，月度留存率20%左右。海尔梦享+与近50家企业进行了会员权益联盟。孙鲲鹏举了一位海尔高端品牌卡萨帝会员的例子，通过与该用户多次交互和对他的分析了解，推出会员权益给该用户，鼓励了他多次重复购买，还在与他的互动中提供了相应推荐权益的机制，最终该用户累计推荐16人购买了卡萨帝家电，实现销售额18万元，该会员也因此获得了多项收益。最后算下来，海尔实际投入在该会员身上仅899块钱，实现了1：200的投入产出比，是普通营销的两倍左右。①

“第二，数据的价值在于互联互通。”这是指打通数据孤岛的重要性。不连接的数据只是孤立的数字，只有把分散在各处的数据连接起来，才能获得对用户精准的洞察。孙鲲鹏做的第一步就是打通数据孤岛，将会员扫描产品二维码的注册数据、用户交互数据、销售数据、售后数据等分散在各个信息化系统里的数据融合在一起。然而这个过程中也遇到过其他部门的不理解和阻碍。孙鲲鹏表示，其实打通数据孤岛的过程并不存在和其他部门的利益冲突，因为海尔拥有统一的用户付薪战略理念。所有部门的利益都来自于用户，本质上没有冲突。然而，部门之间会存在一定的思维冲突，比如业务部门对数据融合这件事本身的不了解。海尔用户数据平台所做的事情就是做更多的沟通工作，而最好的沟通方式是让数据为业务部门带来价值，用效果说话。据他介绍，海尔数据平台目前已经基本打通了内部各部门所积累的用户数据。

数据融合的下一步是用户识别。海尔SCRM系统通过数据清洗，识别出每个海尔用户的姓名、电话、住址、购买产品等信息。为了对用户有更全方位的

① 根据海尔提供数据，梦享+的直接获客成本为0，间接获客成本6元/每人，以积分形式兑现。

认识，SCRM系统与Acxiom（安客诚）的AOS受众操作系统合作，在确保用户隐私安全的前提下，连接了用户在网络上产生的社交行为数据、在海尔合作零售商留下的数据等，从而最后为每一个用户打上用户标签，获得360度用户画像（图3-5）。

据介绍，海尔SCRM系统已连接了3.2亿线下实名数据和19亿线上匿名数据，生成的360度海尔用户画像，包括地理位置、人口统计、兴趣爱好、使用偏好、品牌喜好等七个层级，每个层级多个维度（共143个维度），超过5000多个节点，数据标签超6亿，通过数据平台进行了用户的聚类和精准细分。

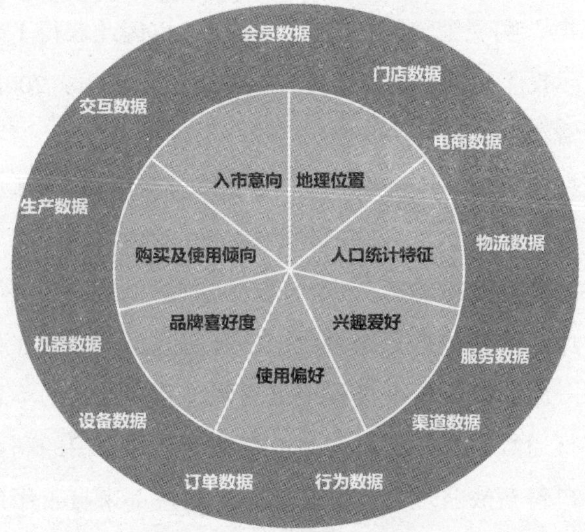

图3-5　海尔用户画像

资料来源：海尔公司公开资料

孙鲲鹏表示，数据的互联互通可以帮助海尔为用户提供更好的服务。例如，海尔每销售一台网器，数据后台就会记录相应的用户ID信息、网器产品编码和设备ID。一旦机器出现故障，会通过自动联网传输信息给海尔的云端，相应的故障会被编码，从而使得用户、设备、产品和故障四码合一。海尔将准确了解到什么人家里有一台什么样的电器，什么时候出了什么问题，并会主动派维修人员联系用户并上门确认、检测和维修。孙鲲鹏谈到说，很多时候当海尔主动联系用户时，用户会十分吃惊你怎么知道我家的空调有点问题？如果不实现用户数据的互联互通，就难以实现这样的效果。

“第三，数据的应用在于业务驱动。第四，数据的生命在于服务用户。”这两点均指向数据平台需要为业务和用户服务。海尔数据平台对业务的主要服务在于通过数据分析进行需求预测，并且进一步将其转化成数据产品和解决方案。用孙鲲鹏的话来说，“消费者无论出现在哪一个场合，我们需要在正确的时间、正确的地点、给消费者送去正想要的产品或方案。”据了解，海尔SCRM系统已建立三大类十个数据模型，用量化分值定义用户潜在需求的高低（图3–6）。此外还有各类其他分析模型如用户活跃度模型，根据用户与海尔品牌互动的次数、渠道、动作等级进行分类，对于更高等级的用户进行更多的关系维护、交互和活动邀请等。

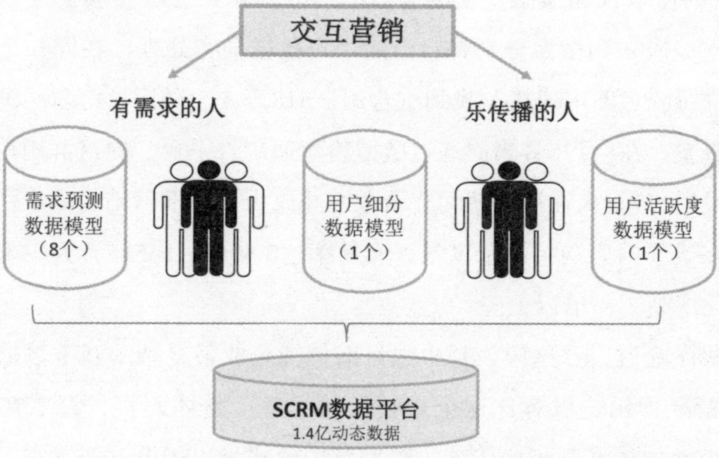

图3–6 海尔SCRM系统的预测模型

资料来源：海尔公司公开资料

海尔用户数据平台将场景分为线上场景（上网浏览、电商购物、线上社交等）与线下场景（家电服务、门店购物、电话交流等），并分别推出了相应的数据服务和数据产品。

为用户提供智慧服务，这是海尔利用大数据为用户创造价值的一个重要方面，主要有：专属客服、极速进线、极速换货、限时解决等服务。海尔用户数据平台建立用户诚信数据模型，对会员等级越高、活跃程度越强的用户打上相应的数据标签。当用户向海尔发起服务请求时，海尔利用大数据即时识别用户，为用户提供个性化的服务，比如金卡会员由金牌话务员提供专属客服、服务高峰期享受电话优先接入。

线上场景方面，海尔SCRM系统主要服务于精准营销，通过对接DSP（需求方平台），实现程序化精准采买和精准营销。SCRM也可以基于自身的DMP（数据管理平台）零距离精准触达用户，如通过CT（Collaborative Targeting Marketing，协同定向营销）和LR（LiveRamp，用户数据匿名匹配及分发）①。

海尔与新浪、国美的联合精准营销就是一次应用案例。2015年8月28日，海尔SCRM和新浪微博、国美合作，进行了一次联合精准营销活动。海尔基于SCRM系统的需求预测模型，预测有3287万海尔用户存在更新换代、交叉购买等潜在需求。海尔和微博分别将自己的用户数据加密处理，在同一个第三方数据安客诚进行匿名匹配连接，找到重合用户518万人。随后，海尔与国美联合策划了营销方案，在8月28日当周通过微博粉丝通广告平台，向这群用户精准投放了广告。最后127万人在活动期间登录微博并成为了精准营销的受众，5713人实际在国美在线或门店购买海尔家电，交易率达0.45%，比518万人中未精准曝光人群的转化率高了一倍以上。

孙鲲鹏评论道，“这应该是中国目前传统企业最复杂的基于数据跨品牌、跨平台的精准营销，没有比这个更复杂的了。”整体而言，海尔在电商渠道的精准营销预测精准度相比传统的精准营销模式可以提升30%左右。孙鲲鹏表示，海尔营销的出发点是为用户服务，而不是单纯买卖。

线下场景方面，海尔SCRM系统主要开发了两个数据产品APP营销宝和交互

① 海尔的数据合作伙伴安客诚2014年收购美国LiveRamp公司，助力线上线下用户数据实现更精准匹配、更优化连结、更快速识别。现基于LiveRamp平台推出Acxiom Connect产品实现用户数据进行匿名匹配及分发，让多渠道沟通更为简易。

宝，分别服务于潜在用户的精准营销和活跃用户的交互创新。营销宝基于海尔数据平台对用户的洞察和预测，可辅助营销人员面向区域、社区和用户个体开展精准营销。其中主要包括社区热力图、用户热力图以及小微播音台三个功能。

社区热力图基于数据平台的需求预测数据模型，用可视化的方式展现出营销人员所在地理位置周边30个小区的用户数量和潜在的产品更新换代需求，从而便于营销人员策划线下营销推广活动。用户热力图则呈现营销人员周围五公里范围内有多少用户需要进行产品更新换代，从而展开精准交互。用户数据均匿名处理，可用而不可见，信息通过后端数据平台而非个人手机向用户发出。小微播音台可以让销售人员了解自己负责的区域有多少海尔用户，有什么产品需求，并以群发消息的方式与目标用户取得联系。为了保证用户体验，小微播音台会对群发频率和文字内容有一定的规范限制。海尔希望这种点对点的精准触达不是传统粗放式的营销，而是在用户有需求的时候让他/她了解到海尔可以提供的产品和服务，从而便捷用户的生活。

孙鲲鹏表示，精准营销是为产品找用户，本质是B2C，只是提效了。海尔更希望做的是交互创新，为用户找产品，即C2B，通过与用户零距离的交互实现真正的创新颠覆，创造更多的用户需求。这就涉及到第二款应用，即交互宝。以前海尔主要通过发调研问卷与用户沟通产品研发，然而问卷数据往往不准确，夹杂大量垃圾数据。交互宝解决的就是这个痛点，通过挖掘海尔大数据平台里丰富的用户数据，交互宝可以辅助海尔更好地洞察消费者对产品的需求和想法。在开发交互宝的过程中，海尔选择了时趣互动作为交互决策产品服务商。

在交互宝里有几个核心功能。一个是活跃用户雷达。以“用户活跃度数据模型”做基础，活跃用户雷达可以让海尔产品企划人员找到那些较为活跃、愿意发声的用户，邀请他们就海尔产品进行交互。只要在APP里点击用户（用户信息已匿名），设置相应的文字内容，就可以通过系统后台直接发送邀请短信给用户，过程中用户个人隐私不被触及。用户痛点雷达，则是根据大量售后信息的大数据挖掘和分析，以可视化的方式呈现给开发人员用户使用产品过程中的痛点。用户兴趣雷达，则是基于海尔海量的产品销售数据得出的对用户兴趣的分析，如用户在健康、节能、环保、科技等方面的产品偏好。用户生活圈利用海尔大数据挖掘用户在全网社交媒体上的讨论话题，更加了解用户是谁，喜欢什么，谁对他/她有影响力，以实现更加精准的品牌合作与广告投放。

在搭建数据平台的过程中，海尔也会与第三方合作。合作方主要包括四类，首先是数据战略及数据应用咨询及规划伙伴，帮助海尔完成数据战略的规划，明确数据应用的场景及对业务的价值。第二类是底层数据平台建设及基础能力共享伙伴，负责协助海尔进行数据的采集、清洗、整合及数据标签的开发，并将相应的数据能力通过API（应用程序编程接口）平台对外开放。第三类是基于应用场景的算法建模及数据智能建设伙伴，会基于应用场景开发相应的数据模型及数据仓库建设，供上层的数据可视化层进行调度和展示。第四类是数据及应用的可视化建设伙伴，负责开发应用的门户，开发给终端用户。

据介绍，传统渠道和新渠道（精准营销）的预算比例为8：2左右，然而未来的方向是更加注重交互、内容和程序化。同时海尔开始用软广来取代传统的硬广，通过节目广告植入，电视台、互联网媒体与自媒体的多方联动等方式带动品牌营销。此外，海尔也会在数据平台上每年投入上千万元的预算费用，未来的目标是在SCRM系统的基础上建成统一的打通所有数据、实现与业务互联互通的企业级用户（数据）中心。

产品众创定制

海尔的想法是以用户为中心进行价值链重塑，由大规模制造向大规模定制转型。通过C2M（Customer to Manufacturer，顾客对工厂，即按照客户的产品订单要求，设定供应商和生产工序，最终生产出个性化产品的工业化定制模式。）大规模定制模式（图3–7），推出以用户为中心，真实场景、社群交互为基础的产品定制服务。这由前端的众创汇（连接用户，直面用户最真实的需求和创意，交互设计与定制）与后端的互联工厂（大规模定制生产）来组成。

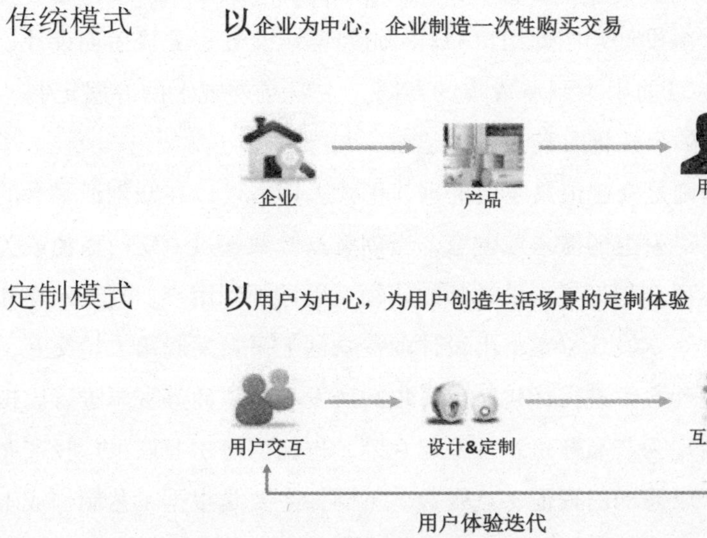

图3-7　海尔定制模式

资料来源：海尔公司公开资料

2015年11月海尔COSMO大规模定制平台众创汇正式发布。和传统模式下的企业制造然后用户一次性购买相比，众创汇打破了传统的市场、研发、消费群之间互不干涉的壁垒，用户可以在众创汇上提出自己的需求和创意，与平台设计师资源一同参与到产品设计、定制整个过程中，并且有海尔相应的模块商资源以及研发资源共同加入，将用户创意变现成真实的产品。与此同时，在海尔互联工厂支撑下，用户还可以通过众创汇网站实时查看产品的订单、生产、物流、交付全过程，全流程透明可视。

众创汇可以提供从产品的外观、形状、尺寸、材质以及到内部结构的多种个性化定制服务，主要体现为模块定制、众创定制等定制模式。模块定制模式是指用户自行挑选、搭配产品模块，来达到一款家电外观或功能上的定制。以冰箱为例，用户可以根据提供的选项，自行定制外观颜色、容积（升）、制冷方式（直冷、风冷、匀冷）、开门式（对开门、三开门等）等模块。用户拥有的是对模块的选择权，虽然对模块本身的设计与制造没有发言权，但海尔在前期设计产品模块的时候也会邀请用户参与创意。专属定制则是指某个用户提出个性化需求，由设计师同此用户一对一进行需求交互，完成后期设计、制作等一系列过程。目前因为制造成本的局限，主要是外观上的专属定制，例如空调、冰箱面板的个性化图案文字的定制。

众创定制则是众创汇最主要的创新模式。用户可以在众创汇平台的创意社区内发表自己对家电的需求或创意，当创意点赞数超过一定门槛值或关注热度后，创意会得到众创汇平台设计师的认领。设计师和用户、网友们交互后，设计出完整的方案。设计方案将由设计师在众创汇平台发起第二轮交互，网友和用户一同对设计方案进行优化，由海尔的研发和模块商等资源进行虚拟验证，将设计方案变现为产品样机，并发起众筹，进而由海尔互联工厂投产制造。不同的创意需求所需的门槛值（点赞数）不同，主要是根据工艺制作成本等因素设定。对于一些热度低、但有潜在商业价值的方案，众创汇也会引导用户去讨论关注、主动推广给设计师进行后续设计。众创汇不断反复验证从用户交互到产品设计、创意实现、创意变现、产品迭代的这一众创模式，并给这套流程起了一个新名字MTD——Mind to Delivery。这是一种新的产品定义方式+新的产品交付方式，让用户成为创造者。

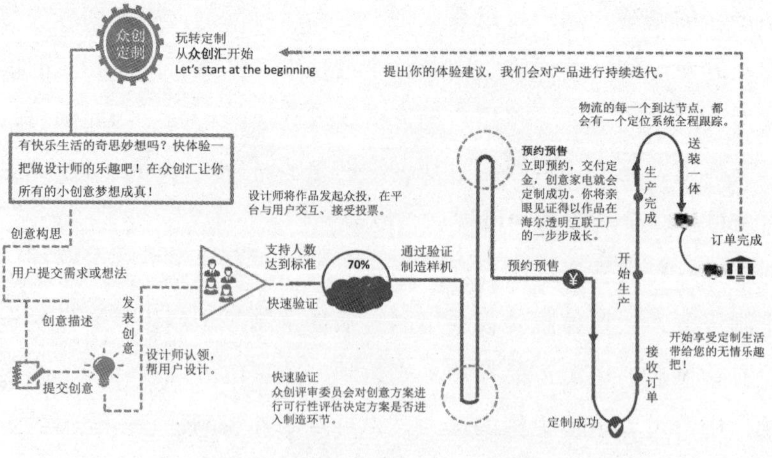

图3-8　海尔众创汇MTD众创流程

资料来源：海尔众创汇公开资料

打造用户体验平台的同时，众创汇也是一个与创新孵化平台。平台对入驻的设计师开放真实的设计需求订单，并提供相应的智能制造和产品孵化变现的能力，协助设计师将方案完整产品化，并与设计师分享产品所得。设计师作为设计入股的产品“股东”，得到的是真实的产品销售分红，将定期从产品的总销售量中与设计师进行分成。同时，在众创汇这个平台上，除了获得收益外，还会依据活跃度、发表作品量和经验值等，给予设计师荣誉上的肯定和进阶，如顶尖设计大师等。众创汇也会针对优秀的设计师，提供明星设计师的包装推广，为设计师本身带来增值和影响力的提升。

海尔工作人员介绍了一个众创定制的案例：2016年1月，网友“菜菜的歌”在海尔定制平台众创汇上留言，希望能拥有一整套Hello Kitty形象的定制家电。这一诉求激起了许多Hello Kitty粉丝的共鸣，短时间内500多位点赞表示支持。在网友们的大力推动下，众创汇在微博上@Hello Kitty，引发Hello Kitty粉丝们的集体狂欢，引起32万的传播量，也使得双方都产生了进一步合作的意向。

2016年2月，来自意大利的两位设计师认领了这个创意，着手进行设计工作。在同创意发起者和网友们的在线沟通中，海尔发现大家不仅对外观，也对功能和尺寸上有一定需求，比如希望体积小巧适合宝宝衣物、轻柔洁净洗适合女士内衣、操作简单等。结合粉丝们的建议，设计师设计出多款Hello Kitty家电产品方案，并在设计稿完成后邀请用户及网友进行了小范围投票。最终，一整套洗衣机设计作品以高票胜出，进入样机制作阶段。2016年3月，首批Hello Kitty洗衣机样机制作完成并在中国家电博览会亮相，其相关微博和话题浏览量累计超过1500万，从各渠道收到10000条预约，在用户中实现了迅速的传播。

2016年4月5日至4月30日，12款Hello Kitty定制版产品进行预约，不到一周时间，预约人数就已达7454人。4月13日洗衣机三款产品上市：Hello Kitty定制版的迷你二代、青年机波轮、青年机滚筒，除了Hello Kitty形象外观定制外，海尔也为洗衣机加入使用功能和洗涤程序的定制，用户可根据使用标签如家庭成员组成、衣物穿着等方面智能匹配洗涤程序；用户还能根据自身需求，自主下载运动洗、丝袜洗、毛绒玩具洗等多种洗涤程序。随后，海尔定制平台众创汇在定制版洗衣机后，陆续推出了其他品类的Hello Kitty定制款，包括定制款空调、冰箱、热水器、卫浴宝、空气炸锅、扫地机器人。

根据海尔半年报告，2016年上半年，海尔COSMO[①]大规模定制平台。众创汇定制产品销售40.2万台，其中一季度销售13.3万台，二季度销售26.9万台，环比倍速增长。2016年7月众创汇用户资源量达300多万，且每月呈持续攀升的态势。

众创汇总监王晓虎表示，未来将是后电商时代的舞台，而后电商时代，一定是场景先行、社群引爆的时代。“让用户成为真正的创造者”单凭好的定制模式是不够的，众创汇需要最大限度地集合用户社群，打造基于社群化交互体验的场景式消费。

他也承认，众创汇面临的主要挑战正是社群打造的问题。家电购买行为低频（3–5年一次），往往单次购买后就没有了后续，而且天然社交性话题较弱，如何持续地吸引用户来到平台成为了问题。为解决这个问题，众创汇目前主要在做的，一是，培养15–25岁的年轻人用户群体，借他们的社交活跃度去造势、传播和引流；二是，通过推出比普通家电购买频次更高的家电耗件/附件来提升用户的访问频次和流量。比如在冰箱内的格子做创意，制作彩色的格子而不只是透明的格子，推出诸如此类购买频次、消耗频次比电冰箱本身更高的附件，以达到引流的目的。此外，众创汇也在与各生态资源进行跨界合作，挖掘全新场景，从而构建更多社群、获取更多用户资源和延伸需求。

生产智能互联

互联网时代，主动权由企业转向用户，且用户的需求越来越个性化、多样化，所以要求企业从以自身为中心转变为以用户为中心、从大规模制造转变为大规模定制。从2005年开始，张瑞敏就提出要把传统制造变成大规模定制。

---

① 详见92页。

2008年，海尔对整个企业的产品设计和制造体系进行了模块化改造，同时在虚拟设计、实体制造方面进行了系统建设。从模块化到自动化再到黑灯工厂，直到现在的互联工厂，海尔经过10余年的持续探索，初步构建了互联工厂生态圈体系和业务模型体系、家电业智能制造具体的实施方法论体系、实施策略及标准，为制造业从大规模制造向大规模定制转型提供了借鉴和示范作用。

据负责人张维杰介绍，海尔自2005年就开始探索互联工厂、智能制造的概念。2011年开始建设第一个互联工厂沈阳工厂，目前已建立7个工厂（5个总机工厂、2个模块工厂）。整体而言，互联工厂的生产环节与传统工厂相比有几大差异。首先，柔性化，生产线可以同时小批量生产多样化产品；二，可视化，工厂车间可视化管理，全流程制造与交付对用户透明可视；三，智能化，采用大数据分析，支持设备预测；四，互联化，虚拟设计与实体制造的虚实结合①。

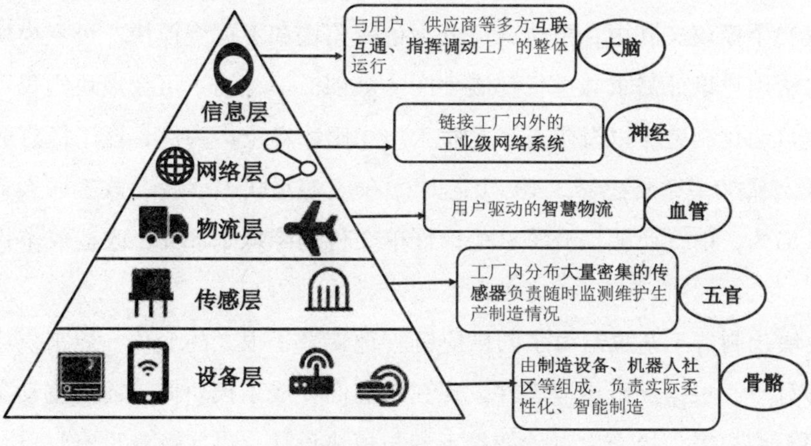

图3-9　互联工厂架构示意图

资料来源：根据参观互联工厂，由长江商学院案例研究中心绘制

海尔互联工厂包括五层架构（图3-9），最下是设备层（骨骼），由制造设备、机器人社区等组成，负责柔性智能生产；其上是传感层（五官），在工厂

① 资料来源海尔互联工厂官网及长江商学院案例研究中心访谈资料。

内分布大量密集的传感器负责随时监测维护生产制造情况；再上一层是物流层（血管），是用户驱动的智慧物流；再上是网络层（神经），是连接工厂内外的工业级网络系统；最上一层是信息层（大脑），与用户、供应商等多方互联互通，指挥调动工厂的整体运行。当用户下单付款后，信息会瞬间直达工厂，工厂将排产信息下到生产设备并记录该用户信息，同时模块商会在相应的自交付系统得到通知开始各自准备物料，当物料全部抵达工厂后，开始生产组装。2016年8月，花椒人气主播王紫彤参观海尔，用一张自拍下了个性定制的电冰箱订单。在她参观完生产线不到两小时内，互联工厂就完成了一台印有她的自拍的艺术化图案的冰箱。

负责人张维杰表示，模块化制造是大规模定制的核心，也是海尔近几年的探索重点。大规模定制带来了制造上更高的复杂度，所以需要将零件模块化标准化，提高整体制造的效率。以匀冷冰箱为例，模块化后供货上由零件354种变成仅23个模块。其中，模块又可分为可变模块和不可变模块。可变模块会开放出来给用户设计需求并进行定制生产（众创汇），而不可变模块则仍可采用大规模自动化制造。以海尔首个互联工厂沈阳冰箱工厂为例，该工厂有60多台机器人、1200多个传感器、485个芯片。在成为互联工厂后，该工厂人员配置减少了57%，单线产能提升了80%，订单交付期降低了53%，改造成本提高了20%[①]。

模块化制造工艺也给海尔的供应链管理带来了很大的变化。原来供应商是被动等订单，根据图纸供应零件。现在供应商变成了模块商，需要主动参与设计，根据用户需求提交方案。如果不参与模块设计，供应商就没有订单。原来采购流程需要层层审批，管理复杂，很难及时响应用户需求。而现在海尔的供应商平台海达源对各类资源方开放，只要是有相应制造工艺和设计能力、经过第三方认证的团队都可以进来自助注册申报，成为海尔的模块商。不少曾经是汽车、电脑和其他行业的供应商现在也可以加入成为海尔的模块商。而模块商

① 《海尔的互联网转型：以用户为起点逆向改造》，《财经》，转载于新浪科技，2015-07-03。

的筛选、去留和订单的增减最终由用户评价决定。网器自反馈和售后检修产生的相应信息会自动到达工厂和供应商那里，做得好就扩大订单，做的不好就淘汰，全部由用户评价驱动。

张维杰认为，现在的供应链体系更加开放，但开放不代表无序。秩序来源于制定相应规则，如关键件、关键模块商和相应的品质要求的规则。根据重要程度，海尔对供应商进行了分为一级、二级、三级，主抓一级模块商，然后让一级模块商管理下面的二三级模块商。

他承认，一开始做的时候很有挑战，淘汰一家供应商和选择供应商一样困难。原先海尔有2000多家供应商，供应链改革后一度下降到七八百家。但随着供应链体系逐步开放后，模块商数量逐步上升，现在已有一万多家供应商。据统计，模块商已提出超过2500个模块设计创新方案，其中新加入供应链体系的资源方贡献了超过7成的方案。①

张维杰认为，新的模块商管理体系对于海尔和模块商是一种双赢。新的供应链体系有利于海尔进行模块化生产流程、快速满足用户定制需求，同时也给予了模块商创新的空间、提升能力的机会。他谈到了一个例子："比如说一些电机，原来非模块化（制造）的时候，皮带轮、电机等都是分离的。我把哪个零件取消掉，供应商都是抵抗的。模块化后，这些模块统一由一个商家来开发，创新空间比原来会扩大，使得我们可以用直流电机取代交流电机。这种静音更强，噪音更低几乎听不到，而且能耗还低。"他表示，在成为模块商的过程中，不少资源方也提升了自身能力，相应的成本效益并没有受损反而有所改善。

在生产管理上，互联工厂的制造工艺、产线布局、物流布局、配送距离与线路长短等也与传统工厂完全不同。和大规模流水线不同的是，而互联工厂采用柔性化的生产体系，会围绕用户需求而进行灵活的规划和排产。例如，冰箱制造原来是一条很长的流水线，而互联工厂内变成几条非常短的线，可以在系

① 数据由海尔提供。

统化的调动下同时生产不同的产品，从而实现混线柔性化制造。此外，互联工厂也会采用单元式的生产模式。传统工厂往往是一个工人负责一个较小的重复性的工序，而在海尔互联工厂，一个工人会在一个单元台完成一个订单的多个工序，更加柔性化。

生产方式的变化同时也改变了工人的工作性质。张维杰表示，智能工厂不代表机器就取代人了，反而对工人的知识、技能和决策提出了更高的要求。和以前一个工人只负责一个碎片式、重复性的工序不同，互联工厂的工人往往需要一个人操作多项工序，比如不只是会上螺丝，也会组装、检测、判断，或者按照用户订单的指定去完成特殊的工序。这给予了工人更多的自主决策的权利。此外，在互联工厂工人会被分成不同的生产单元。每个工人生产数量、质量、是否出现生产问题等第一时间反馈给当事人，同时信息对单元内所有工人公开可见。工人的绩效也与用户实时挂钩，售后系统、交互平台出现的用户反馈评价等信息都可以第一时间回传到工厂，并落实到每一位经手的员工身上。

2016年3月，海尔正式发布了具备自主知识产权、支持大规模定制的互联网智能制造解决方案平台COSMO（Cloud of Smart Manufacture Operation，智能定制云平台）[①]，入选《国家智能制造标准体系建设解读》。目前，海尔互联工厂制造模式作为我国家电企业的唯一代表写入《制造强国研究》，同时行业唯一当选国家智能制造标准化总体组成员单位。张维杰表示，智能制造领域目前国内外并没有一个成熟的模式可用，海尔也只是摸着石头过河。据了解，互联工厂比传统工厂在全流程成本上改善显著，目前已做到营收平衡投入。

① 海尔公司在2016年度的半年报告中提出，COSMO聚焦用户和资源的零距离，支持用户全流程参与定制，实现用户体验的无缝化、透明化、可视化，帮助离散制造业实现大规模定制的解决方案。同时COSMO是一个开放的平台架构，可以集成第三方的应用。未来，基于COSMO平台的数据和资源，海尔可以对行业提供质量优化、设备优化等更专业的运营增值服务。

海尔的未来

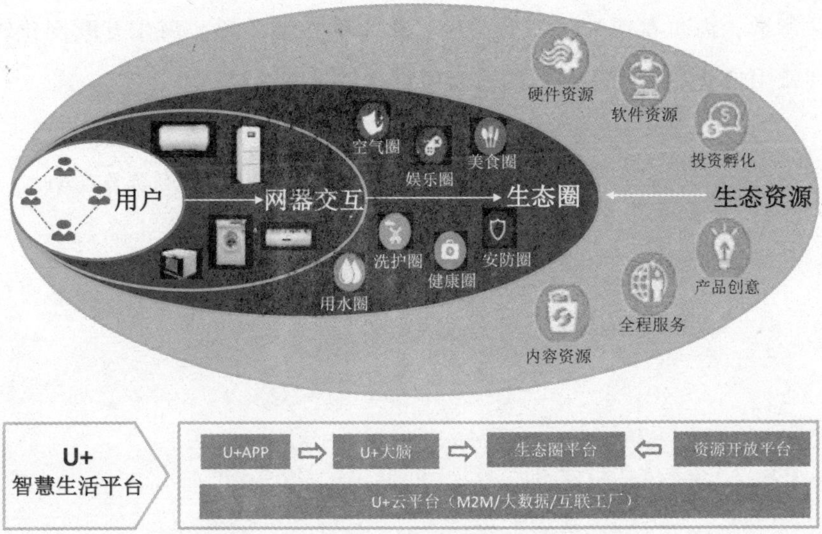

图3–10　海尔U+智慧生活战略示意图

资料来源：海尔公司公开资料

数据显示，2017年前三季度海尔智能白电销售840万台，增长幅度达到222%；白电产品网器化，海尔U+平台累计用户超过5000万，增长102%[①]。与此同时，海尔定制化产品销量也快速增长，2015年累计销售15万台定制家电，2017年前三季度即达到714万台的订单量[②]。海尔表示，将从传统制造家电产品的企业转型为面向全社会孵化创客的平台，深化U+智慧生活体验，实现用户交互、智能制造和迭代引领[③]。

然而也要看到的是，海尔的互联网化转型、数据驱动的用户交互和营销以及用户零距离的智能制造在行业内没有先例，过程中存在很多挑战，效果也有待观察。尽管海尔提出了“U+智慧生态圈”（图3–10）并孵化投资了多个小微

① 海尔2017年第三季度业绩报告。
② 海尔2017年第三季度业绩报告。
③ 海尔2016年半年报告。

企业，但短时间来看还难以取代“冰洗空”成为主营业务。在行业整体体量疲软的情况下，产品创新、智能化的竞争会越发激烈。不管是在智能家电还是智能制造领域，海尔都需要经历和美的、格力的长期角逐。海尔互联网化转型和一系列就用户交互和智能制造的探索值得我们长期关注。

（指导教授：李洋　研究员：邓迪、杨燕）

奥飞

从玩具到泛娱乐的转型之路

案例点评：

企业建立品牌的方式多种多样，但成功的关键往往是与消费者建立情感连接，最终满足消费者寄托于品牌之上的情感诉求。在消费转型升级的过程中，中国企业该如何弥补行业的空白和提升品牌，是企业家思考的重要问题。而奥飞从玩具制造转型为泛娱乐全产业链的转型路径也许会为这样的讨论加入新的素材。

奥飞从单纯的玩具制造厂家起步，凭借引入动漫IP试水“动漫+玩具”模式。随后的原创与收购，无论是探索以孩之宝为代表的产业文化化路径，还是迪士尼为代表的文化产业化路径，亦或两者结合，奥飞都在打破传统的商业分工与运营模式，通过向产业链上下游的延伸来撬动泛娱乐市场的资源。

奥飞的横向收购首先完成了内容品牌的整合，而纵向整合则完善上下游的产业链布局，构建了以多级“利润乘数”为核心的商业模式。从理论上来说，横向整合能快速完成优质IP资源整合，以众多中小规模IP的组合扩充奥飞产品系列。纵向整合则帮奥飞形成了一体化的产业生态，有助于打造独有的差异化和核心竞争力。

而无论是以玩具为中心的内容延伸还是以内容为中心的玩具衍生，都预示着玩具产业的未来已经与内容绑定。奥飞的发展固然令人敬佩，但相比孩之宝，迪士尼等世界品牌，除了在生态成熟度，技术及人才储备，变现模式等领域的差异，最核心差距则是缺乏足够现象级别的IP，即同时具备内容价值、粉丝价值与营销价值的内容资源。制造品牌奥飞该如何转型为文化娱乐品牌奥飞，创造出能打动世界的故事，与消费者形成深度的情感连接，值得我们拭目以待。

20多年前，奥飞[①]还叫奥迪玩具，是广东省汕头澄海地区众多从事玩具制作和代工生产的厂家之一。凭借“动漫+玩具”模式，奥迪迅速摆脱了单纯的玩具生产商的角色，变身奥飞动漫，于2009年在A股上市。借着上市的契机，奥飞快速扩充了IP储量，并延伸至动漫全产业链，被誉为“中国动漫第一股”。

2013年，奥飞以5.4亿元收购《喜羊羊与灰太狼》的品牌与团队，并提出了以IP为核心的泛娱乐化发展思路，随后陆续成立奥飞游戏、奥飞影视，2015年以9亿元收购国内作品数量最多的原创动漫网站——“有妖气”，2016年奥飞动漫更名奥飞娱乐。通过一系列的投资并购，奥飞已将商业触角延伸至玩具、婴童、授权、媒体、影视、游戏、教育、游乐园、AR/VR科技等众多领域。

那么，奥飞是如何一步一步从最初的玩具制造走到今天的泛娱乐化布局？以IP为核心的泛娱乐化发展思路是否能助推奥飞实现其“东方迪士尼”的梦想？

① 文中奥飞动漫、奥飞娱乐，统称奥飞。

奥飞的历史

1993年，24岁的蔡东青创办了广东澄海奥迪玩具实业有限公司，主要从事玩具制造、销售业务。蔡东青曾在香港考察，发现日本四驱车很受欢迎，便引入内地市场。然而，澄海地区玩具企业众多，如何保证自己的产品可以脱颖而出？尽管当时奥迪玩具主要在贴牌生产玩具，但蔡东青很早就对品牌有了意识性，“我将奥飞定位为一家面对消费者的企业，因此必须树立品牌。”

1996年蔡东青花费近700万（近乎全年销售额的1/4）与国家体育总局合作，举办了第一届“奥迪杯”四驱车模大赛，在玩具行业内率先将市场营销与体育赛事相结合，带动了玩具的热销。2002年，为了进一步促进四驱车的销售，蔡东青将当时在日本很火的动画片《四驱小子》引入国内，版权费高达110万美元。

蔡东青回忆，“费用的确很高，但我在乎的不是短期的盈亏，而是企业能否发展下去。当时企业只有几百个人，但一个月的销售额已经达到两、三千万元。”这也是蔡东青第一次尝到了通过动画片播映推动玩具销售的甜头。2002年，奥飞销售额达到2.6亿元。在引入《四驱小子》并代理玩具衍生品开发销售的过程中，蔡东青发现了拥有自主品牌动漫形象的重要性：可以免去支付代理费用，带动相关玩具收入，并通过形象授权获取相应收入。

2003年蔡东青决定成立动漫公司。这被视为对当时发展战略的一次重大调整——奥飞将从产业链下游向上游延伸，从玩具制造商向内容提供商转型。当时大部分动画片制作企业是为了收入需要而不得不开发下游的衍生品；而奥飞则是逆向发展，以玩具销售为目标走向动漫制作。这一模式，后来被奥飞称之为产业文化化的商业模式。

产业文化化：“玩具+动漫”模式

2004年蔡东青注册了广州奥飞文化传播公司，开始尝试制作动漫内容，这被视为奥飞产业文化化的开端。蔡东青这样解释什么是产业文化化[①]：用文化营销、推动产业，把动漫作为玩具、服装等动漫等衍生品的推广手段，从而实现相关产品销售的快速增长。

玩具是制造业，而动漫是文化产业，且制作周期长，现金流考验大。公司内部曾有很多人反对，然而蔡东青坚持要做。奥飞董事会秘书郑宇东回忆：“那是一段漫长而艰难的过程，从决定投拍到第一部动漫做出来，经历了两年的时间，这期间谁也不确定这么做能不能成功，事后证明董事长的决策是正确的。”

在当时，大部分动漫企业学习迪士尼，“内容先行，衍生品收回成本”，先制作动画片播映，如果播映效果好，再开发衍生品或授权。然而，与迪士尼已有完整、成熟的产业链相比，尽管我国政府大力投入资金与资源鼓励动漫产业发展，但国产动漫行业整体面临盈利困难、发展迟缓、缺少品牌的局面。

其中症结之一是作为第一轮资金回收的电视台采购价格难以覆盖制作成本。国产动画一般每分钟成本为1万元（2D动画），2至3万元（3D动画），就连Flash动画也要几千至上万元，然而电视台采购价格往往只是制作费用的1/10甚至低至免费（尤其是在央视少儿频道这样的大平台），基本无法靠采购价格覆盖前期制作成本。

2013年发布的《动漫蓝皮书：中国动漫产业发展报告》分析认为，这是因为“目前国产动画片的品质无法吸引足够高的广告”，而广告是我国电视台主要的盈利手段。动漫作品在美日韩等国已实现面向全年龄段的产业结构布局，而我国主要还是针对少儿群体，被称为“动画片”而不是“动漫”。相较于其他节目，动画片收视率较低，相应广告费率也低，能插入的商业广告范围较小。

与此同时，动画制作方与电视台的关系是前者弱后者强，动画片“供大于求”。这是因为我国面对全年龄观众的卫视多达数十个，然而专业的少儿频道仅六个（其中只有央视少儿覆盖全国），这使得非央视少儿的儿童频道的受众

① 《蔡东青：2013年考验奥飞动漫全产业链协同力》，证券时报网，参见http：//xinpi.stcn.com/stocknews/2013-03/04/415695002063.shtml，2013-03-04。

数量和相应的广告费率也受到了限制。同时，在国家政策高补贴等因素的影响下，我国动漫产业内容产量远超出实际电视台播映量，同质化竞争激烈，电视台握有定价权。依靠广告作为收入的电视台为了自身盈利，面对大量动画片供给，往往采取压低采购价格的策略。

此外，有业内人士指出①，除播映渠道门槛较高外，即使创作了好的作品，行业也缺乏成熟衍生品市场的通路体系，市场碎片化，变现期较难控制。而且不少动画制作者对市场运作不够敏感，在创作初期就缺乏对最后衍生品生产销售的实际考量，导致一些动画形象即使获得观众喜爱，在投入玩具市场后并不能变成热卖的玩具。而缺乏成熟的盈利模式也不利于企业鼓励和留住相关的动漫创作人才。此外，浙江传媒学院院长彭少建认为，中国动漫产业近20年一直处于微笑曲线底部（图4-1），中间生产人员过剩，然而前端的创意设计人员以及后期的策划运营商业人才严重缺乏。

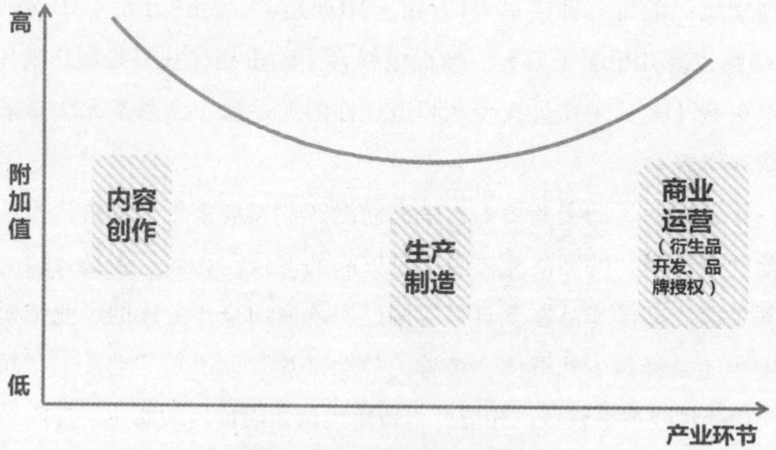

图4-1　动漫行业微笑曲线

资料来源：长江商学院案例研究中心整理

① 《国产动画量大质低无精品》，中国动漫产业网，参见http：//www.cccnews.com.cn/2013/1101/39364.shtml，2013-11-01。

多种原因造成了当时不少动漫企业面临恶性循环：公司播映费用低、赚不到钱、无法进行动画制作投资，缺乏投资则留不住人才，也难以保证内容质量，内容不好就更缺乏观众、更难盈利，更依赖赠播以换取补贴资格。动漫行业周期较长，对资金链考验大，若短时间没有做出名气和粉丝基础，则有可能面临资金链断裂、人才流失的问题。在这样的环境下，一些动画企业甚至选择"滥竽充数"免费赠播电视台以获得政府补贴，或选择为日本美国动画厂商进行代工以赚取"外快"。

相较当时大部分动漫企业，奥飞的"动漫+玩具"模式，更好地解决了盈利的问题[①]。奥飞在动画制作初期就明确了相应衍生品玩具的设计、生产与销售计划，一边推出动画节目，一边在全国各销售渠道推出同款玩具，用动漫内容拉动玩具销量，再用玩具收入反哺动漫制作。2008年金融危机，很多动漫企业因资金问题而倒闭，但是奥飞凭借着商业模式上的转型，得以平稳的渡过了危机。

具体案例：火力少年王

2006年，奥飞正式推出第一部自主开发的动画片《火力少年王1》。以玩具起家的奥飞从动漫创意阶段就已明确玩具"悠悠球"是动漫故事围绕的核心。

动画片讲述一群中学生组成不同团队，进行悠悠球的练习、比赛的故事：从美国转学回国的李非是一名热爱悠悠球运动的少年。一次偶然的事件，李非被"江海一中"悠悠球队体育教师高大树发现并招入队中，和一批初、高中热爱悠悠球的学生好手米莉、麦军、王晓花等人一起在暑期进行魔鬼集训。于是精彩的故事就开始了。

奥飞的蔡晓东谈到，动漫玩具与传统玩具不一样，奥飞会在拍动漫之前就先对玩具进行设计规划论证。市场调研团队会和创意部门共同开发、沟通、策划产品，从功能、价格、产品设计、安全性等多角度进行考虑。只有当产品可行，才投入动画制作。在推出《火力少年王1》之前，奥飞就已经举办了悠悠球

① 《蔡东青：2013年考验奥飞动漫全产业链协同力》，证券时报网，http：//xinpi.stcn.com/stocknews/2013-03/04/415695002063.shtml，2013-03-04。

比赛来推广玩具，获得了一定效果。

奥飞以向电视台赠播动画为主，在播放动画片的同时推出了相应的悠悠球玩具。当时，奥飞已经拥有了130多个经销商、2500多个商场超市以及2万多个零售小店的销售渠道，配合着奥飞在营销上的积累经验与渠道，《火力少年王1》的同款玩具得以顺利销售。此外，奥飞也举办了“悠悠球高手巡回表演”、明星见面会以及“亚洲悠悠球高手邀请赛”一系列活动。

《火力少年王1》的推出带动了一阵全国的悠悠球热潮，花费1000万元左右的动画为奥飞当年实现了8000多万元的悠悠球销售收入。第二年，奥飞趁势推出《火力少年王2》，实现销售额1.87亿元，并走出国门，将悠悠球的故事和玩具带到了菲律宾、印尼、泰国、台湾等东南亚国家和地区。截止2011年，悠悠球系列产品市场销售20亿元。

表 4–1　火力少年王相关玩具销售情况

时间	悠悠球系列产品销量	毛利率
2005年（尚未推出动画）	1625万元	24%
2006年 火力少年王1	8397万元	34%
2007年 火力少年王2	1.87亿元	50%

资料来源：漫域网，长江商学院案例研究中心整理

奥飞动漫郑宇东曾表示，动漫产业的价值正是体现在产业链的上游（创意开发），动漫品牌的创造者拥有定价权，比如一个普通的悠悠球出厂价仅一两元，而有品牌的可以卖到10多元。广东动漫游戏产业研究中心主任张新雄认为，随着火力少年王动画的推出，悠悠球成功地从传统类玩具升级为具备故事内涵、情感性格和品牌特征的“动漫玩具”，也随之提升了相应的利润空间和商业价值。

据奥飞上市前的招股说明书披露，各类玩具毛利率分别为自主开发的动漫类玩具52.97%，授权开发的动漫类玩具37.76%，非动漫类玩具15.53%。

火力少年王系列的成功，让奥飞明确了“动漫+玩具”的产业文化化路径。奥飞的动画制作能力不断加强，动漫产能由2006年的1060分钟增至2007年的3752分钟、2008年的5000分钟，除了在国内各大省市播映，还进入了亚洲、欧美与中东市场。奥飞也先后被评为首批“国家级重点动漫企业”以及“中国十大优秀原创动画企业”。

2007年，奥飞正式成立了形象管理事业部，发展对外授权业务，同年成立广州迪文文化传播有限公司，进入图书发行领域等。同年，在原广东奥迪玩具实业有限公司的基础上，奥飞进行了整体股份制改造，成立了奥飞动漫文化股份有限公司。

文化产业化：“IP连接一切”

上市加快转型布局

2009年9月10日，奥飞在深交所中小板挂牌上市，成为了我国动漫行业第一个上市企业。上市后不久，蔡东青谈到，“整体看来，我们现在还处在产业文化化的过程当中，即仍是以用动漫来服务我们的产业（包括玩具产业），把产业做大，同时利用产业来沉淀内容。未来，当我们的内容沉淀到一定程度的时候，我们就会通过内容来做产业的整合，走文化产业化经营模式。”

与产业文化化相反，文化产业化是先有故事，打造出成功的动漫形象，然后再做衍生品，包括玩具、图书、形象授权以及童装童鞋、儿童用品、食品等。

表 4-2　产业文化化与文化产业化模式对比

模式	特点	盈利模式	代表企业
产业文化化	1. 以玩具为核心，先玩具后形象 2. 需要有强大的玩具销售运营能力	玩具收入为主，逐渐开发动漫，推动玩具收入并增加品牌授权收入	孩之宝、万代
文化产业化	1. 以创意为核心，先形象后衍生 2. 需要打造有市场影响力的动漫形象	版权与形象授权为主，逐步开发更多衍生业务，增加衍生收入	迪士尼

资料来源：中投证券研究所

蔡东青认为奥飞通过产业文化化解决了盈利问题，接下来通过上市解决了资金问题，会借此进一步整合行业资源，向文化产业化转型[①]。在谈到为何要转型的时候，蔡东青认为，产业的发展不离开大背景和大环境，随着人均GDP（国内生产总值）不断增长，中国人民的精神文化需求正在被激发出来。基于对国情的判断，奥飞在前期选择产业文化化，再逐步过渡到文化产业化。同时，他也认为，中国动漫产业亟待整合，传统的分散、发展不均的行业需要强势企业进行资源整合，奥飞就是其中之一。

借助上市的契机，奥飞进行了动漫形象、品牌的整合收购，也跨入了手游、舞台剧、影业等泛娱乐化产业链多环节。

以IP为核心的泛娱乐化发展

整体来看，奥飞文化产业化的发展战略是形成以IP为核心的，涵盖动漫、玩具、婴童、游戏、授权、媒体、电影等为一体的泛娱乐生态系统。奥飞的文化产业化模式是借鉴迪士尼，通过“横向品牌整合+纵向产业链拓展”“利润乘数模式”[②]来构建产业。横向，通过内生和外延（收购和合作），整合了包括喜羊羊、有妖气旗下的各类IP；纵向上，奥飞控股或参投了电视播映渠道、移动传播渠道、手游公司、电影公司、媒体营销公司等环节，打造了纵向一体化的

① 该内容来自蔡东青访谈，参见《2013年考验奥飞动漫全产业链协同力》，证券时报网，http：//xinpi.stcn.com/stocknews/2013-03/04/415695002063.shtml，2013-03-04。

② 基于自己完整的产业链对IP进行多轮次、多形式的开发与变现。这套盈利模式被称作 “轮次收入模式”，也称作“利润乘数模式”，实现利润的多次累积与迭代。——编者按

产业链链条。

IP制造：喜羊羊与灰太狼为起点的IP布局

在蔡东青看来，2009年上市使得奥飞加速了从产业文化化到文化产业化的转型。2013年，奥飞花费近6.34亿港币收购意马国际的全资子公司资讯港管理有限公司100%股权，及广东原创动力名下"喜羊羊与灰太狼"等相关动漫形象的商标和版权，同时花费3639.6万元人民币收购了原创动力（喜羊羊制作团队）。

这次收购被认为是奥飞以IP为核心的泛娱乐战略发展的开端①。泛娱乐最早在2011年由腾讯提出，随后被广泛使用，指的是"基于互联网与移动互联网的多领域共生，打造明星IP的粉丝经济，其核心是IP，可以是一个故事、一个角色或者其他任何大量用户喜爱的事物"。一个优质IP可以发展为多种文化创意产品体验，比如游戏、漫画、影视、文学、戏剧等，进行多轮次、多渠道的变现。

截止2015年《喜羊羊与灰太狼》已累计1500多集动画片、7部大电影、累计超8亿元的票房，多次刷新中国原创动漫品牌的记录。奥飞收购喜羊羊正是看重了IP价值。在2015年奥飞推出了XI计划，这是专门为喜羊羊与灰太狼推出的全方位IP变现计划。

在制造IP上，奥飞采取了"内生+外延"的方式。内生方面，奥飞拥有10多个原创动漫工作室，已经推出了如铠甲勇士、巴啦啦小魔仙、火力少年王等IP，已在K12人群（幼儿园到十二年级，指5–18岁左右的少年儿童群体）拥有较强影响力。

外延方面，奥飞通过对IP的投资并购，从而快速延伸至全年龄向，拓宽受众范围。在2013年一次奥飞内部会议上，蔡东青提出了这样一个问题，奥飞现在主要服务的群体是K12人群，但是如果他们长大了，奥飞怎么办？

2015年底奥飞以9.04亿元人民币收购中国大型原创漫画平台有妖气，成为

① 奥飞2014年年报。

动漫行业最大的一次收购案。有妖气是中国最大的互联网原创动漫平台，有4万部以上的漫画作品，1.7万名的漫画家，平均每月点击量高达800万次。借此收购，奥飞正式地将IP受众延伸到全年龄段。奥飞对有妖气的发展提出了U计划，计划在未来将平台上现有的职业漫画作品及漫画家数量提升10倍以上，并成立妖气影业，将IP陆续拍成真人电影[①]。

同样思路下，奥飞在2014年也正式进入真人影视业务，成立奥飞影业，与新摄政娱乐集团和《变形金刚》导演迈克尔·贝合作，并入股美国451娱乐集团。奥飞曾经参投的热门电影包括青春偶像电影《栀子花开》，周星驰导演的《美人鱼》以及由莱昂纳多·迪卡普里奥主演的《荒野猎人》。有妖气的IP改编成真人电影已被提上日程[②]。

奥飞影业CEO苏志鸿算过一笔账，“有妖气目前拥有的40000部IP作品，以1%的保守转化率，将可拍成400部电影，一年拍4部，也得100年才能完成”。

IP传播：媒体运营

IP在被创造后，需要传播、推广才能让消费者了解并喜爱相应的故事与人物形象。奥飞在传播渠道、营销推广上进行了多方布局，试图打造媒体+内容+广告的产业链。

动画片电视播映，是动画片与观众接触的第一步。然而，我国电视台长期处于强势垄断地位，动漫发行门槛较高。为打通媒体播放环节，在上市后，奥飞在2010年出资9000万元收购广东嘉佳卡通影视有限公司[③]60%股权并获得30年的经营权。借此，奥飞成为了第一家有自己的播映渠道的动漫企业。

奥飞控股后，嘉佳卡通基于奥飞K12年龄层的动漫内容以及玩具业务的支持，2011年收视率与营收大幅增长，电视媒体收入同比增长306.3%。2012年开始，嘉佳卡通综合收视率在广东片区收视率持续领先，稳定在广东全频道收视

① 奥飞已宣布，号称为“妖气三大漫”的《端脑》《镇魂街》《雏蜂》将被奥飞影业、妖气影业、剧角影业和美国451集团联合打造，效仿漫威影片的视觉特效和真人演绎的方式进行拍摄。——编者按

② 有妖气影业和奥飞影业联合剧角映画旗下剧魔影业宣布连续打造《端脑》《雏蜂》《镇魂街》真人化电影，而《镇魂街》真人化网剧也即将登陆优酷视频。——编者按

③ 嘉佳卡通是全国第四家、广东省唯一专业卡通频道。

前十[①]。

除了传统媒体，奥飞也布局了移动端渠道。奥飞控股了移动漫画阅读APP“魔屏”，参股了儿童动漫视频移动平台“爱看动漫”以及漫画阅读APP“布卡”，从而形成了“嘉佳卡通卫视+爱看动漫+魔屏+布卡”的涵盖传统媒体（电视）以及移动端媒体的线上线下多屏传播渠道。奥飞2015年报称，魔屏、爱看动漫以及布卡的用户量均以千万计。

此外，2014年奥飞设立了北京奥飞多屏文化传媒有限公司，负责电视内容的制作和多频分销，制作的电视节目如《全家去哪儿》等家庭节目帮助提升了嘉佳卡通的收视率。奥飞控股的壹沙（北京）文化传媒有限公司，则负责媒体广告运营。

IP衍生产业

随着文化产业化的进行，奥飞也逐渐开发出一系列基于IP的品牌授权与衍生消费品。奥飞已推出包括喜羊羊玩具、火力少年王悠悠球、战斗王之飓风战魂陀螺、巴啦啦小魔仙女孩人偶和装备玩具、铠甲勇士人偶和装备玩具、超级飞侠变形和模型玩具等自主创作的动漫形象相关的衍生品。在衍生品的运作上，除了玩具，奥飞也授权开发了包括图书、玩具、主题业态、家居用品、洗护用品、文具、包袋、衣服等多个品类。

奥飞也投入资金对衍生品销售渠道进行了拓展和深化。2011年，奥飞已建立了经销商、分销商、终端零售商的三级营销渠道，奥飞玩具进入了超过2万个玩具销售网点。此外，奥飞实现了玩具反斗城（TRU）的直营及几大全球知名零售系统（如沃尔玛、家乐福）的总部直接对接，并开拓了包括淘宝、京东、唯品会等电商平台[②]。

以《喜羊羊与灰太狼》IP为例，收购后，奥飞迅速投入对相关玩具制品的制造，并进行了服装、鞋帽等品牌授权，数据显示，2015年仅喜羊羊授权商品就为奥飞贡献了10亿元营收。

① 奥飞2012-2015年年报。

② 奥飞2011年年报。

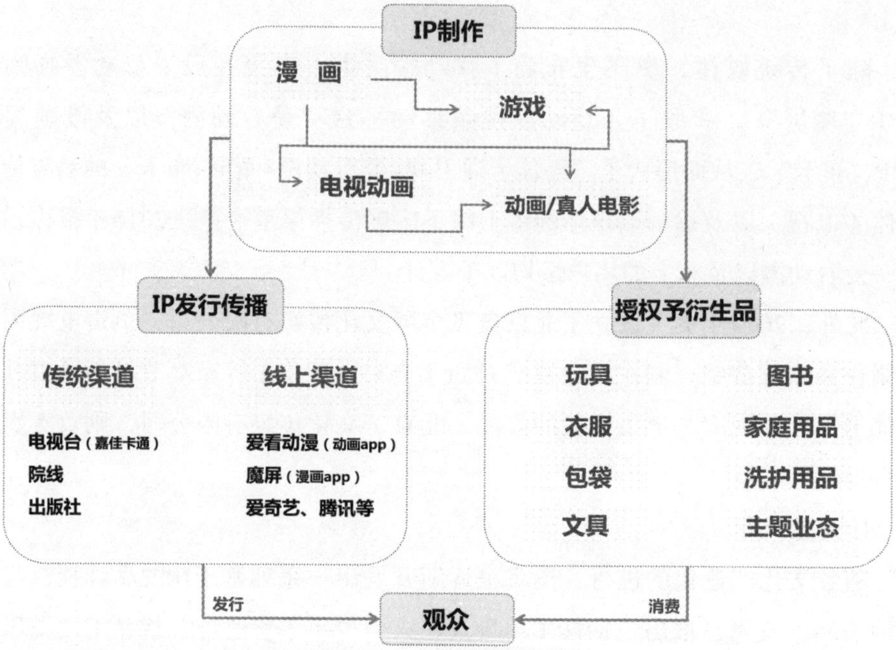

图4-2　奥飞产业链一览

资料来源：长江商学院案例研究中心整理

具体案例：铠甲勇士

2009年奥飞投入2500万元，推出了自主原创的英雄真人特摄剧《铠甲勇士》，在各大少儿电视台播出时收视率整体高于该频道该时段的平均收视，同时也带动了相关玩具如铠甲玩偶、武器、召唤腰带、组装品等系列玩具的销售，从首播开始不到两年即获得5亿元的销售收入，并成为最受青少年欢迎的动画形象之一。

《铠甲勇士》讲述的是五位得到中国自古流传的神奇战斗铠甲并成为代表光明力量的勇士，与黑暗势力进行坚决斗争，最终取得胜利，成功保护地球的故事。为了强调该片的原创基调，《铠甲勇士》在剧集中大量运用了“太极”“五行”“饺子馆”等具有中国特色的元素。

自2009年首播，《铠甲勇士》在七年内推出了四季特摄真人剧，两部真人版特摄电影，1部国内首部专为男孩定制的人偶剧《铠甲勇士拿瓦》。奥飞动漫玩具事业群CEO曹永强表示，铠甲勇士系列片的网络点播累计超248亿次，并拉动相关玩具销售累计超过1800万个。

2015年秋季，第四季《铠甲勇士捕将》上映，奥飞随之推出了"游戏+玩具+动漫"的新营销模式。最新款的召唤腰带（是最受小朋友欢迎的铠甲勇士玩具之一），玩家可以将能量卡插入腰带，同时扫描相关二维码，下载APP安装AR软件，通过智能芯片可以呈现全息投影，进行铠甲勇士对决。据了解，尽管玩具+游戏联动的互动娱乐体验在外国已有实践，但在国内，奥飞的铠甲勇士尚属首例。

此外，2015年秋，奥飞和孩之宝（Hasbro）也联合推出了合作的首款产品"酷垒铠甲勇士积木"，在全球范围内分销产品和开展品牌授权。

曹永强表示，"《铠甲勇士》这个IP本身凝聚了内容价值、粉丝价值和营销价值。后产品的开发包括但不限于玩具、图书音像、手游等，而且建立能够覆盖主要消费和生活场景的IP经营方式，比如铠甲勇士主题馆、主题邮轮"①。

奥飞的策略："IP+科技"？

从2015年底开始，奥飞开展了一系列对VR/AR领域的投资（表4-3）。VR硬件需要内容的支持以呈现沉浸式的娱乐体验，而奥飞的动漫IP正好可以提供这样的内容与场景；同时，喜欢动漫的二次元受众也较愿意尝试深度虚拟体验并为之付费。奥飞引述高盛数据，保守估计的情况下，2025年VR市场规模将达到800亿元美元②。

---

① 《奥飞动漫联手孩之宝打造铠甲IP产品》，中国新闻网（广东），http：//www.gd.chinanews.com/2015/2015-10-21/2/359493.shtml，2015-10-21。

② 《奥飞动漫深耕VR领域 IP内容软肋有待解决》，网易财经，http：//money.163.com/16/0227/03/BGQ4QIL400253B0H.html，2016-02-27。

表 4-3 奥飞娱乐 VR/AR 投资

时间	被投公司	所属领域
2015.11	诺亦腾	动作捕捉相关技术开发及应用
2015.12	"洛天依"母公司泽立仕	二次元虚拟歌手
2015.12	乐相科技（大朋VR）	VR头戴显示产品卡法和虚拟现实内容平台建设
2016.2	时光机虚拟现实（TVR）	VR内容制作
2016.2	互动视全景视觉（sightpano）	全景视觉应用
2017	圣威特	VR/AR 技术整合

资料来源：长江商学院案例研究中心整理

奥飞首席战略官李斌表示，希望通过VR/AR实现用户与虚拟动漫形象的真实互动，从而达到与用户丰富的交互、多层次的情感连接。奥飞希望在未来能做到通过VR/AR，围绕一个IP打造"完全一体化的影游平台，真正意义上打通电影、影视和游戏之间的制作的界限"。李斌承认，这个过程可能相当漫长，奥飞已经观察到目前相关领域尚面临人才稀缺、技术不足等问题，但认为奥飞不能因此"坐以待毙"，而是需要"啃掉技术的硬骨头"。

包括OCulus[①]在内的业内人士预测，考虑到目前VR相关销售情况与软硬件的技术开发不及预期，"VR行业至少到2020年才有小体量的规模"。对于奥飞所宣称的"IP+VR"，一些业内人士指出，在市场不成熟的情况下，IP是否能发挥效应、让消费者愿意买单，尚不确定。

此外，奥飞也面临着BAT等各类竞争。据悉，腾讯已成立TecentVR，阿里巴巴也计划2亿美元入股MagicLea公司，并拿出10亿美元联合优酷土豆加速VR内容生产，而百度也在对VR内容进行布局。此外，乐视、光线传媒、暴风等公司也纷纷进入了VR领域。

人工智能方面，2016年1月，奥飞在北京召开发布会推出了三款智能机器人和一款智能手表。机器人分别是以奥飞旗下动画IP《超级飞侠》中的角色为原型的乐迪机器人（主要针对学龄前儿童陪伴，具备语音识别、语义分析、情感

① Oculus，头戴式虚拟现实设备厂商，于2014年被Facebook以20亿美金收购，是目前VR行业的领先企业之一。——编者按

识别、视觉识别、自学习等能力），以嘉佳卡通频道命名的嘉佳机器人（主要针对儿童社交，通过游戏、视频、电视节目等模式让儿童、父母进行交互）以及引入法国蓝蛙公司的巴迪机器人（智能管家）。此外，奥飞还宣布启动20亿元的S计划，投入智能机器人、可穿戴手表等科技领域。

奥飞的李斌表示，玩具行业正面临转型升级，人工智能将对传统玩具产生较大冲击，因此希望借智能手表和机器人，提前切入人工智能领域。然而他也承认，短期之内难以考虑盈利问题，但相信未来会有一定成长空间。

奥飞的未来：IP的价值实现？

按奥飞人的话来说，“IP连接一切”，科技只是其中的一种连接方式。因此是否拥有能够连接一切的精品IP变得尤为重要。目前奥飞已拥有《铠甲勇士》《巴啦啦小魔仙》《超级飞侠》《火力少年王》《开心超人》等自主创作的IP产品，同时通过并购等方式获得《喜羊羊与灰太狼》《贝肯熊》《雷霆战机》《太极鼠》《雏蜂》《端脑》《镇魂街》《十万个冷笑话》等IP产品。然而，易观智库分析师黄国锋曾指出，大量IP收购也显示出了奥飞自身创作短板，“奥飞娱乐的劣势在IP语言，因为奥飞娱乐目前自己出名的IP并不多，几个出名的IP例如喜羊羊等是通过收购买来的。”除了原创内容，奥飞主营阵地的动漫行业整体规范、消费者习惯培养、盗版问题等也需要奥飞去逐步克服。

此外，这些IP的潜在商业价值是否可以被实现，尚待观察。喜羊羊之父黄伟明认为，相较于美国、日本成熟的IP衍生品通路，中国目前尚缺乏完整的IP变现体系，变现期较不可控。虽然IP一旦成功将回报巨大，但是前期存在较大风险和不确定性。而且，IP孵化需要较长的时间，如被奥飞寄予厚望的有妖气最为人知的IP之一《十万个冷笑话》经过了5年时间才实现了从漫画到动画，再到大电影、游戏授权的阶段。下一个IP也需要3–5年的时间才能将其知名度、粉丝群体做起来。而与此同时，泛娱乐IP投资变现也容易出现“错时”的现象，收购时火热然而等到推出相应游戏或产品时热度却已下降。有评论认为，奥飞对IP、VR/AR科技等领域的多项投资均是初创或成长期公司（以B轮以前为主），有一定的投资风险。

据公开资料统计，2016年，奥飞对外投资共17家，超过了过去5年投资数量的总和，加上对子公司的增资，一年的总投资金额高达到36亿，同比增长了5倍，已超过公司全年33.61亿的总营收。通过“买买买”，奥飞的泛娱乐产业链已趋于完善，接下来如何进行业态和产品整合才是关键。2017年，奥飞的投资节奏明显放缓，除新设立的子公司外，其对外投资的数量不超过5家。

据奥飞的相关财报显示，2017年营收36.41亿元，同比增长仅8.36%，低于去年同期的29.8%；营业利润0.81亿，较去年同期下降84.41%。对于相对较差的业绩表现，奥飞表示，主要为公司玩具和游戏业务未达预期、对外影视业务收缩调整及影视投资业务亏损等原因。

在内部“造血能力”减弱，同时大量长线投资的情况下，奥飞似乎面临更大的资金压力。2017年，奥飞公布一项23.5亿的定增计划（原向证监会提交的募集计划为45亿元），其中，5.4亿元用以补充流动资金，剩余部分计划用于电影、动画、网剧等项目的投资与网络销售平台等项目。2016年2月，蔡东青家族共减持6000万股，套现约21亿元作为公司的无息贷款。截止2017年7月，第二大股东蔡晓东处于质押状态的股份累计约7525万股，占其持股总数的52.01%，即超过半数股份都被质押。

奥飞尽管提出了要成为“新时代中国的迪士尼”，但是和迪士尼从产业上游到下游、由难到易的发展路径相反，奥飞从玩具行业延伸至动漫、再至相关性更弱的业务的过程，可能会面临更多行业、人才、技术、资金的问题与风险，挑战似乎等待着奥飞。

附 录

对标企业：孩之宝

奥飞产业文化化阶段学习模仿的正是美国孩之宝（Hasbro）玩具公司的商业模式。蔡东青承认[①]，“奥飞是以卖玩具起家的，它拍摄的动画片初期也不是以打造经典卡通形象为目的，而是基于玩具等衍生产品的营销。这就像孩之宝，这个企业首先有变形金刚玩具，再通过动画片、电影给这个玩具讲故事，打动消费者，从而换得商业回报。”

美国玩具动漫巨头之一的孩之宝最为人熟知的玩具产品是变形金刚系列，也是其使用动漫成功带动玩具销量的典型案例。1983年孩之宝买下了日本Takara公司的变形金刚版权，合作推出了系列短片，1984年开始在美国电视台以赠播形式播出。随着变形金刚热潮席卷美国，孩之宝反过来向电视台收取高额的电视播出版权费，并大卖相应的动漫衍生玩具。孩之宝借变形金刚开始涉足动画影视开发领域，并不断通过动画影视作品“搭卖”玩具的形式实现盈利，目前已拥有变形金刚、特种部队、星球大战等多个知名品牌。

从1988到2011年近20年时间，孩之宝的股价和市值翻了四番，这其中变形金刚等现象级的动漫形象拉动净利润增长从而推动股价的效应不可小觑[②]。

---

① 《蔡东青：2013年考验奥飞动漫全产业链协同力》，中外玩具网，http：//news.ctoy.com.cn/show-16949.html，2013-03-04.

② 中投证券研究所研报，载于雪球财经，https：//xueqiu.com/4649792187/22309681，2012-10-14.

2007年孩之宝与梦工厂合作推出《变形金刚》真人电影，电影创造了7亿美元的全球票房的同时，孩之宝同年售出4.8亿美元的变形金刚玩具，占当年孩之宝总收入的13%，并直接拉动净利润增长从之前的个位数到45%①。后续的真人电影《变形金刚2》与《变形金刚3》也分别为孩之宝带来了5.92亿美元和4.83亿美元的变形金刚玩具收入。

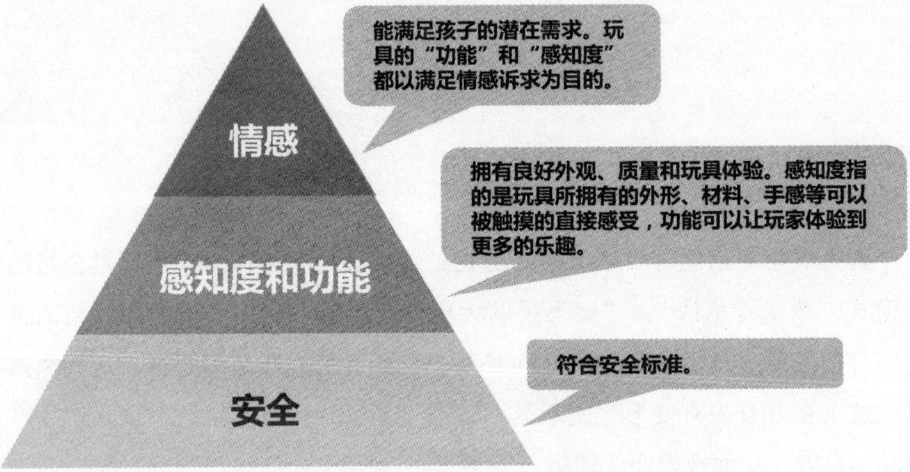

图4-3　玩具金三角

资料来源：中投证券研究所

在玩具营销里，情感诉求（能满足孩子的潜在需求）是赢得市场的关键，如孩之宝的玩具正是通过动漫为玩具们注入了灵魂，使得鲜活的动漫玩具更容易打动消费者尤其是儿童的情感诉求②。有着情感诉求的玩具，也更易让消费者愿意付更高的价格来购买玩具。Wind数据显示，孩之宝从2006至2015年的销售毛利率均维持在60%上下。

目前，孩之宝已经形成了围绕着玩具与影视的上中下游产业链。上游为品牌，包括自有核心品牌、新兴品牌和合作品牌为主。其中，核心知名品牌（Franchise Brands）包括变形金刚、小小宠物店、万智牌、地产大亨（大富

① 《动漫行业发展分析》，华泰证券深圳荣超营业部，2014，参见华泰证券深圳荣超营业部官方微信号。

② 中投证券研究所研报，来源于雪球财经，https://xueqiu.com/4649792187/22309681，2012-10-14。

翁）、小马宝莉、热火、培乐多等，是孩之宝最看重的也是利润率最高的品牌。孩之宝这些年对这些品牌进行了重点的资源投入，旨在将它们打造成全球知名IP。孩之宝也还在培育一些新兴品牌作为未来储备。另，孩之宝也有一些不具备所有权、但获得授权生产的品牌如漫威X战警，星球大战、迪士尼冰雪奇缘等。

孩之宝将这些品牌视为自己商业模式的最核心，并制定了品牌蓝图，作为指导孩之宝品牌建设、创新与商业投资，树立差异化竞争优势的总框架。在孩之宝看来，讲好故事对于品牌建设十分重要，而讲好故事不仅仅在于制作出一档电视节目或一部主流电影，而在于和故事的粉丝们建立个体化的情感联系，从而让他们不仅拥抱故事本身，也去拥抱支持故事所存在的世界（指故事的衍生商品等）[①]。

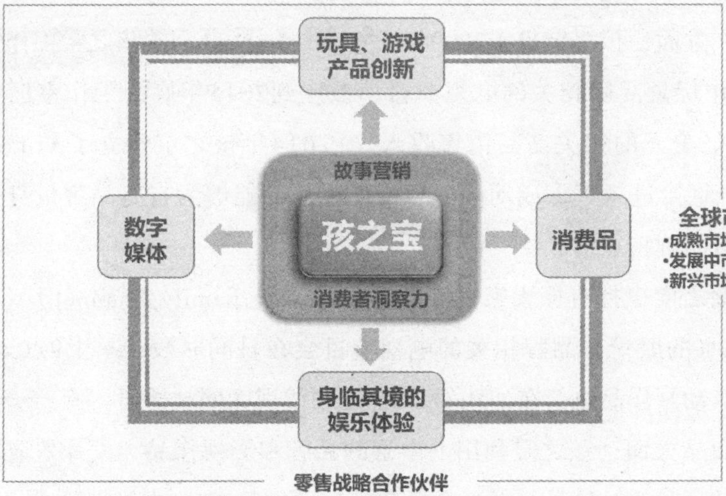

图4-4　孩之宝品牌蓝图：故事营销和消费者洞察力位于孩之宝的核心

资料来源：孩之宝 2015 年年报，长江商学院案例研究中心翻译

承接上游，孩之宝产业链的中游是基于品牌创作的影视作品。将玩具和以

① 孩之宝2015年年报。

玩具人物为主人公的电影结合的路线是孩之宝从《变形金刚》开始就坚持的商业模式。影视作品，承担着建立消费者与孩之宝产品的情感联系的角色，使得下游商品更易被消费者喜爱与接受，数据显示，孩之宝娱乐行业品牌2012-2014年复合收益7.2%，非娱乐行业品牌年复合收益率为负数-0.1%。

孩之宝的影视作品有授权和自主制作两种形式。授权方面，孩之宝将玩具品牌的电影版权授予好莱坞电影制作公司，由后者制作发行并获取票房收入，而孩之宝获得相应玩具的开发与出售资格，例子如《变形金刚》系列电影。孩之宝并不直接从电影票房赚钱，而是通过“搭卖”，用电影的宣传与发行拉动线下玩具收入。或者，孩之宝向电影公司支付费用以获得相应玩具开发与销售权力，如《钢铁侠》《星球大战》等玩具周边。“搭卖”对于孩之宝的好处在于它不必投入大量市场推广费用，电影大片本身的发行、宣传与放映就实现了这一效果，电影本身就无形中成为了玩具广告。

自主创作方面，孩之宝也于2009年成立Hasbro Studios（孩之宝工作室），用于自主制作玩具品牌相关的电视节目，截止到2015年底，工作室已为孩之宝带来了16亿美元的相关商品销售收入[①]。2014年孩之宝建立了ALLSPARK PICTURES，直接进入真人或动画电影制作，从而能够为自有品牌量身打造电影，传达符合品牌特点的、统一性的电影故事。

此外，孩之宝也持有探索家庭频道（Discovery Family Channel）（原Hub Network）40%的股份，品牌相关的电视节目会在日间时段（早上9点至下午3点）播出，其动画作品也会在如Machinima等在线视频网站播出。

在下游商品方面，孩之宝利用上中游的品牌和影视作品“大片效应”和故事内涵来拉动玩具商品销量。以《变形金刚2》为例，在剧本策划阶段，孩之宝将电影中机器人的数目和第一部相比翻了三倍，这意味着更多的玩具形象、更多的利润来源；故事发生的场景不只是在美国，而延伸到法国、埃及、中国在内的全球范围，从而增加全球各地观众对变形金刚的认同感，促进玩具销量。

① 孩之宝2015年年报。

“没有伟大的故事，一切都无从谈起。”孩之宝CEO布莱恩·格德纳这样认为。为鼓励导演创作出好的故事，《变形金刚2》每卖出一件相关玩具，导演迈克尔贝就可获得8%的提成。

然而，孩之宝的大片搭卖玩具模式也有一定的问题，即公司业绩增长依赖于大片上映，在没有大片上映时则缺乏销量。孩之宝也意识到了这一问题，开始投入对自有核心品牌的挖掘，如对热火（Nerf）系列推出创新产品，并进行国际化。

同时，孩之宝也加强了与外部品牌，尤其是与迪士尼的合作。2016年1月1日起，迪士尼的所有公主系列玩具从美泰公司（生产芭比娃娃）手中转移到孩之宝手中。该玩具系列曾为美泰带来年均5亿美元左右的销售额。孩之宝面向女生的玩具在此之前相对匮乏，而引入迪士尼公主系列后，2016Q1孩之宝女生部分的玩具销售额增长了41%，达1.65亿美元，为一年内首次增长（尽管仍低于男生玩具3.37亿美元的收入）。孩之宝目前授权生产的迪士尼品牌包括星球大战、迪士尼公主系列及电影《冰雪奇缘》的玩具。

尽管孩之宝保持着较高水平的利润率，然而不得不忽视的一点是竞争对手乐高的后来居上。2015年孩之宝与美泰的利润总和不及乐高，乐高通过将实体积木与虚拟数字游戏相结合的方式实现了快速的利润增长。相反，孩之宝则面临着一定产品创新以及开发新市场的挑战，高盛在2015年9月曾将对孩之宝的股票预期从“买入”降为“持有”，引述原因是相较乐高注重创造力的功能优势以及对新市场的开拓能力，孩之宝尚未显示该如何应对智能技术和未来媒体行业发展趋势、以及开发新市场的挑战。

对标企业：迪士尼

奥飞在第一阶段的产业文化化是学习孩之宝和万代，而文化产业化的发展则是学习迪士尼。1926年由沃特迪士尼先生创立，迪士尼制造了众多经典动画形象如白雪公主、米老鼠、唐老鸭等，通过动画制作逐渐延伸至电影、主题公园、媒体网络、衍生品等全产业链，是文化产业化的典型代表。

商业模式核心：动画电影IP

早在1957年，沃特迪士尼先生就已经为迪士尼公司设计了愿景图，将迪士尼的娱乐业价值创造体系定义为以动画电影IP为核心进行一系列延展开发的商业模式[①]。迪士尼先生明确定义了迪士尼的核心资产是动画创意和制作，历久弥新的动画形象就是迪士尼价值创造的引擎。

此外，迪士尼先生的愿景图还描绘了核心创意资产如何和外部进行连接，从而放大动画创意的价值。例如，迪士尼主题乐园与电影、电视互相提振，电视电影作品可以进行专利授权而这些授权产品可以由主题公园经营售卖，漫画与电影互为补充等等。在迪士尼先生的领导下，迪士尼充分执行了这样的商业策略，实现了迪士尼的第一个黄金时代。

然而随着沃特迪士尼先生去世，迪士尼领导层一度偏离了核心动画制作领域，伴随着也出现了迪士尼各类业务收入下滑的问题。为重振辉煌，迪士尼董事会聘请了迈克尔·艾斯纳（Michael Eisner）。艾斯纳遵循迪士尼先生的商业策略，重新将迪士尼的业务重心放到动画制作业务，加大对动画电影的投资，推出了包括《美女与野兽》《狮子王》等一系列成功的动画电影。迪士尼投入建设了新的迪士尼主题乐园，并向游轮、零售商店、百老汇音乐剧等新的相关业务领域进行拓展，伴随这一系列行动，市值也从1984年的19亿美元增加至1994年的280亿美元[②]。

迪士尼拥有众多全球知名的动画形象IP。一开始是自主创作的米老鼠、唐老鸭、白雪公主等经典动漫形象，最近10年则通过三次并购快速地提升了IP数量和质量。

在1994年电影《狮子王》之后，迪士尼的原创动画制作伴随着卡森伯格的离职一度陷入低潮。2005年，接任艾斯纳成为CEO的艾格认为迪士尼与动画一损俱损，为了重新激活动画产业，他带领着迪士尼先后收购了皮克斯、漫威和卢卡斯影业，一并囊括了诸如玩具总动员、机器人总动员、钢铁侠、美国队

---

① 《没有理论，不配谈战略？！》，哈佛商业评论，参见http：//www.hbrchina.org/2015-05-19/2995.html，2015-05-19。

② 同上。

长、星球大战等众多著名IP。这三次收购不仅帮助迪士尼扩充了IP数量，还将IP受众从儿童与女性为主延展到全性别、全年龄段的受众范围。

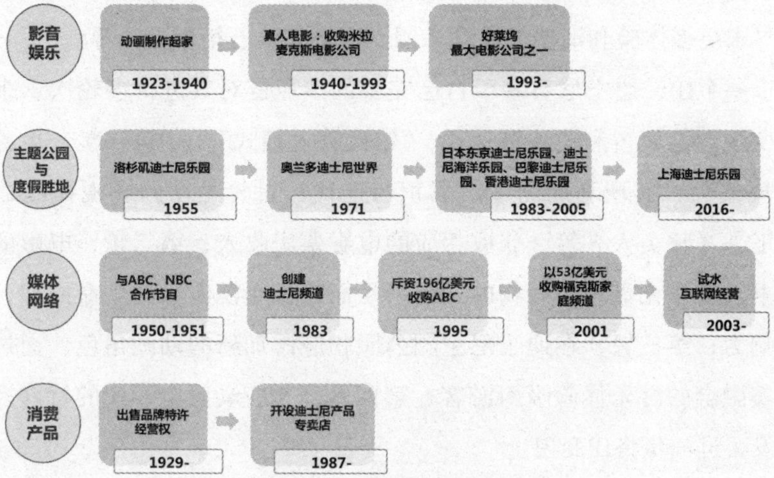

图4-5　迪士尼发展历史

资料来源：中投证券研究所，雪球财经

这些收购的IP成为了迪士尼收入新的增长点。例如，2014年全球票房最高的五部电影中就有两部是漫威制作的。而之后各类电影续集，也为迪士尼带来了更多的商业价值。星球大战IP也分别为迪士尼带来约22亿、24亿美元的相关衍生品收入，是迪士尼IP商品销售中最赚钱的之一。

内容端的迅速扩充也提升了迪士尼整体产业链的价值。随之而来的是不断提升的迪士尼的股价与市值。从2006到2016，迪士尼的市值由450亿美元增至1760亿美元，净利润由23亿美元增至83亿美元。

IP，在迪士尼的语境里，指的是系列形象或人物角色。迪士尼大中华区高管曾表示，“在迪士尼，‘系列形象或人物’策略化管理是核心竞争力。我们长久以来的传统就是能够讲述动人的故事，而且是能够跨越时空的、具有恒久意义的故事。我们正是通过对这些‘系列形象或人物’策略管理，使得迪士尼的故事和人物历久弥新，并且最终为公司带来业绩的增长。”

迪士尼做产品和业务是基于一个个鲜活的人物，希望通过故事、动画形象与孩子们建立起紧密的情感联系。通过有趣的故事，迪士尼去吸引孩子们喜欢里面的一些角色，然后孩子们会通过各种方式如影视、书籍去“读”故事，再进一步寻求更多体验和消费如主题乐园、现场表演、衍生玩具等。

对于一个IP，迪士尼会基于自己完整的产业链对其进行多轮次、多形式的开发与变现。这套盈利模式被称作 “轮次收入模式”（图4-6），也称作“利润乘数模式”，实现利润的多次累积与迭代：首轮是动画影视作品，如电影《狮子王》《睡美人》等，获取相应的电影票房收入；第二轮，电影的拷贝录像、图书、音乐光盘等出版物的发行，从而延长影视作品的生命周期，并扩大品牌影响力；第三轮，在迪士尼主题公园相应添加新的动画角色，通过提供银幕与现实融合的游乐体验吸引游客；第四轮，相应动画电影IP的特许授权和衍生品开发，进一步将IP变现。

在衍生品的制作上，迪士尼注重衍生品与源头的动画形象故事的紧密联系，同时会对衍生消费品的开发有系统规划，在设计电影时就已经开始规划并生产相应的衍生品，当电影上映时，就随之同步将商品上架销售。

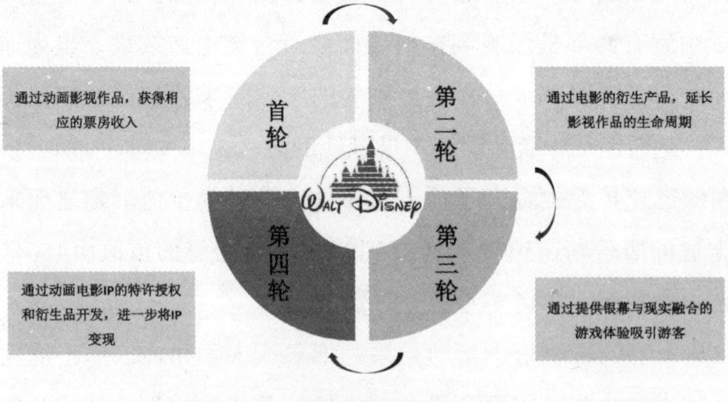

图4-6　迪士尼的轮次收入模式

资料来源：长江商学院案例研究中心整理

（指导教授：朱睿　研究员：邓迪）

酷特云蓝

服装大批量生产转型大规模定制

案例点评：

每一次工业革命的发起，根本原因都是人类相对滞后的生产手段与不断扩大的用户需求之间的矛盾。在第二次工业革命中，福特通过改造汽车生产线，通过大规模生产极大地提高了劳动生产率并因此降低了价格，让汽车走进了千家万户，满足了人们拥有汽车的需求。如今在第四次工业革命的开端，大多数产品的产能已经过剩，人们不仅仅要求拥有某件产品，还提出了个性化的需求。大规模定制能够通过以近似大规模生产的形式，低成本、高效率地为用户提供个性化的产品，使得以往“奢侈”的定制产品可以为更多人所享用。

酷特（原名红领）创立于1995年，初期主要是以OEM的代工模式为国外品牌贴牌进行西装的批量生产。2003年，创始人张代理开始探索在生产线上实现大规模定制。在长达10年的艰苦摸索之后，酷特的个性化西服定制柔性生产线基本成型。互联网技术的使用使得酷特可以直接面对消费者，大数据驱动的生产使得个性化的西服可以低成本高效率地完成。作为最早在中国服装行业里实现大规模定制的企业，酷特为其他中小企业从大批量生产向大规模定制转型提供了可以学习的榜样。

青岛酷特智能股份有限公司（原红领集团，现企业品牌“酷特云蓝”，以下简称酷特云蓝）成立于 1995 年，总部位于山东省青岛市即墨区，是一家以西装为主的服装生产企业，它的发展起点和国内很多同行一样，接外贸订单、批量生产，遵循典型的传统 OEM[①] 发展模式。但自 2003 年，在集团创始人张代理的带领下，酷特云蓝试水大规模个性化定制，打造单件生产的柔性生产线。2013 年酷特云蓝个性化西服定制柔性生产线 RCMTM 基本成型，成为国内首家大规模服装定制企业。现在酷特云蓝每天能生产 4000 多套件定制服装，订单七个工作日交货。

2012 至 2016 年，酷特云蓝营业收入连续五年高速增长，净利润率高达 20%。与此同时，2012 至 2016 年中国服装制造业累计收入增长率从 30% 下降至 6%[②]，2015、2016 年净利润增长率仅为 12.75% 和 -20.2%[③]。酷特云蓝的高速发展引起各行各业的广泛关注，自 2013 年以来，已有来自政府、企业等七万多人前来参观，其中既有雅戈尔、杉杉等国内一线的同行西装企业，也包括阿里巴巴、华为、海尔、联想等其他行业的大型制造企业。

大规模定制先驱当属戴尔电脑。早在上世纪九十年代，戴尔就已经凭借直销和柔性生产线实现了个人电脑的大规模定制。依靠这一商业模式，戴尔在激烈的个人电脑市场竞争中获得成功，一跃成为全球 PC 霸主。不过，戴尔大规模定制的成功在很大程度上得益于个人电脑零配件的高度标准化和模块化。消费者的选择局限于为数不多的内存、硬盘和中央处理器等部件。相比个人电脑，服装产品种类、面料、颜色、款式繁多，每个人的身材体型各异，导致了服装大规模个性化定制面临着更大的挑战，这也是为什么张代理整整花了十余年才打造出酷特云蓝西服大规模定制智能工厂。

---

① OEM：即Original Equipment Manufacturer缩写，定点代工，是指受托厂商按来样厂商之需求与授权，按照厂家特定的条件而生产。所有的设计图等都完全依照来样厂商的设计来进行制造加工。

② 兴业证券研究报告载文《哪些行业将迎来去库存拐点？》。

③ 数据来源：Wind资讯。

发展历程

代工起家

1995年，张代理创立了酷特云蓝[①]。初期，酷特云蓝主要以OEM的代工模式为国外品牌贴牌进行服装的批量生产。在国内，酷特云蓝也通过商场、专卖店等传统渠道推广自己的服装品牌“红领”。至1999年5月，酷特云蓝专卖店已达80余家。

早在21世纪初，张代理就注意到，批量接单、流水线生产，OEM代工模式的核心在于低成本制造属性，公司的成长围绕订单获取和规模化生产来进行。虽然当时大批量代工生产的效益还算不错，但是服装行业属于劳动密集型产业，随着我国经济的发展和人口红利的逐渐下降，劳动力成本会不断提高，同时，原材料价格的持续攀升进一步提高服装的生产成本（2002年2月至2012年10月，服装制造业PPI同比增长率从2%增长至27%[②]），从而使OEM的利润空间越来越薄。在传统服装产业价值链中，研发设计与营销占据了90%的利润，代工生产仅占10%[③]。有业务无产品，代工厂商在整个产业链中缺乏话语权，挣得都是辛苦钱。而国内传统商场等流通环节成本的逐年上升，也压制着酷特云蓝的发展空间。张代理意识到，“‘低成本+低价格+渠道’金字塔不是制造业的长期出路，只有高附加值才能有可持续发展[④]”。面对挑战，张代理不断思索，试图寻找突破方法。

从整个供应链来看，批量生产、渠道销售的传统服装行业商业模式有诸多弊病，除了渠道成本高昂外，产品难以满足消费者的真实需求。B2C模式下，在设计好标准化产品后，厂商先要预测产品的市场需求，然后按预测生产，做

① 资料来源：酷特智能集团官网。

② 兴业证券研究报告载文《哪些行业将迎来去库存拐点？》。

③ 光大证券研究报告载文《旧瓶装新酒，私人定制打开千亿市场空间》。

④ 《酷特智能：大规模服装定制是怎么炼成的？》，参见http：//cases.aliresearch.com/Home/Case/View/163，2017-8-9。

库存，再通过各种渠道推销给消费者。受制于当时的预测技术，预测结果往往与市场实际情况差距较大，结果要么是做少了不够卖、错失商机，要么是做多了卖不掉、产生库存积压。同时，由于个人体型与审美的差异，服装需求的个性化程度日益提高，这样的供需不匹配在服装行业尤为显著。为避免高库存所带来的资金压力，以及提升被挤压的利润空间，服装厂商往往将成衣吊牌价设定为出厂价的5-10倍，最终为传统商业模式低效率埋单的仍是广大消费者。

从试水定制到全面转型

经过5年的经营，2000年酷特云蓝从最初100来人发展到2000多人，规模仍然在持续扩大。在西服行业，个性化定制是解决供需不匹配的有效途径。在这一年，张代理开始试水定制。他在青岛和济南开设了两家定制服装店，受到了消费者的欢迎。旺季的时候，两家店铺一天最多可以收到八十套订单。对于定制服装店来说这是非常大的订单量，也使得张代理看到了服装定制的市场需求[①]。同时，酷特云蓝也积极发展国外定制市场。2002年8月，酷特云蓝正式成为北美地区有较大影响力的量体定制服装公司MTM的定点供应商。

2003年，张代理开始探索在生产线上实现个性化定制，意图把酷特云蓝建设成为信息化与工业化深度融合的服装定制企业。这一想法源于张代理多年的从业经验与国外考察经历。1989年，张代理在宝马的定制车间里发现流水线上生产出来的汽车颜色各异。工作人员告诉他，喷漆生产线可以根据订单来替换不同颜色。这次德国之行给了张代理关于“定制生产”的第一次冲击。不久，他又参观了日本一家服装定制企业Goodhill。Goodhill使用激光裁床，电脑自动设计和打板，结合IT技术和匠人手工做定制，这是对他的第二次冲击。参观之后他有两个收获：第一是定制的概念，第二是全部用电脑CAD下单。一定要走定制、差异化、信息化之路。

21世纪初，凭借着日益开放的经济与丰富的劳动力资源，来自世界各国品

① 酷特智能：把传统行业做到卓尔不群的服装O2O是如何炼成的？参见http：//www.pintu360.com/a9887.html，2017-8-9。

牌服装的代工订单络绎不绝，大批量服装生产的市场相对较好，因此张代理要把经营状况良好的酷特云蓝转型成服装定制企业的想法令很多人不解。直到2010年前后，服装行业库存高企，经营踟蹰不前。2012年上半年87家上市服装公司库存量高达732亿，很多企业面临现金流难以周转的窘境。在这时，大家才意识到，张代理在2003年筹划的转型是未雨绸缪。

在张代理的带领下，酷特云蓝引进国际先进的服装制作设备，结合酷特云蓝的定制经验和用户数据，对流水线进行二次开发以便于实行定制化生产。通过十年努力，耗资2.6亿元人民币，到2013年酷特云蓝研发的个性化西服定制柔性生产线基本成型，积累了超过300万名顾客个性化定制的版型数据，包括领型、袖型、扣型、口袋等款式和工艺数据，以及衣片组合等设计元素，建成了数据驱动的智能工厂。张代理将其命名为RCMTM，即Red Collar Made To Measure。RCMTM是酷特云蓝在大数据的基础上，建立的人机结合的定制生产流水线，用以实现计算机辅助下个性化定制服装的高效快速生产。

截至2015年底，RCMTM拥有西装外套、衬衣、西裤3个生产车间，同时整合了全球多家面辅料厂商及设计师资源，为客户打造定制产品。目前酷特云蓝60%的定制市场主要在国外，其服务范围遍及北美、欧洲、大洋洲、亚洲等十多个国家及地区，200多个品牌的定制西装产品通过RCMTM制造。

推出个性化定制平台

在成功开发RCMTM的基础上，酷特云蓝进一步提出C2M模式，即以C端的消费者为核心，来驱动企业整个供应链、产业链和价值链的运作，以最快的速度来满足消费者的需求。张代理说，C2M模式整合了数据驱动、3D打印逻辑、智能制造、精益生产、互联网和实时交易于一体，产量每天可达4000套件。普通服装定制至少需要20个工作日以上，酷特云蓝只需要7个工作日，单件定制服装成本只是批量生产的1.1倍，价格仅为传统定制行业平均水平的20%到50%。

2015年8月，酷特云蓝推出直营定制服装平台——魔幻工厂（现更名为CotteYolan）。消费者可以在魔幻工厂的手机端应用下单、选款、定制个性化服装，径直驱动工厂生产。

2016年7月，魔幻工厂应用软件线下的移动大巴正式启用。这些大巴是为客户提供量体服务的移动门店，均配备了经过专门培训的量体人员。指定城市的消费者在魔幻工厂APP中下单预约，就会有魔幻工厂的黑色移动大巴上门为客户量体，为客户进行个性化定制。

酷特云蓝模式

跳出服装行业的红海

随着中国经济的逐渐发展，居民可支配收入日益增加，对服装的个性化需求增强。根据光大证券2016年的行业研究，中国共有5000万家庭满足这一条件，保守测算国内高级服装定制的潜在市场空间在380亿元，大众服装定制为1022亿元，2020年有望达到2000亿元以上，服装定制市场仍是一片蓝海。

从供给端来看，随着科技的发展，大数据与智能制造有望打造柔性供应链。硬件上生产线自动化，运用机器人、高档数控机床等设备进行个性化生产；软件上实现数据驱动，利用物联网打通多元渠道，连接消费者与工厂（图5–1）。

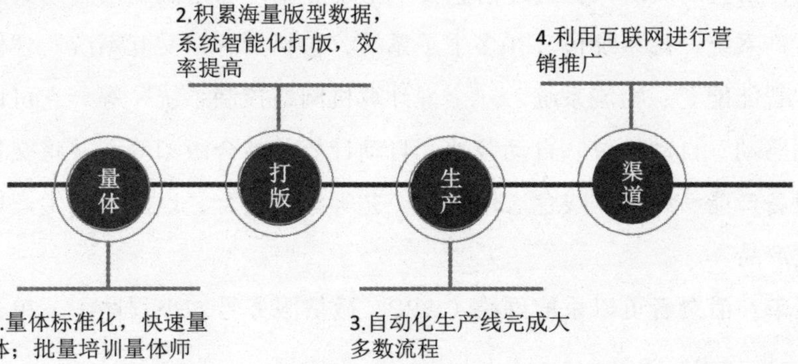

图5–1　技术进步突破传统定制产业痛点

资料来源：光大证券研究所

同时，传统服装行业还面临着新兴电商服装品牌的激烈竞争，尽管不少服装厂商纷纷触网，实行“线上线下双销售”节省渠道成本，但较长的产品周期、较高的库存资金压力仍使很多企业艰难求存。从2010年至2015年底，服饰类上市公司存货合计从139.5亿攀升至265亿元，平均库存周转天数从214天上升至337天。[①]而酷特云蓝率先利用信息化和工业化打造出了一条独特的“酷特云蓝模式”，实现了零库存下的高增长。那么，酷特云蓝到底是如何在生产线上实现大规模定制的呢？

柔性化大规模定制

在服装定制中，要求最为严格、难度最大的就是西装定制，传统西装定制一般都需要三到六个月，最长的可能长达一年。定制西装的核心是打版师亲自量体并手工打版，先用廉价衣料做成样衣给客户试穿，再进行调整和修改，最终用选定的优质衣料做出定制西装。同时，一个专业的打版师傅需要长时间的实践才能保证其制作的西装精准合体，没有十几年甚至几十年的经验积累很难出师。优秀的打版师傅即使是在定制西装产业最为发达的欧美也是稀缺资源，因此薪资也会比较高。制作周期长、人工成本高等因素是定制西装价格居高不下的主要原因[②]。

酷特云蓝研发出一套通过信息技术把工业生产和定制相结合的大规模定制服装生产系统。该系统包含30多个子系统，包括“客户交互系统”“供应链系统”“智能配套、物流系统”“全程计算机网络控制系统”等。它可以实现全程数据驱动，自动排单、自动裁剪、自动计算并整合版型等，并将交货周期、专用设备产能、线号、线色、个性化工艺等编程组合，以流水线生产模式制造个性化产品。

下单：消费者可以采取网络（APP、微信服务号、小程序）下单，也可以

① 《服装行业“库存僵尸化”，埋下金融风暴的暗雷》，参见http：//www.360doc.com/content/16/0517/23/3591043_560012133.shtml，2017-8-15。

② 《酷特云蓝智能集团：大规模服装定制是怎么炼成的？》，参见http：//cases.aliresearch.com/Home/Case/View/163，2017-8-9。

使用传统的电话下单。如果所在城市有酷特云蓝门店，消费者还可以到店铺下单。下单时需录入基本信息和量体数据。其中，基本信息包括客户姓名、身高、体重、联系电话等。

量体：量体标准化是大规模定制的基础。为此，酷特云蓝开发出“三点一线坐标量体法”，5分钟采集用户19个部位的22个数据。量体师只需找到肩端点、肩颈点跟第七颈椎点，并在中腰部位画一条水平线，用皮尺跟肩斜测量仪采集到身体22个数据就可完成量体。一般来说，零基础人员培训一周即可上岗。标准化量体方式形成的精准数据，为版型建模跟智能剪裁奠定了基础。远程客户也可以根据酷特云蓝的量体视频教程或说明自行进行量体。消费者也可以预约酷特云蓝的量体师傅上门量体。

打版：酷特云蓝在13年里积累了全球300多万顾客的数据和版型，并用这些数据，建立了一个标准数据库。经过多年积累和算法智能匹配，酷特云蓝建立了版型、款式、面料、BOM四大数据库，达到百万亿量级的数据。CAD（RCMTM的计算机辅助设计系统）在接到新订单后，将订单客人的数据和数据库中的数据进行匹配，找到最近似的基本版型，再在基本版型的基础上根据消费者数据进行修正，得出每个消费者的专属版型。这套系统一秒内即可自动生成20余套西装的制版。而在传统手工定制中，一名版型师一天最多只能打两个版。2015年底，酷特云蓝的日订单量约为3000套件。一人一版，需生成3000多个新版型，如果全由版型师手工打版，大约需要1500多个师傅。而用CAD制版，公司只需配备少量的版型师，他们的主要工作是配合打板软件的系统开发，相当于技术类的设计师。

目前，酷特云蓝可以仅凭CAD系统进行打版，工作人员负责审核确认异常数据。酷特云蓝工学院院长李金柱说：“自动生成版型很复杂，除了有大量数据，还要用很多运算规则。一个采集的数据变化会同时驱动模型库9666个数据同步变化，以确保衣服贴身合体。”

剪裁：版型确认后，智能系统将与订单匹配的面料与版型数据一起发送到剪裁部门，剪裁车间再根据数据在机器上自动剪裁，配以少量工人进行简单的辅助操作。

制衣：剪裁后的布料会挂到轨道上，传送到制作车间。酷特云蓝大规模定制车间的天花板上布满了交错有序的轨道，轨道上挂满了进行到不同程度的衣料或半成品。每套西装大约要经历400多道加工工序，其中包括刺绣姓名等多个消费者可自由选择的个性化工序。为保证所有工序都能被顺利执行，每一件衣服都配有一张专属RFID芯片作为“身份证”，以便轨道上的结点和操作工人对订单进行识别。例如，订单上标注这件定制西装的扣眼用红线锁边，线轴板上的红色线轴就会自动弹出。工人只需取下弹出线轴，安装到扣眼锁边机上，进行锁边操作。

出货：制成后，成品服装会被统一传送到轨道的“终点”，由工人统一运送到库房，挂到库房的传送带上。库房系统会自动把成套的西装或者是同一个订单中的多件服装汇集到一起。工人只需把整理后的服装打包邮寄。

从接单到出货，酷特云蓝规定最长用时为7个工作日，定制的西装用快递送达全球各地的消费者手中①。而传统的手工定制西装的交期一般要二至三个月。

酷特云蓝大规模定制可以通过B2M（Business to Manufacturer，对接制造商的商务模式）和C2M两个商业模式实现。到2017年为止，酷特云蓝定制业务约60%来自海外，40%来自国内②。在海外市场，任何一个和酷特云蓝合作的定制商户都可以把它的订单交给RCMTM系统完成，这是B2M模式，即从商户到制造商的模式；在国内市场，酷特云蓝主推C2M模式，即从消费者到制造商的模式。C2M是一个没有任何中间环节的、工厂直销的概念，以C端的消费者为核心，消费者的个性化需求通过信息技术实时传递给工厂，工厂可以迅速满足消费者的需求，中间不经历任何延误。

相较于传统服装代工厂商和私人定制，酷特云蓝大规模定制可以解决库存大、渠道成本高；相较于传统私人定制，酷特云蓝可以实现大规模定制生产，

① 《红领集团用互联网打造定制工厂》，中国女装网，参见http：//www.nz86.com/article/ff8080814b58bae1014c552967580d30/，2015-3-26。

② 酷特云蓝2017年年报材料。

降低人工成本。但作为流水线上的私人定制，酷特云蓝的个性化仍基于高度标准化，因此标准之外的特殊需求目前依然无法满足。

表 5-1　传统私人定制、工业化大规模生产、酷特云蓝大规模定制的比较

	传统私人定制	工业化大规模生产	酷特云蓝大规模定制
原材料	定制周期长，原材料采购压力较小	根据大批量订单采购原材料，议价能力较强	制作周期为7个工作日
生产分工	量体师、制版师、裁缝师等，分工较粗糙	机械分工精细	分工更细，但仍是流水线生产，无法满足已设标准之外的特殊需求
版型设计	在标准版上进行修改	品牌商决定，同一订单生产的成衣设计相同	信息化系统为客户设计专属版型
量体方式	依赖量体师	无量体，大中小号码标准化生产	“三位一体”标准化量体方法
制作周期	20–50 个工作日不等	取决于订单量大小，交货时间由订单合同约定，一般为15–30天	最短 7 个工作日
价格	裁缝手工制作，无法实现规模化生产，成本较高	工业化流水线制作，生产成本低。但渠道费用高，价格溢价多在设计、营销环节	智能化、自动化、信息化定制工厂生产，人工成本低，制造成本比大规模生产成衣高 10%
受众	价格高昂，受众较小	价格低，风格多样，受众最广	生产成本降低，相较于传统私人定制受众变广
库存	库存压力小	滞销产品库存压力较大	根据客户需求定制服装，库存压力较小

资料来源：长江商学院案例研究中心根据公开资料整理

酷特云蓝金字塔

经过十余年积累，酷特云蓝已建立起成熟且独具特色的“大规模定制”发展模式，在张代理看来，酷特云蓝集团的核心模型由四部分组成，并构成金字塔结构模型（图5–2）。

第一层，即模型的最底层，是整个酷特云蓝模式的实践基础，是酷特云蓝通过多年生产经验积累得来的消费者数据和消费者需求数据驱动的流水作业制造个性化产品，即酷特云蓝的大规模定制工厂。

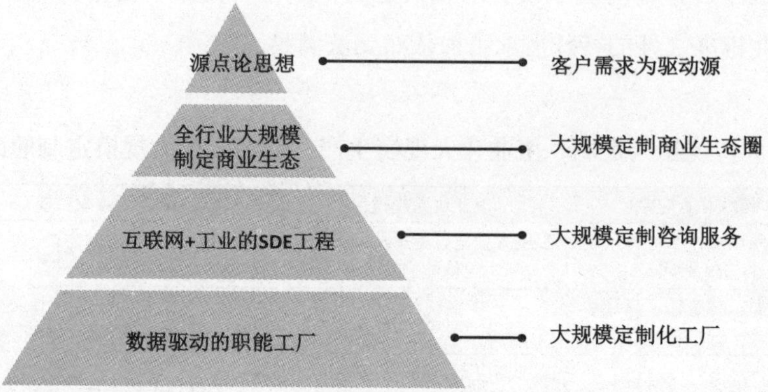

图 5-2　酷特云蓝集团核心价值

资料来源：长江商学院案例研究中心整理

第二层是SDE传统产业升级改造彻底解决方案，即酷特云蓝的转型大规模定制咨询服务。SDE，即Source Date Engineering，也叫做源点论数据工程。酷特云蓝根据自身转型经验，以服装行业为切入口，探索了一条从大批量制造到大规模定制的解决方案。

酷特云蓝成功转型大规模定制吸引了各行各业纷纷前来参观学习。借这股强劲的东风，酷特云蓝在2014年成立子公司凯瑞创智，为传统企业转型大规模定制提供解决方案咨询服务。凯瑞创智把互联网工业模式作为核心产品，用其自身形成的价值观和方法论结合服务企业所处的行业特点、工艺流程、核心能力，去协助其他工业企业的大规模定制化转型。目前，凯瑞创智已开始与几十个传统企业展开合作，通过酷特云蓝生产模式的"复制"，让这些企业实现工厂的快速改造与发展。酷特云蓝工学院院长李金柱称，截至2017年，酷特云蓝已经与国内70多家传统制造型企业建立了合作关系，横跨化妆品、家具、家居、假发、装修设计、女装、内衣、鞋帽、摩托车、自行车、电子产品等30多个行业。

2016年山东专业化牛仔服装制造企业海思堡与酷特云蓝达成战略合作，共同打造基于互联网的全球牛仔定制供应链平台和基于零库存管理的牛仔柔性供应链平台。合作之前，海思堡主要通过大批量生产价格相对低端的牛仔裤盈利。自2014年，订单开始往东南亚转移，海思堡的订单急剧下降。通过酷特云蓝的改造，海思堡建立起柔性智能制造供应链平台，一年来为客户定制了2万件牛仔，利润相当于普通外贸订单的10倍。如今，海思堡成为亚马逊全球服装网络协同制造商，将产品直销海外，出口价格由传统外贸的12美元/件，提升到平均28美元/件。[①]

第三层是工商化一体的全行业商业生态，即大规模定制商业生态系统。比起单纯做一家传统的服装企业，张代理认为，酷特云蓝要做一家平台型企业，做个性化定制的入口。酷特云蓝希望在协助各个行业转型大规模定制的基础上，能够将各品类行业联合起来，打造一个全品类大规模定制商业生态系统。这一理念得到了复星集团董事长郭广昌的认可，2015年12月，酷特云蓝获得了复星旗下子公司复星瑞哲的投资。

第四层是源点论组织体系，“源点论”，即酷特云蓝核心商业模型的理论基础。“源点论”从两个层面体现企业的战术需求和战略愿景。第一，所有管理由“源点”驱动；第二，通过整合价值链资源和创新管理模式，最终达成“源点”需求，实现企业愿景。对于酷特云蓝来说，“源点”即客户的需求，是构成互联网工业管理的核心要素和根本动力。2017年，酷特云蓝将“源点论”升级为全新的治理体系——“酷特云蓝治理之道”。其核心是遵循、顺应、践行自然的根本规律（时代、市场、社会等组织的需求和平衡）。通过规范化、标准化、体系化、数字化、平台化建设，去领导化、去部门、去科层、去审批、去岗位等。完整建立了组织生态系统的方法论，还原人性，找回初心，实现了由人治到自治、从管理到治理的转变。在实际治理中，酷特智能直接去掉了80%的生产管理岗位，企业效益直接提升20%。酷特云蓝将这套治理体系优化升级为平台化生态化治理体系，企业经营过程和客户需求以数字呈现，形成运营和生产数据，并始终在企业大数据平台上实时流动和呈现。这种

① 《山东新旧动能转换：智能改造让企业焕发新生机》，参见http：//www.sd.xinhuanet.com/news/2017-08/09/c_1121453106.htm，2017-8-15。

平台化、数字化、数据化的改变，颠覆了传统管理模式，最终形成了完全独立创新的企业平台化生态化治理体系。①

酷特云蓝模式的核心是工业化和信息化的相互融合，标准数据化、精细化、自动化、智能化、去中间渠道化，2015年酷特云蓝成功入围工信部“中国制造2025”的46家试点示范企业，成为其中唯一的服装厂商，是服装行业迈向工业4.0的代表，同时入选国家发改委“互联网+”创新案例。但要将酷特云蓝模式成功复制到其他行业，不仅仅只依靠引入互联网思维、数据驱动生产，还需考虑行业差距、痛点不同、人才瓶颈等困难，找准痛点对症下药。建立大规模个性化定制生态，酷特云蓝要走的路还很漫长。

（指导教授：郑渝生 梁超　研究员：何珊）

① 资料来源：酷特云蓝公司网站。

华为手机

智慧手机的引领者?

案例点评：

从几乎卖掉手机业务到完成从B2B向B2C的业务转型，再到实现从中低端到中高端市场的跨越，最终成为国产手机第一品牌，成为全球手机市场上有竞争力的寡头[①]之一。华为手机的崛起，是非常值得中国企业深入学习和思考的一个案例！华为手机的崛起所代表的不仅仅是华为手机业务本身转型的成功，更重要的是整个华为在公司治理方式、发展战略及企业发展方向上的正确抉择。

长期以来，中国企业都面临着相似的关于发展路线选择的问题。柳传志与倪光南当年关于联想是走市场路线还是技术路线的争论，被认为是代表了中国企业“贸工技”和“技工贸”两条路线的争斗。“贸工技”是联想等第一代中国民营企业的成功之路，而同一时期发展起来的华为起步于为香港一家生产PBX（Private Branch Exchange 局网交换机）的公司做销售代理，也就是做贸易起家的。所以贸工技在那个年代应该是一个符合当时我国经济发展形势和民营企业技术能力的好战略，因为企业发展必须首先解决生存问题，企业在几乎融不到资的背景下，必须维系足够的现金流。所以先走贸易这条路在当时无疑是无它的选择。

战略是动态的，必须与时俱进。单靠贸易虽然能够活下来，但贸易的进入门槛低，企业很快就会陷入激烈竞争的红海，企业做强就必须向价值链的上游进军。怎样设计和实施公司治理和管理体系，为做好做实战略转型提供制度、人力和财力保障，就成了企业长期发展的关键。

① 寡头在这里指的是市场竞争格局的排名较前的几位强者，是一个中性名词。

2017 年 9 月 2 日，在柏林国际电子消费品展览会（IFA）上华为正式发布了麒麟 970 芯片，该芯片被称为是“全球首款集成了神经处理单元的 AI（Artificial Intelligence，人工智能）移动计算平台，可深度理解用户行为、归纳同类计算、自主学习，让手机真正实现智能化”。10 月 16 日华为发布了搭载此芯片的旗舰手机 Mate 10 及 Mate 10 Pro，引发市场的广泛关注。

时间回转到 2004 年，华为决定自主研发生产芯片，当时许多人不能理解。芯片研发耗时长并且需要巨大的投入，而且市场上已经存在专业的芯片生产商，为什么要自己制造呢？但任正非坚持要这么做，他反复强调“对核心技术的掌握能力就是华为的生命”。如今，只有苹果、三星和华为拥有自制的芯片，而其他国产智能手机基本都是依赖芯片制造商。

从几乎卖掉的手机业务到完成 B2B（Business to Business 的缩写，企业与企业之间通过专用网络或 Internet，进行数据信息的交换、传递，开展交易活动的商业模式）向 B2C（Business to Customer 的缩写，直接面向消费者销售产品和服务商业零售模式）的业务转型，实现从中低端到中高端市场的跨越，再到成为国产手机第一品牌，华为只用了五年。五年间，华为智能手机发货量从 2010 年的 300 万部到 2015 年的 1 亿部，增长了 30 多倍。2017 年华为智能手机出货量 1.53 亿台，全球份额突破 10%，稳居前三。

华为手机的快速崛起被外界认为是一个不小的奇迹，也是值得中国企业学习和思考的案例。为何一个有着稳定销售渠道且出货量相当可观的 B2B 公司，要突然改变打法？业务转型后，又如何在短时间内取得不错的成绩？华为做对了什么？如何一步一步逆转成为国产手机第一品牌？面向未来，华为手机又该如何布局？华为能否引领智能手机走向“智慧时代”？

智能手机市场规模与竞争格局分析

自2007年，苹果推出了第一代iPhone，智能手机才开始真正走向市场。至今已有十年，市场规模增长迅速，竞争格局也发生了很大的变化。2G时代主导功能手机市场的诺基亚、摩托罗拉等品牌走向没落，新崛起的手机品牌，苹果、华为、小米等大放异彩。IDC数据显示，2015年，全球智能机出货量14亿部，较2007年的1.24亿部增长1000%以上。2016年全球智能机出货量14.7亿部，同比增长2%，远低于2012–2015年的46%、40.4%、28.1%、10.7%。增速逐年放缓预示着智能手机经过高速增长后已经接近饱和的状态，存量换机将成为智能手机市场的新常态。

从全球市场竞争格局来看，2016年全球智能手机销量前五名是三星、苹果、华为、OPPO和vivo，占比分别为22.8%、15.3%、9.6%、7.2%和6.0%。虽然三星和苹果仍位居全球前二，但市场份额和出货量都在缩减（表6–1）。在全球前十名手机厂商中，国产手机占据了七席。

表6–1　手机厂商的全球市场份额

	2013		2014		2015		2016		2017Q1		2017Q2	
排名	公司	份额	公司	份额	公司	份额	公司	份额	公司	份额	公司	份额
1	三星	32.50%	三星	28.00%	三星	24.80%	三星	22.80%	三星	26.10%	三星	22.10%
2	苹果	16.60%	苹果	16.40%	苹果	17.50%	苹果	15.30%	苹果	16.90%	苹果	11.40%
3	联想	4.90%	联想	7.90%	华为	8.40%	华为	9.60%	华为	11.40%	华为	10.70%
4	华为	4.40%	LG	6.00%	小米	5.60%	OPPO	7.20%	OPPO	8.10%	OPPO	8.20%
5	LG	4.30%	华为	5.90%	联想	5.40%	Vivo	6.00%	Vivo	6.20%	小米	6.40%
6	索尼	4.10%	小米	5.20%	LG	5.30%	LG	5.50%	LG	4.60%	其他	41.20%
7	其他	33.20%	其他	30.60%	其他	33.00%	其他	33.60%	其他	26.70%		

资料来源：长江商学院案例研究中心根据公开资料整理，Trendforce

回看国内智能手机市场的发展大致经历了两个发展阶段。

第一个发展阶段：从2010年到2014年　这一时期，国内智能手机市场出货量从8000万部快速增长至4.2亿部，建立了巨大的市场存量。从国外品牌来看，在功能机时代具有技术积累的厂商如诺基亚等谋求快速转型，此外，三星、HTC凭借供应链优势快速崛起，其中，三星借助于Android系统的崛起实现了份额的大幅扩张。从2010-2013年三星始终占据中国市场最大份额，成为在高端市场唯一能够与苹果匹敌的智能手机。而国产手机品牌也开始崛起，并形成了苹果、三星之外的四强格局：中兴、华为、酷派、联想，并称"中华酷联"。

2011年小米发布第一代M1手机，开创了中国互联网手机模式。这一阶段，低价策略成为国产手机厂商的杀手锏。智能手机的功能性差异化较少，但性价比不断提高，国产手机市场份额稳步提升，经历了由国外品牌主导到国产手机数量上占主导的变化过程。同时，国内市场智能手机的平均销售价格（ASP）减少至1300元以下。

第二个发展阶段：2015年之后　2015年，中国市场的手机普及率达到了97%，智能手机普及率达到了72%，基本达到饱和状态。在存量市场环境下，中国智能手机市场的未来机会点在于满足用户升级换机的需求，更具创新性的功能和设计被认为是产品制胜的关键。

这一时期，国产手机厂商的定位策略开始发生变化，机型种类下降，同时积极推出高端机型。例如，华为的P系列手机定位中高端市场，其2015年发布的P8入门款售价2888元，2016年发布的P9（全网通）入门款为3188元，而到2017年发布的P10，入门款售价3788元，ASP（平均售价）不断提高。又如，vivo的Xplay 系列定位高端市场，Xplay5于2016年三月发布，入门价格为3698元，而同年11月发布的Xplay6 入门价则提高到了4498元，定制版则售价更高。

发展高端机型的策略提高了国产手机厂商的品牌关注度，不仅形成了差异化的竞争，同时强化了同一品牌内部低端机型的竞争力，对销量有一定的提振作用。OPPO、vivo还通过当红明星的营销造势策略，准确把握了二、三、四线城市年轻消费者需求，塑造了时尚年轻的品牌形象。

2016年，中国智能手机出货量达到4.65亿部，实现同比8.7%的增长，高于全球智能手机市场的增长率。经过五年的发展，中国已经成为世界上第一大智能手机市场，全球占比31.6%。从国内智能手机出货结构来看，国内市场仍然是国产手机第一大销售市场，OPPO、vivo和华为的内销比例分别为79%、90%和56%，国内市场对国产手机的发展仍然起到主导作用。

从中国手机市场竞争格局看，品牌集中度越来越高。最新数据显示，在中国智能手机市场，排名前五的厂商市场份额已经突破80%，大的厂商在市场中的主导地位变得更加稳固。2016年OPPO出货量增长率高达122.2%，首次夺冠；紧随其后的第二、三名分别是华为和vivo。消费者对于国产手机品牌的接受度在提升。苹果位列第四名，但出货量同比下滑了23.2%；而2015年国内智能手机市场的销量冠军小米，则在2016年出货量排名退到了第五名，同比下滑36%。曾经辉煌的联想、中兴、酷派、TCL已经逐渐远离第一阵营。（表6–2）

表 6–2　手机厂商的中国市场份额

	2012		2013		2014		2015		2016		2017Q1		2017Q2	
排名	公司	份额	公司	份额	公司	份额	公司	份额	公司	份额	公司	份额	公司	份额
1	三星	17.90%	三星	19%	小米	12.50%	小米	15.00%	OPPO	16.80%	华为	19.20%	华为	22.10%
2	联想	11.20%	联想	13%	三星	12.10%	华为	14.50%	华为	16.40%	OPPO	18.70%	VIVO	17.40%
3	苹果	9.80%	酷派	11%	联想	11.20%	苹果	13.40%	Vivo	14.80%	VIVO	17.90%	OPPO	16.60%
4	中兴	8.60%	华为	10%	华为	9.80%	OPPO	8.10%	苹果	9.60%	苹果	14.40%	小米	8.20%
5	华为	8.60%	苹果	7%	酷派	9.40%	Vivo	8.10%	小米	8.90%	小米	8.20%	苹果	7.20%

资料来源：互联网数据中心（Internet Data Center）

智能手机产业价值链分析

智能手机主要由硬件和软件两部分构成。相比功能手机，智能手机产业链环节更复杂，角色参与者更多。主要是增加了操作系统平台和应用软件开发商。上游产业链，主要包括芯片开发商、元器件供应商和操作系统商等。中游产业链，主要包括智能手机制造企业、手机设计公司等；下游产业链，主要包括应用及增值服务商、移动运营商、分销渠道商和最终用户等。

在智能手机产业链上，增值环节主要集中在上游的研发环节和下游的服务环节，中游生产环节由于竞争激烈，知识含量相对较低，容易形成价格战，是整个价值链上利润最薄弱的环节。

软硬件的开源开放

在传统手机设计制造模式中，芯片硬件、操作系统和应用软件，甚至于手机配件都是由主流公司（包括诺基亚、摩托罗拉和西门子等公司）所垄断，实力不足的中小厂家无法进入手机设计制造领域，由此导致出现了众多代工厂，甚至山寨手机厂商。随着移动互联网的日益发展和开放，智能手机主流操作系统和硬件芯片从封闭、有限开放演变为开源开放。如在操作系统领域Android引领了智能手机软硬件平台的开源浪潮并在市场上获得了巨大成功，刺激了整个智能手机的开源发展。

在芯片领域，英国ARM公司（ARM）以开放式的内核授权和架构授权这两种模式主导了移动芯片体系架构的开放式发展，改变了传统封闭的芯片设计开发模式，任何公司都可以从ARM购买许可然后生产ARM芯片。

除软件平台与处理器以外，移动互联网开源模式促进包括开源硬件设计图、原料表和应用软件开源授权的开源硬件模式。智能手机的开源开放设计生产全面打破了传统封闭模式的壁垒。任何公司和个人只要清楚当前智能手机开源设计生产模式，就可以从智能手机产业链的任何一个环节进入市场。这就为小米、锤子手机、OPPO等非手机制造商进入智能手机领域创造了机会。

由于这种开源模式的存在，从技术角度来看，智能手机本身的复杂度和性能提高了，但从生产角度来看，智能手机生产门槛降低了。不过，智能手机的开源设计生产所产生的问题也非常明显。最大问题就是智能终端同质化现象突出：几乎所有品牌都具备了屏幕大、机身薄、屏幕清晰、处理器速度快等特点。没有掌握核心技术的智能手机厂商之间的竞争主要集中在价格、性价比、创新业务模式、销售渠道、营销策略等面向消费者端的服务环节。

产业价值链分析

从价值分配的角度看，在全球智能手机产业价值链中，苹果、三星等国际顶尖品牌凭借对核心技术的掌控和对上下游供应链的整合，攫取了智能手机市场大部分利润，而占据全球市场份额近三成的中国企业利润却低得可怜。

根据Strategy Analytics[①]的最新研究，全球智能手机行业2016年的营业利润总额为537亿美元，其中，苹果公司占比79.2%，三星占比14.6%。相比之下，华为、OPPO、vivo 2016年的营业利润占比分别仅为1.6%、1.5%和1.3%，其他品牌绝大部分处于亏损状态。盈利能力不足是国产手机的集体问题。

华为早期的手机业务

华为创建于1987年，是一家生产销售电信设备的民营科技公司，公司业务涵盖了移动、宽带、光网络、电信增值业务和终端等领域。华为手机隶属于消费者板块，是华为三大核心业务之一。据华为年报显示，2016年华为销售收入达到5200亿人民币，同比2015年增长32%。其中，消费者业务销售收入1780亿人民币，同比增长42%，占华为整个销售收入的34.2%。已经从最初的贴牌生产、利润“薄如纸”的边缘部门，成为华为销售收入的重要来源（图6-1）。2016年华为手机出货量达到1.39亿部，成为仅次于苹果、三星的全球第三大手机企业，也是国内首家年发货量过亿的智能手机厂商。

① 全球著名的信息技术，通信行业和消费科技市场研究机构。

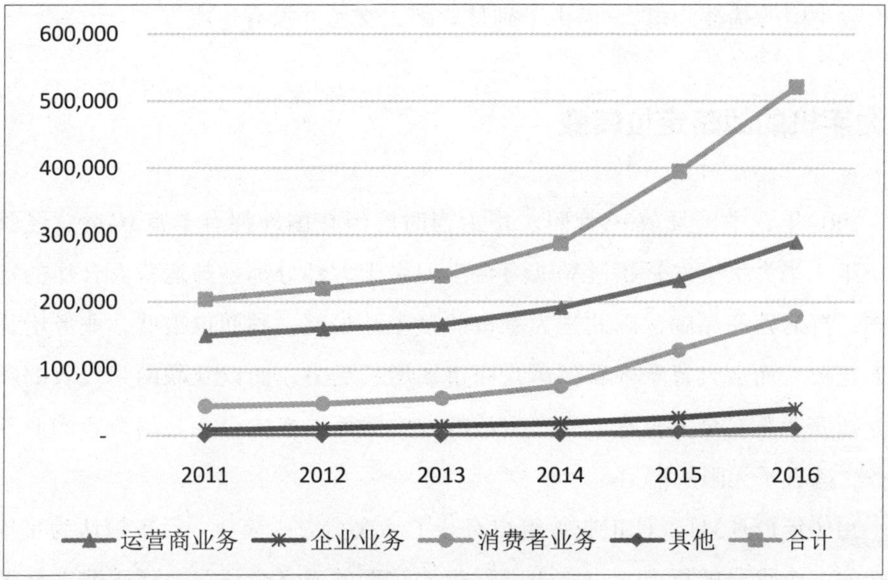

图6-1　华为各类业务销售收入（单位：百万元）（2011—2016年）

资料来源：华为公司历年年报

2003年之前，华为一直专注于通信系统设备，主要与国内外各大运营商合作。2003年，华为成立手机业务部，正式向手机通信领域拓展。

华为手机在早期发展阶段，主要是为了配套华为的技术系统。据任正非回忆，“当年我们没想过做终端，我们是被逼迫上马的，因为我们的3G系统卖不出去，没有配套手机，要去买终端，买不到，才被逼上马的。”而其业务模式是依托运营商关系，根据运营商提出的需求，在满足质量要求的前提下尽量控制成本，造出尽可能低价的手机。大部分手机都没有华为的Logo，而是直接以运营商的品牌销售。

受限于公司战略、运营成本及商业模式，再加上竞争激烈，在2003年到2008年的一段时间里，华为的终端业务一直处于弱势地位，缺乏竞争力，与国内外其他移动通信行业品牌的差距较大，基本上处于通信业务的尾随阶段。此时，华为终端业务也还不是华为的核心业务。2008年预感到金融危机即将到来，为了过冬华为管理层一度考虑出售华为终端公司（华为手机业务的主体）

股份给美国的基金公司[①]。但由于种种原因，交易并没有达成。

华为手机的战略定位转变

2009年，中国发放3G牌照。华为当时已经在国外拥有丰富3G运营经验。这一年，华为手机发货超过3000万台。但由于大部分都是与运营商合作的定制模式，打运营商品牌，因此华为手机的自主性很差，利润也很低，业务增长出现天花板。而从大背景来看，运营商市场增长乏力，而以互联网为代表的新技术、新商业正在全方位进入生产生活的方方面面，面向企业与消费者的业务及服务，蕴含了无限的潜力。

2010年12月3日，任正非曾组织召开了一次高级座谈会，后来被认为是华为终端的一个重要转折点，也被内部称为“转型的遵义会议”。任正非在会上对华为终端进行了重新定位，确立了华为终端在华为内部具有三分天下（运营商管道业务、企业网、消费者）的重要战略地位，制定了做自主品牌更要主动进攻的战略思路，同时也从思想上坚定终端一定要成功的决心。

在这次座谈中，任正非还强调了对消费者需求的理解能力和构筑产品能力的重要性，提醒华为高层，应准确地认清自己做好阶段性的目标定位。同时应大幅提升在手机终端上的研发和品牌渠道投入，至少在预算和投入上胜过竞争对手。

紧接着，在2011年华为明确提出了“云—管—端”的协同发展战略，并对公司组织架构做出了重大调整。其中，华为将旗下所有面向消费者的业务如手机、其他终端设备、互联网以及面向消费者的芯片业务（主要由华为控股的海思公司承担）整合在一起，组成了消费者业务群（Business Group，BG），与运营商BG、企业BG形成华为三大核心业务板块，并相应制订和发布了公司对各业务运营中心的管理制度和管理团队的任命。

---

① 无独有偶，2008年初，联想以1亿美元的价格将手机业务卖给了弘毅投资等投资者。但到2009年11月，联想集团又以2亿美元回购了这部分业务。

华为消费者BG向下继续划分为华为终端、终端云业务部、消费者芯片（含海思一部分）三部分。其中终端公司又划分为手机、MBB（移动宽带业务，主要是上网卡等）、家庭终端等三块BU（业务单元）业务。原华为CMO、3G和欧洲部负责人余承东[①]出任华为终端董事长，万飚任终端公司CEO。自此，华为业务模式开始转型，从以前面对运营商的B2B业务，发展为面对消费者的B2C业务。

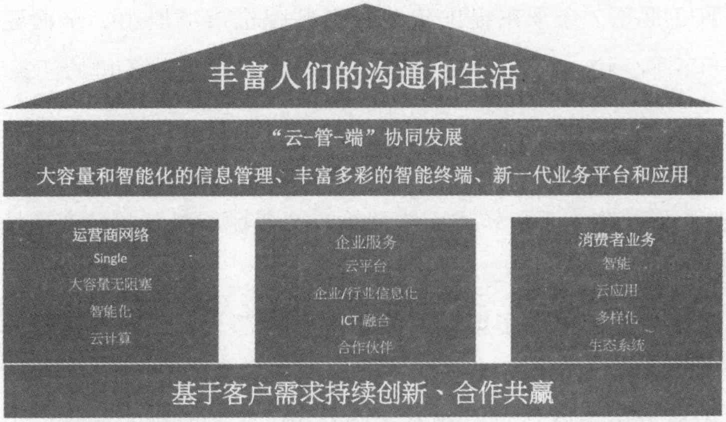

图6–2　华为业务架构调整

资料来源：华为 2011 年年报

“云—管—端”的战略构想使华为置身于不同以往的竞争领域——华为的竞争对手不再仅仅是爱立信、诺西、思科、北电等“老伙伴”，而是谷歌、亚马逊、IBM、苹果、三星等IT巨头。

2011年12月15日，华为EMT办公室（最高业务决策机构）通过了“关于华为终端发展战略的决议”，对华为终端针对全球主要市场的未来发展战略、组织与人才、激励、解决方案与产品、销售模式、渠道与品牌做了原则阐述。未来华为终端的发展战略的总纲为：华为终端产业竞争力的起点和终点，都是源自最终消费者。其中，智能手机是终端中最大的市场空间、机会和机遇，要首

① 余承东，1993年加入华为，工程师，参与了华为第一个产品CC08数字交换机的研发，后来成为了华为无线部门的核心人物，并成功将华为的无线产品打入欧洲市场，是带领华为无线基站攻开欧洲市场大门的第一人。余承东在华为最突出的业绩是从零开始坚持做3G，直到华为3G产品线成为世界第一。任正非对余承东的评价是：“能抓大放小，有战略眼光”。——编者按

先抓住智能手机实施突破，突破后横向展开，最终面向所有的屏提供解决方案。质量是终端成长和发展的基础，品牌的核心是诚信。

业务模式转型：从B2B到B2C

针对手机业务，余承东提出从运营商贴牌机市场退出，全面建立自主品牌，并立下了军令状：2012年华为必须完成6000万部智能手机的任务。

销售渠道变革：多元化的渠道布局

究竟怎么做？华为手机转型面临的第一个难题就是从运营商市场（2B）转向消费者市场（2C）过程中，如何建立销售渠道？

2011年华为先后成立了渠道部和市场营销部，开始对外进行品牌和渠道的拓展，但进展缓慢。原因主要在于固有运营商B2B模式面对的是“关系型客户”，其作战方式和思维与快消电子产品B2C的营销模式差异巨大。与此同时，华为手机的转型也承受了来自运营商的压力，从2012年到2013年，华为在欧洲运营商的订制机合作伙伴从15家骤然降至为1家，渠道拓展不利以及来自运营商的压力招致了内外部的极大争议。

在余承东的坚持下，从2012年开始，华为手机开始拓展社会化以及电子商务等多样化渠道建设。余承东不否认，华为转型的确受到了小米的启发，但却坚持认为“小米从来都不是华为竞争对手。”相比于小米的“轻”模式，华为选择了做线上线下同时布局，走高端品牌的策略。

线下，在中国市场，华为与天音、爱施德等分销商及国美、苏宁、迪信通等零售商建立战略合作关系；在俄罗斯则与核心零售商展开深入合作；在德国、英国、澳大利亚等国家与当地主流分销商建立合作伙伴关系，推进产品在社会化渠道的销售。

线上，2012年3月18日华为手机终端发布了自己的电子商城，华为也是中国第一个推出自己电子商城的传统手机制造商。2013年华为电商销售取得初步成效，尤其是2013年3月被冠以“C2B（Customer to Business，即消费者需求主导企业生产模式）手机”头衔的华为手机Mate的发布，被外界视为华为布局电商渠道的一个里程碑。华为Mate是与天猫联合推出的一款手机。据了解，产品研发之初，就利用天猫平台海量的用户数据进行了消费需求匹配分析，锁定了目标消费者，围绕他们做了大量的访谈与调研，调研涉及CPU、核数、内存、屏幕材质等，最终推出了售价2688元起的Mate手机。Mate手机被认为是华为手机由2B向2C转型的一次尝试，同时也意味着华为手机在电商渠道上取得了阶段性的进展。随后，2013年12月独立运作后的荣耀品牌更是将电商渠道运作到了极致。

截至2012年年底，华为在全球同600多家渠道商建立了合作关系，公开渠道的出货量（包括电商）占到了华为终端出货总量的20%。2016年，华为全球零售阵地总量不断扩大，全球公开渠道收入占比提升至71%。在服务方面，华为建成的线下服务专营店数量已覆盖全球45个国家，并建成了可支撑105个国家热线服务诉求的全球服务能力中心。根据IPSOS调研数据显示，华为用户服务满意度在中国、波兰、墨西哥、埃及等多个国家排名第一。

产品系列定位：走精品路线

2012年华为发布了Huawei Ascend智能手机系列产品，开始竞逐中高端手机市场。2013年余承东确定了走“精品”路线，华为开始大幅度砍掉低端产品，虽然导致华为终端的整体发货量增长放缓，却大幅提升了盈利能力。

2013年，华为推出了Ascend P6、Ascend Mate等精品旗舰机型，其中P6凭借超薄纤美的设计和出色的性能大获成功，使华为的品牌美誉度大幅度拉升，并成功完成了一个新品牌在中端（2500元）价位段的突破。

2014年，Mate7手机获得大卖，成为国产中高端手机历史上第一个爆款。Mate7被认为是华为手机的转折点。同年，华为手机出货量7500万台，中高端智能手机的出货量占比提升至18%。

目前，华为智能手机包括华为与荣耀两大品牌。从产品定价而言，实现了不足千元的平价机到售价高昂的旗舰机的跨越。这种产品线的布局可以覆盖到足够多的消费者，以此满足各个层级消费者的购机需求。

表 6-3 华为手机目前的产品系列

品牌	系列	价格	定位	特色	竞争对手
华为	P系列	3500元起	高端	主打时尚与拍照，年轻消费者旗舰机	苹果、三星S系列
	Mate系列	3500元起	高端	主打商务旗舰，定位高端商务人群	苹果、三星NOTE系列
	Nova系列	2000左右	中端主流	主打线下市场，注重颜值、拍照的年轻消费群体	OPPO、VIVO、小米、联想等
	畅享系列	1000左右	低端	主打千元机市场	
	G系列/麦芒系列	2000左右	运营商合作机	会与运营商优惠套餐结合	
荣耀	V系列	2599左右	荣耀旗舰机	主打拍照、高颜值	
	荣耀系列	2000左右	中高端	主打时尚	
	Note系列	2000左右	中端	主打大屏	
	畅玩系列	800左右	低端	主打千元市场	

资料来源：长江商学院案例研究中心根据公开资料整理

品牌营销与品牌策略：双品牌运作

2012年，电商渠道的销量占比急剧上升，小米也通过电商渠道创造了手机业神话。互联网思维为华为手机带来了冲击，于是华为电商团队开始研究华为如何向互联网模式迈进。2013年12月，在任正非亲自“拍板”下，华为选择采用了双品牌策略：分拆出荣耀品牌主打线上，定位中低端市场；华为品牌主打线下渠道，定位中高端市场。

2014年6月，华为荣耀发布全球首款八核4G Cat6 手机荣耀6旗舰新品。2016年，荣耀品牌手机出货量达到7220万台，远超小米手机的出货量。虽然荣耀在发展初期，借鉴了小米模式，但与小米手机做互联网入口的选择不同，荣耀品牌营收的绝大部分都来自硬件销售，应用商店和 EMUI 内的广告收入是它仅有的服务收入。

从2012年起，华为手机在全球范围内开始一系列品牌营销活动，包括赞助西班牙足球甲级联赛、俄罗斯足球队等全球顶级联赛和国家足球队，同时成为AC 米兰、多特蒙德、阿森纳、阿贾克斯等多个全球顶级俱乐部的合伙伙伴，这些活动帮助华为在全球消费者中的品牌知名度得以迅速提升。

据IPSOS全球品牌调研报告显示，2012年华为手机的全球品牌知名度上升到25%，2013年达到52%，2014年进一步提升至65%，这意味着华为品牌已被全球接近三分之二的消费者所认知。在中国市场，华为品牌知名度提升至90%，荣耀品牌上升至54%。在Interbrand公布的2014年全球最具价值品牌榜TOP 100品牌中，华为成为首家上榜的中国大陆企业。2016年，华为全球品牌知名度由2015年的76%提升至81%，并再次入选Interbrand最佳全球品牌TOP 100榜单；同时以排名第50位的成绩再次入选BrandZ全球最具价值品牌百强①。在余承东的带领下，华为手机从2012年发展至今，实现了从品牌影响力排名国产十名以外到第一品牌的跨越。

挺进高端市场：修炼内功与开放合作共赢

2015年以后，华为手机重新调整了公司的战略布局，开始挑战三星和苹果。2016年，华为发布了Mate 9系列手机：Mate 9，Mate 9 Pro以及保时捷版Mate 9。Mate 9有三个版本，售价从3000元到5000元档位，而保时捷版Mate 9市场售价更是高达8999元，这也是华为挺进高端市场做出的新尝试。2017年1月华为Mate 9已经登陆美国市场，售价599.99美元。目前该机在社会渠道销售，美国消费者可以通过百思买、B&H、亚马逊和Newegg购买到华为Mate 9。这是华为第一次在美国市场发布高端旗舰手机。

从2012年正式向B2C业务转型至2016年，华为手机经过5年的发展，已经成长为全球第三大手机厂商，紧随苹果与三星。截至2016年年底，在中国市

① 华为公司2016年年报。

场，华为智能手机市场份额提升至18.1%，在3000–4000元人民币高端市场占据领先；在海外市场，全球有33个国家市场份额超过15%；其中，有22个国家市场份额超过20%[①]，接近半数为欧洲国家。短短5年取得如此成绩，我们不仅思考："在智能手机领域，华为做对了什么？"

巨大的研发投入

华为是中国企业在研发投入上最多的企业之一，坚持每年将10%以上的销售收入投入研究与开发。据欧洲欧盟委员会发布的"2016全球公司研发费用排行榜100强"显示，华为在研发投入方面排名全球第八。2016年华为在全球拥有15个研究院/所、36个联合创新中心，从事研究与开发的人员约8万名，约占公司总人数45%；研发费用支出为人民币764亿元，占总收入的14.6%。近十年累计投入的研发费用超过人民币3130亿元（图6–3）。截至2016年12月31日，华为累计获得专利授权62519件；累计申请中国专利57632件，累计申请外国专利39613件。其中90%以上为发明专利。

① 华为公司2016年年报。

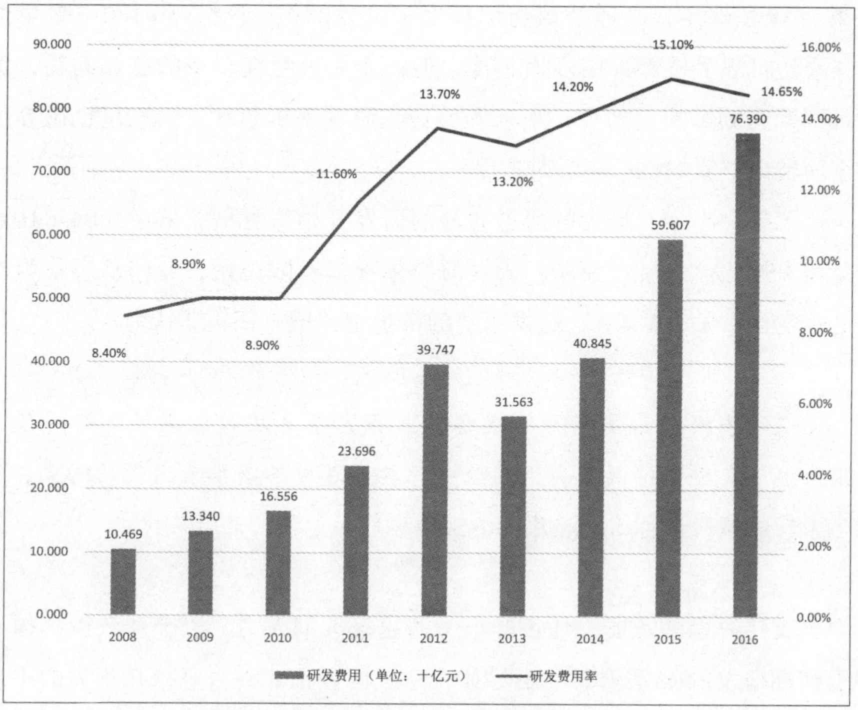

图6-3　华为的研发投入（2008-2016年）

资料来源：华为公司历年年报

打造核心竞争力

华为自主研发的手机芯片被认为是其保持核心竞争力的关键。一款手机芯片里集成了CPU、GPU和基带等多个部分，它们都会影响甚至决定手机的性能。自有芯片可以充分对旗下的手机产品做针对性的优化和设计，使其达到更高的效能和易用性，以增强产品竞争力。苹果之前的iPhone一直采用的是三星的芯片，从iPhone 4开始自主研发芯片，其自主研发的A系列芯片与IOS系统配合，实现软硬件的无缝结合。

目前，在芯片领域，高通、联发科、展讯供应着整个市场。而在众多芯片制造商中，高通的芯片业务主要面向中高端市场，低端市场一直被展讯、联发科占据。即使坚持使用高通的高端芯片也是有风险的。例如，2015年，为了对抗苹果的A6处理器，高通公司匆忙推出了骁龙810。小米Note1和三星早前的Galaxy系列旗舰手机都采用过该芯片，但由于芯片存在严重的过热问题，手机销量都因此受到影响。如今，小米开始自主研发手机芯片，而三星也抛弃了高通，全面转向自家的Exynos系列芯片。

相比苹果、小米，华为的海思芯片的研发开始得更早。早在2004年10月，华为就将ASIC设计中心[①]独立，成立海思半导体有限公司，专门从事华为产品所需芯片的研发（表6-4）。对供应链的考量是关键，任正非认为：

> "做手机芯片是华为的战略性业务，就算芯片做成了但暂时没用，也还是要坚持做下去，因为一旦其他芯片不给华为供货的时候，华为还能够利用自己的芯片，不至于被别人卡住，最后死掉。"[②]

为了支持海思的发展，任正非给予海思极大的人力、资金和政策支撑。尽管海思初期研发的K3系列芯片不尽如人意，但任正非一直坚持在华为的中高端手机上使用K3系列。从2012年至2014年，华为的D1、P2、P6、D2、Mate1、荣耀2、荣耀3等均搭载了K3V2芯片。

2013年，海思推出Kirin 910芯片，并首次集成了自研的巴龙710基带，成为海思的第一款具有战略意义的移动处理芯片。2014年6月，华为推出Kirin 920，成为海思首款可以和行业领袖高通对标的旗舰芯片，应用在了荣耀6上，荣耀6的性能当时在跑分软件上第一；2014年9月，华为推出了Kirin 925芯片，与当时高通的主力芯片骁龙801相比，在功耗等方面具有明显优势，华为Mate7性能均衡，关键指标表现优越，成功打入高端市场，全球销量达到750万台，创造了国产3000价位以上高端手机的历史；2015年11月，华为推出了Kirin950，综合性能再次第一。如今，海思芯片植入于华为每一款高端精品手机之中。2016 年 2 月，美国芯片权威杂志最新评定，华为海思芯片超越苹果名列全球芯片设计第六名。

---

① 1991年，为了满足自己的产品对集成电路的需求，华为就在深圳成立了ASIC设计中心。

② 赵衍，海思，成就华为手机的核“芯”竞争力. 上海管理科学，2016（38）.

表 6-4 华为自制芯片发展历程

时间	海思手机SoC芯片	搭载手机或平板型号	备注
2004	2004年开始研发手机芯片		
2009	海思K3	未商用	海思的首款手机芯片
2012	海思K3V2	D2、P2、Mate1、P6	首次应用在华为自家手机上，因制程落后，GPU兼容性不好，体验不好
2014	麒麟910	P6S、Mate 2、荣耀3C 4G版、MediaPad M1平板、荣耀X1平板、惠普Slate 7 VoiceTab Ultra和Slate 8 Plus	首款可日常使用的海思手机SoC芯片、首次集成自研巴龙710基带
2014	麒麟910T	P7	麒麟910的升级版，用于P7，2888价位，销量破700万
2014.6	麒麟920	荣耀6	海思首款性能与行业领袖高通对飙的旗舰芯片，全球首款LTE Cat6的芯片，随着荣耀6发布，性能飙至跑分软件第一
2014.9	麒麟925	Mate 7、荣耀6 Plus	首次集成i3协处理器， 创造了Mate 7国产3000价位上高端旗舰的历史，全球销量超750万
2014.10	麒麟928	荣耀6 至尊版	海思开始试着提升主频来提高自己驾驭发热的能力
2014.12	麒麟620	荣耀4X移动版和联通版、荣耀4C移动版和双4G版、P8青春版的移动版和双4G版、荣耀5A移动版和双4G版	中低端芯片，海思旗下首款64位芯片，荣耀4X成为华为旗下第一款销量破千万的手机，紧接着荣耀4C和P8青春版均破千万
2015.3	麒麟930	荣耀X2、P8标准版、M2 8.0平板、M2 10.0平板	在未能获得14/16nm制程的前提下，巧妙避开发热不成熟的A57结构，转而使用提升主频的高能耗比的A53架构，凭借散热小和优秀的能耗比打了一个翻身仗
2015.3	麒麟935	P8高配版、荣耀7、Mate S	
2015.11	麒麟950	Mate 8、荣耀8、荣耀V8运营商定制版和标配全网通版	全球首款采用A72架构和Mali-T880芯片，首次集成自研双核ISP，综合性能再次飙至第一，凭借性能优势和工艺优势，赢了高通差不多半年的时间差
2016.4	麒麟955	P9、P9 Plus、荣耀V8顶配版、荣耀NOTE 8	提升主频的麒麟950系列，能耗比出色，集成自研双核ISP，搭载于徕卡双摄加持的P9系列，将带领P9系列成为华为旗下第一款销量破千万的旗舰机
2016.5	麒麟650	荣耀5C、G9青春版的移动版和双4G版	全球首款16nm FinFET+工艺的中低端芯片，海思旗下第一款集成了CDMA的全网通基带的SoC芯片
2016	麒麟960	Mate 9	解决CDMA基带，大幅提升GPU性能
2017	麒麟970	Mate10	集成了专用的神经网络处理单元NPU，可以大大加速AI人工智能应用

资料来源：长江商学院案例研究中心根据公开资料整理

开放合作共赢

除对关键零部件的自主研发之外，华为还与其他品牌建立合作关系，进行产品设计和技术开发。华为在2016年推出的旗舰产品P9 plus手机，全球发货量突破1000万台，其中的摄像头技术升级，即是与老牌德国相机品牌徕卡合作的。

在工业设计领域，华为与保时捷设计深度合作，共同推出了HUAWEI Mate 9保时捷设计全球限量版，售价超万元。在上市首日，欧洲网上商城销量达到16万部，并在2017年的国际消费电子展（CES）上，被包括《华尔街日报》在内的多家全球权威媒体和机构评为“2017年CES最佳产品”。

目前，华为与谷歌、亚马逊在人工智能、VR领域也在开展深度合作。

华为“智慧手机”

苹果iPhone的成功告诉我们，智能手机的成功，往往不在于硬件本身。作为一款优秀的智能手机产品，硬件仅仅是一个支点，而其产品背后的软件系统、服务创新才是其成功的关键。

从2011年开始向B2C业务转型至今，在自主研发“海思”芯片的助力下，相对其他国产品牌，华为的价值链更有优势，其战略回旋余地也相对更大。在硬件基础上，华为在系统、云服务、生态等方面也在持续推进。

在UI系统方面，譬如，为解决一直困扰Android用户的卡顿问题，华为集合世界级Linux系统的专家团队，对Android系统进行深度优化，并在此基础上推出了全新的EMUI5.0。

在消费者云服务方面，2016 年华为消费者云服务全球移动用户数达21亿。华为消费者业务云服务部总裁苏杰在接受采访时表示：“智能手机不只是硬件，还包括云服务。云服务就像马斯洛需求的五个层次一样：安全、性能、丰富、精品、精准。”据了解，未来华为云服务还将在华为手机的应用市场、游戏、视频、阅读、音乐等领域提供服务。

如今的华为正向“全联接生态系统”转型。2014年，华为官方网站的标题从“全球领先的信息和通信解决方案供应商”，改成了“更美好的全联接世界”（图6-4）。作为华为实现“全联接世界”重要入口的终端消费者业务，2016年底，华为荣耀发布了面向未来的智慧手机雏形——荣耀Magic[①]。在次年1月的CES2017主论坛上，余承东谈及对“智慧手机”的期许：

“‘智慧手机’将成为移动领域下一阶段的革新，将以智慧交互改变我们的生活，以及我们体验世界的方式。未来“智慧手机”将远远超越通话和上网设备的功能，不仅成为每个个体贴身、贴心的助理，甚至成为人的分身，同时直接向现实世界和人发起信息流。”

图6-4　华为“全联接世界”战略构想

资料来源：华为 2016 年年报

目前从销量上看，华为手机已经进入全球手机第一阵营，开始在全球市场和苹果、三星展开竞争。然而，正如任正非在一次视频访谈中提到，“我们手

① 随着物联网的进一步普及应用，在用户授权的前提下，不具备流量优势的硬件厂商存在与互联网企业获得同等数据开发权的可能性。多年来，华为一直在互联网领域布局和探索，但是效果不佳。Magic手机背后，是华为六年多来精心布局、进军互联网领域的战略尝试。但也因此招致了与腾讯之间关于用户数据是否可以随便读取的数据之争。

机和苹果还是有差距的……苹果作为一个平台结合了几百万个云来提供用户服务，华为目前还做不到……苹果本身客观说更像是一个软件公司，华为公司本质来说还是个硬件公司。这都需要时间去适应转型。”

如今的华为在5G通信领域、云服务方面已经取得了阶段性的进展，未来华为在5G、云、芯片各个领域的突破或者协同都将有可能改变华为手机的竞争格局。在华为这艘“诺亚方舟”[①]上，华为手机将会被带到哪里？

（指导教授：李伟　研究员：李梦军）

① 任正非曾受电影《2012》启发创办了“2012实验室”，主要研究的方向有新一代通信、云计算、音频视频分析、数据挖掘、机器学习等，希望为华为打造一艘能横跨技术变革的“诺亚方舟”。2012实验室许多成功研究在国际上具有极强影响力，比如，芯片、软件、电池等。

盒马鲜生

阿里新零售业态

案例点评：

在生鲜这个高频的刚需品类中，产品的品质和新鲜度极大地影响着消费体验。在传统的消费场景里，要想吃上最新鲜的东西就只能每天跑一趟附近的超市，但很多消费者都没有这么多时间。纯生鲜电商虽然让生鲜购买更便利，但绝大多数商家无法保证产品的新鲜度和种类的丰富性。要做好生鲜的线上业务，发货地点（店或仓）必须离消费者足够近。这样既能保证顾客下单后送货的及时性和商品的新鲜度，又能降低损耗产生的成本。传统的实体超市因为数字化程度低，无法有效开展线上业务。一般的生鲜电商因为规模较小，不愿或不能在城市里密集建前置仓。每日优鲜是个例外。但其每个100平方米左右的微仓把它的SKU局限在500种以下。商品欠丰富无疑会影响购物体验。

盒马鲜生是过去两年出现的一个极具创新性的生鲜新零售案例。它集餐饮，超市和前置仓于一体。每家店平均有5000种以上的SKU，3公里内最快30分钟送达。线上订单能占到其成熟门店销售额的50%以上。

盒马堪称生鲜行业店仓一体化和线上线下融合的范例。它在保证消费体验足够好的前提下把效率和便利做到了近乎极致。盒马模式的关键有三点。第一是对商品的标准化和数字化预处理。传统超市里的蔬菜和水果一般按堆摆放，允许顾客挑选。其优点是能给大多数（先到）的顾客带来更好的体验，但缺点是增加了货品损耗，称重和打价签等环节也需要额外的时间。可以想象，如果传统超市接受线上下单，光拣单就要花很多时间。这既增加了商家的人力成本，也延长了送货时间。所以，为了提高拣单效率和降低货损，盒马对绝大部分商品进行了标准化和数字化处理，按盒/袋计价并打码。第二，线上订单走悬挂链进入后台。这样做的好处是把尽可能多的店面留给到店的顾客。第三，建立在数字化基础上的并行拣单流程。当顾客在线上下单时，单子上的各个商品被分配给负责不同区域的拣货员。每个拣货员可以就近拣货，把商品放入不同颜色的货袋后挂上悬挂链传到后台。这样的并行操作大大压缩了拣单时间。

当然，盒马模式也有它的弊端。对生鲜的标准化处理虽然提升了效率，但也牺牲了一些体验。另外，消费者线上下单的时间不是均匀分布的。为了保证高峰时段仍能半小时送达就要雇很多专职的送货员。这就意味着高昂的人工成本。未来中国的生鲜零售业态必然是多元化的。例如，面积在200-300平方米的社区型超市对半径500米内的顾客就很有吸引力。毕竟，步行几分钟到店后再按货品的新鲜度决定买什么是任何线上模式都无法提供的体验。

2016年10月，马云在云栖大会的演讲中，首次提出“新零售”的概念。一经提出，立刻在零售行业掀起波澜，无论线上电商、线下实体纷纷开始探索“新零售”，这里包括阿里巴巴、京东、永辉、苏宁等等的行业领头羊。

那么，什么是新零售？百度百科给出的解释是：新零售，即企业以互联网为依托，通过运用大数据、人工智能等先进技术手段，对商品的生产、流通与销售过程进行升级改造，进而重塑业态结构与生态圈，并对线上服务、线下体验以及现代物流进行深度融合的零售新模式。

为什么要提出“新零售”？一方面，传统实体零售受到电商的冲击，以及物业人工成本上涨的压力，生存艰辛已是不争的现实；另一方面，原本代表“新”零售的电子商务，随着流量红利逐渐消失，行业增长已遭遇瓶颈。与此同时，一直缺少线下实体布局，如今体验式消费需求也成为线上电商可持续发展的一项“硬伤”。因此，谋求变革成为了无论是实体零售还是电商的共同追求。“新零售”也被视为目前解决零售业发展困境的唯一出路，而对于新零售商业模式的探索是企业最关注的商业课题之一。

盒马鲜生就是阿里巴巴集团在新零售业态方面的一次尝试。盒马鲜生以“生鲜”这一刚需、高频消费品为切入口，通过APP和线下门店经营生鲜食品和餐饮服务。线下门店主要以体验服务为主导来提升吸客能力；线上APP则提供优质外卖和生鲜配送；通过背后数字化和智能化的技术支持以实现线下体验线上下单的闭环消费模式。

从2016年1月上海金桥广场的第一家门店开业，截至2017年10月，盒马鲜生已在上海、北京、深圳、杭州、贵阳等城市陆续开业20家门店。创始人侯毅表示，“盒马鲜生上海金桥店2016年全年营业额约2.5亿元，坪效约5.6万元，远高于同业平均水平（1.5万元）。线上订单占比超过50%，营业半年以上的成熟店铺可以达到70%；线上商品转化率高达35%，远高于传统电商。”

如今，盒马鲜生被视为新零售业态的样本，其商业模式也受到了消费者和业界人士的广泛关注，生鲜超市到处散发着“类盒马”的气息。如永辉超市推出全新品牌“超级物种”；步步高推出“鲜食演义计划”；大润发推出“飞牛优鲜”；物美也在多点Dmall的协助下推出了北京物美新零售体验店。

盒马鲜生模式为何成为消费者眼中的“生鲜网红”？其背后的商业逻辑是什么？它与传统的超市以及生鲜电商最根本的区别在哪？盒马的商业模式能否复制？在阿里巴巴集团的新零售版图中，盒马鲜生又扮演着怎样的角色？

为什么是生鲜？

生鲜是指未经烹调、制作等深加工过程，只做必要保鲜和简单整理就上架出售的初级产品。包括果蔬、肉类、水产等 “生鲜三品”，如果加上面包、熟食的话就共同组合为“生鲜五品”。

生鲜产品相比其他百货类产品而言，属于散装商品需要用称重打条码方式售卖，保质期短、损耗率高、毛利率低是其最重要的产品特征。在运输与保存方面，由于生鲜产品货源分散，标准化程度低，SKU多，品控难度大，同时对保存条件要求苛刻，需要保鲜、冷藏、冷冻，运输库存成本相对较高。但另一方面它又是大众日常生活中消费量最大，购买频率最高的商品，具备较强的引流效应。

生鲜是一个足够大的市场，根据Euromonitor数据，2016年我国生鲜产品零售总量3.24亿吨，零售总额达4.57万亿元（图7–1）。根据国家统计局公布的数据，2016年中国社会消费品零售总额为33.23亿元，按此计算生鲜零售总额在社零总额中的占比高达13.8%。

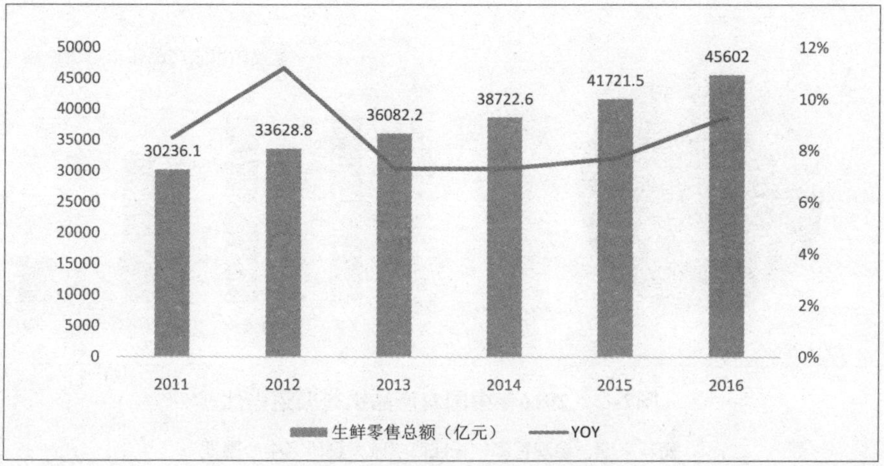

图7-1　我国生鲜产品零售总额

资料来源：Euromonitor，长江商学院案例研究中心整理

从生鲜产业链来看，上游为生鲜农产品生产环节。作为农业大国，中国农产品产量世界第一。但由于上游农业生产仍以农民个体户生产为主，生产集中度低，难以实现农业自动化，效率低下。中游为生鲜农产品流通环节。目前“农户→产地采购商（菜贩子）→销地批发商（批发市场）→零售终端”的层级流通体系仍为我国生鲜农产品流通的主要方式。流通环节层级多、产品损耗率高①是中游流通环节最大的痛点。产业链的下游为终端零售环节。从销售渠道上看，目前中国生鲜产品销售仍以农贸市场为主，占比73%，超市渠道为22%，远低于发达国家，而生鲜电商占比只有3%（图7-2），事实证明，人们更习惯于到菜市场或早市购买新鲜蔬菜。

① 根据中国农产品流通产业发展报告（2015），我国果蔬、肉类、水产品流通损耗率分别高达15%、8%、10%，而欧美发达国家仅为5%左右。随着超市等规模化、品质化的终端渠道的发展，基地直采等新型流通方式也开始出现。

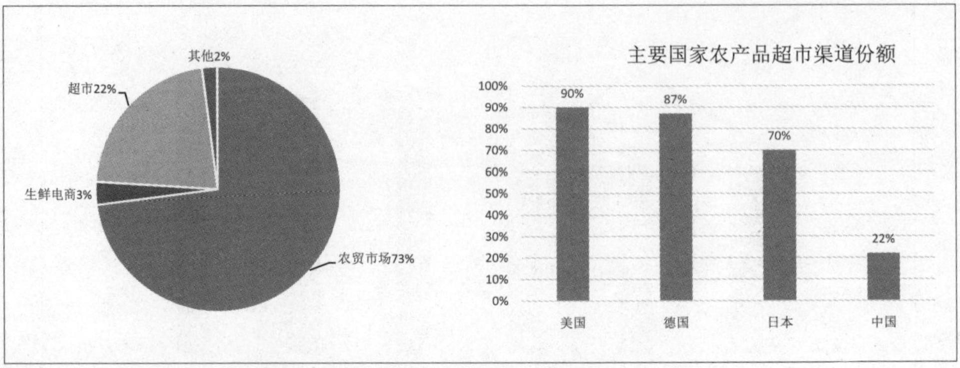

图7-2　2016年中国农产品销售渠道占比

资料来源：易观智库，长江商学院案例研究中心整理

综上所述，从生鲜行业产业链来看，未来，通过技术、模式创新等手段缩短层级、优化产业链、提升冷链物流降低损耗、实现品控，将成为流通渠道优化的关键，进而也有助于生鲜经营商业模式的进化。

生鲜市场的竞争格局

新中国成立后，我国实行农产品统购统销制度，对购销环节进行计划控制。1985年，取消了统购统销制度，农产品流通开始引入市场机制。随后，农贸市场开始兴起，至今仍为居民采购生鲜产品的主要渠道。农贸市场的核心优势是产品鲜活度高，价格亲民。随着人民生活水平的日益提高，居民对食品安全、购物环境提出了更高的要求。

上世纪80年代末，广东出现了中国第一家超市——美佳超市。早期的超市大多规模较小，以干杂食品和日化用品为主要经营范围。真正的大型超市是在90年代中期发展起来的。1996年后外国资本大规模进入中国流通领域，家乐福、沃尔玛、麦德龙等一批国际超市巨头相继进入中国，并设立了生鲜区，涉足生鲜经营。这些零售巨头推行的大卖场，以天天低价的价格形象和应有尽有的商品种类以及独具特色的生鲜商品获得了消费者的喜爱。与此同时，中国各地纷纷出现区域性的单体或连锁超市，如上海华联、武汉汉中超市等。

2002年，为了对农贸市场“脏、乱、差”的现象进行整改，解决食品安全问题，我国开始试行“农改超”政策[①]。之后，中国的超市迎来了一个快速发展期，年增长率达到70%[②]。随着超市竞争日益加剧，生鲜品类由于其刚需、高频的购买特征，成为超市招揽顾客、提高竞争力的重要手段，超市逐渐探索发展出“农超对接”模式[③]（表7-1）。这一模式大幅缩短了生鲜农产品的流通环节。

表 7-1 农超对接的四种模式

模式类型	具体方式	代表公司
超市+基地+农户	由连锁超市直接投资，建立农产品生产基地，基地农产品实施产销直挂或由超市掌握优先采购权	永旺超市
超市+农民专业合作社+农户	由连锁超市与各种专业的农协建立关系，签订合同，农协负责组织商品，连锁企业负责收购与运输	家乐福
超市+农业产业化龙头企业+农户	连锁超市与农产品或农产品加工企业直接挂钩，实施点对点配送	麦德龙
超市+中介公司+农户	连锁超市与专业供应商进行合作，由专业供应商承担农产品采购、质量控制、配送功能	沃尔玛

资料来源：相关公司官网、华泰证券研究所，长江商学院案例研究中心整理

生鲜超市：以永辉超市和高鑫零售为例

随着农超对接模式的不断发展，超市对生鲜的供应链控制能力也逐渐得到

① “农改超”即将农贸市场改为生鲜超市，是指以超市形式来经营生鲜农副食品，实现农贸市场经营主体的组织化、经营方式的超市化、产品的标准化和服务的规范化。

② 据官方数字统计，2000年中国全部连锁企业销售总额不到全社会批发零售贸易和餐饮业零售总额的6%，到了2005年这一比重达到25%。

③ 这一模式大幅缩短生鲜农产品的流通环节，具有以下显著优势：1）将生鲜农产品产地与零售终端直接对接，有利于降低生鲜终端零售价格；2）有利降低生鲜农产品流通损耗，提高生鲜农产品鲜活度与品质；3）使得生鲜农产品来源可追溯，有利于保证生鲜农产品质量安全。

提升。京客隆、合肥百大合家福、物美、首航超市等超市均开始回收生鲜经营权，自营生鲜成为众多超市卖场的主流经营方式。在此过程之中，以永辉为代表的具备较强生鲜供应链管理能力的超市脱颖而出，生鲜的鲜活度、价格与农贸市场的差距开始逐渐缩小。

2010年中国生鲜超市市场规模为0.68万亿元，随后稳步增长，2016年增至1.1万亿元，同比增速也呈现上升趋势。目前中国前五大超市为高鑫零售（市场份额8.3%）、华润万家（6.4%）、沃尔玛（5%）、家乐福（3.1%），永辉（3%）。从营业收入、净利润和净利润率数据来看，高鑫和永辉超市均处于稳定增长阶段。在各大商超中，永辉的生鲜产品收入占比最高，达到45%，高鑫零售为32%。

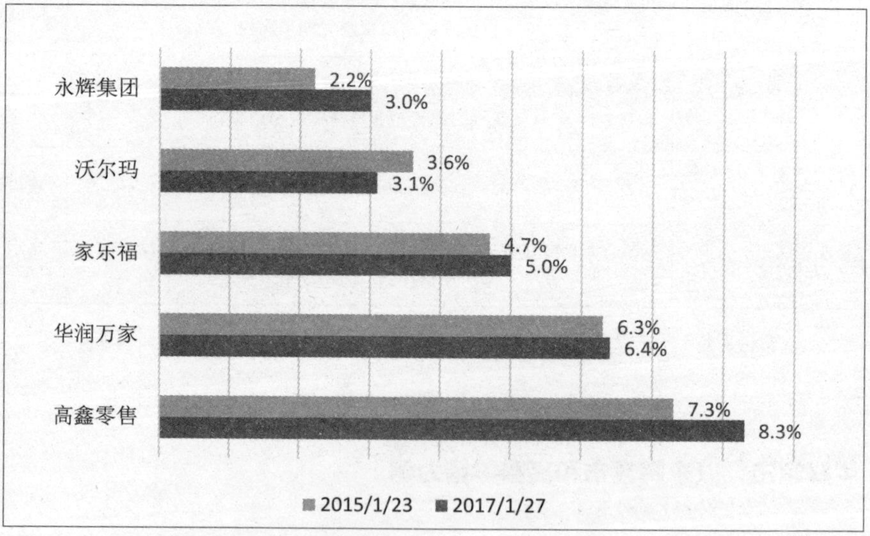

图7-3 中国前五大超市市场占有率

资料来源：长江商学院案例研究中心根据公开资料整理

从近几年业绩数据来看，永辉超市在行业不景气的情况下仍然逆势增长。2016年，永辉超市营业收入492亿元，净利润12.4亿元，在全国221个市（区/县）拥有560家门店。永辉超市的核心竞争力是公司拥有一套成熟的生鲜供应链体系，并将其延伸至上游的农业种植领域。据公司招股说明书数据，公司建立了约20个农业种植合作基地，生鲜直采占比高达76%。从财务数据上看，公司生鲜业务收入占比、生鲜产品毛利率均高于同行（图7–4）。

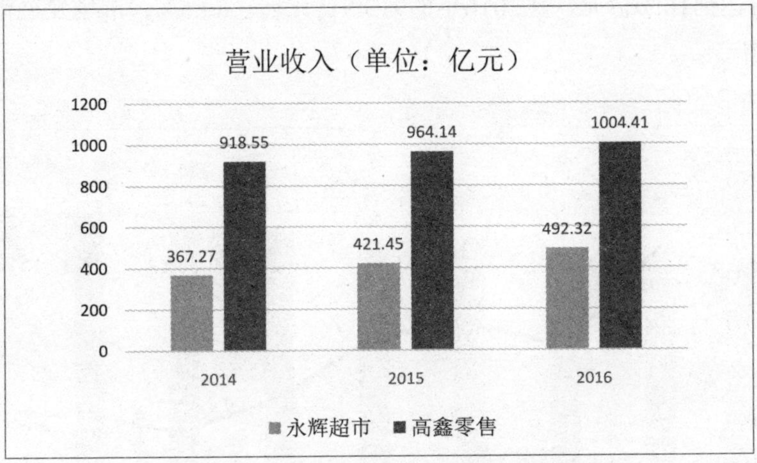

图7–4　高鑫零售与永辉超市对比

资料来源：长江商学院案例研究中心根据公开资料整理

高鑫零售，是中国规模最大及发展最快的大卖场运营商。2016，高鑫零售营业收入1004亿元，净利润25.7亿元，拥有446家门店。在生鲜方面，2015年高鑫启动“生鲜直采”，并自2016年试点“熟类自供”——中央厨房项目，以提高生鲜产品质量和稳定性。高鑫旗下设有高端生鲜电商平台莆田网，16年交易总额同比上升50%，其中生鲜品类占比70%。17年，公司第一家Hi！Auchan高端超市的销量及顾客人数同比增加超过30%。其中，生鲜占比近60%。

未来，超市取代农贸市场将是必然的趋势。但是生鲜品类的经营对于超市的资金能力、内部运营、供应链管理能力要求很高，这也在一定程度上限制了生鲜超市的扩张。

生鲜电商：从自建物流模式到O2O模式探索

中国最早的生鲜品类电商易果生鲜成立于2005年，此后生鲜电商迎来了高速发展期（图7–5）。从2012–2016年，生鲜电商交易规模从40.5亿增长到913.9亿元，年复合增长率超过100%，在生鲜零售终端的占比也由2012年的0.55%增长至2016年的3%。中国电子商务研究中心发布报告显示，预计2017年生鲜市场规模将达到1650亿元，比2016年的913.9亿元增长80.5%，市场发展潜力巨大（图7–5）。

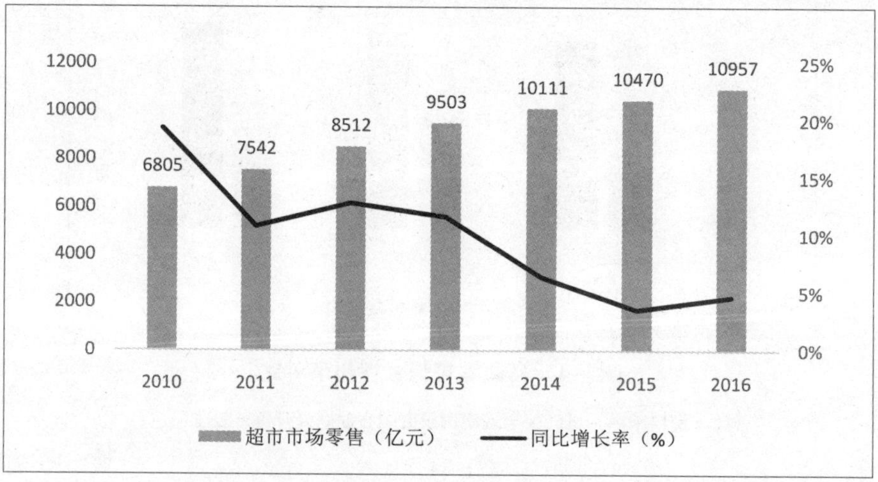

图7–5　中国生鲜超市市场规模（限额以上企业）

资料来源：国家统计局

从生鲜电商的商业模式来看，可分为线上布局为主、重资产自建物流模式的生鲜电商1.0．以及O2O模式下的生鲜电商2.0，两者主要的区别在于产品供应端和物流模式的不同。

生鲜电商1.0企业：自建冷链与物流

生鲜电商发展初期以线上业务为主，采取重资产的发展模式，选择自建冷链与物流团队。易果生鲜、天天果园等是生鲜电商1.0的典型代表，两者分别成立于2005年和2009年。

在运营过程中，高额的物流配送成本，导致生鲜电商1.0企业不得不将产品定位于中高端产品，试图通过高客单价来贴补物流。[①]由于定位中高端市场，生鲜电商1.0的真实市场容量偏小，不足以形成足够的订单量和订单密度。高额的配送费用降低了企业正常的经营利润，再加上对生鲜供应链运营管理的不适应，导致产品损耗率高、客户体验差，与生鲜实体店相比处于劣势，生鲜电商1.0商业模式难以为继，转型升级为大势所趋。

生鲜电商2.0：探索O2O模式，线上走向线下、线下走向线上

2015年8月，天天果园率先推出O2O战略，成立“天天到家”O2O平台并铺设线下品牌店，主打两小时配送。生鲜电商开始向O2O模式探索。在生鲜电商2.0的初期，O2O以线上电商自主建立线下门店、或线下超市自主打造线上入口为主。

然而，线下对运营管理经验、供应链优化等方面要求很高。天天果园和本来生活网在线下经营中由于选址不善、非专业化管理、线下门店高成本压力，以及货物损耗率高等原因，2016 年几乎关闭了所有线下门店。沃尔玛、永辉超市在线上经营中苦于流量匮乏，后期全部放弃自建“最后一公里”物流。

自营O2O模式失败后，合作共营O2O应运而生。合作共营O2O是指平台接单以后，从当地的农贸市场或超市就近采购生鲜产品然后配送给消费者，这种模式可以使生鲜电商企业集中在接单配送上，既能够降低物流配送成本又可以弥补其在供应链和损耗率等方面的短板。生鲜2.0下，客单价与物流配送费用下降，[②]客户群体明显扩大。其中，天猫喵鲜生和京东到家发展迅速，市场份额合并占50%以上。

但国内生鲜电商仍处于发展期，尚未出现成熟的盈利模式。由于生鲜的特点决定其天生难以线上化，2016年线上渗透率仅为1.6%，远低于服装（25.5%）、化妆品（22%）、手机（19%）的渗透水平。据前瞻产业研究院数据显示，全国4000多家生鲜电商企业中，7%巨亏，88%略亏，4%持平，只有1%盈利。

① 据国泰君安证券研究2014年统计数据，生鲜电商1.0末期，平均每单物流费用在40元-50元，而生鲜客单价普遍位于100-200元（市民日常生鲜购买客单价区间集中在20-50元），成本费用占比较高。

② 据国泰君安证券研究统计，生鲜2.0时代，客单价下降至20-30元，同时物流配送费用下降至最低2-3元。

巨头纷纷入局，线上整合线下布局

对于流量红利逐渐消退、传统品类增长乏力的电商行业来说，生鲜是一个刚需、高频、高复购的品类，未来将是业绩增长的一个重要来源，对电商平台具有重大的战略意义。因此，巨头争相入场，其中阿里与京东在生鲜领域的布局尤为引人注目。

阿里的生鲜布局："天猫生鲜+易果+盒马鲜生"为主的布局

阿里拥有较强的电商运营能力，资金实力雄厚，物流设施也较为完善（阿里旗下的菜鸟网络），并且坐拥大流量的线上入口。凭借集团实力，阿里通过多个平台切入生鲜业务。2013年，阿里在生鲜领域开辟了天猫超市生鲜频道，随后先后四轮投资易果生鲜①，打造冷链物流安鲜达，孵化新零售盒马鲜生，其中，天猫生鲜又包括天猫超市、喵鲜生②及天猫旗舰店三大渠道，以满足不同消费者的需求。

在产品供应方面，依托阿里全球化和农村化战略搭建起了两张供应链网络。目前，喵鲜生已经与25个国家近百家生鲜协会和政府机构的代表签署了战略合作协议。在国内市场，天猫不断深入农村，到源头寻找高品质的生鲜产品。2016年，天猫全球尖端品质商品数量已超过12.5万个，涵盖了全球147多个国家和地区③，商品包括了优质水果、水产、肉禽等。在产品流通配送方面，借助菜鸟④及社会化物流力量以及安鲜达，天猫生鲜可实现全国700多个城市24小时送达。在运营方面，主要由易果生鲜团队负责打理阿里的生鲜运营。易果在生鲜行业里有多年的运营经验，同时在冷链物流和供应链方面拥有

① 2013 年，阿里巴巴以千万美元独家投资了易果生鲜，2014 年阿里巴巴又与云峰资本联合进行了B 轮注资。2016年，易果先完成了由阿里巴巴联合KKR 领投的C 轮融资，又完成了苏宁等领投的2 亿美元C+轮融资。2017年易果再次获得阿里D轮融资。

② 针对高端用户主打进口生鲜，精选中高端进口水果、水产、肉类三大品类，全部源头直采。为消费者提供一站式购物服务。

③ 资料来源：天猫官网。

④ 2013年5月28日，阿里巴巴集团、银泰集团联合复星集团、富春集团、顺丰集团、三通一达（申通、圆通、中通、韵达）共同组建了菜鸟物流，通过更好的整合现有物流资源，来提高阿里的线上发货体验，从而实现电商物流的一体化。

自建的物流[①]。

阿里一方面布局线上，另一方面在线下开始布局实体超市。2016年11月，阿里巴巴以21.5亿元获得三江购物[②]32%的股权，成为其第二大股东；2016年12月，易果生鲜以8.5 亿元取得联华超市[③]21%的股权，成为其第二大股东；2017年11月，阿里巴巴集团又投入约224亿港币（约28.8亿美元），直接和间接持有高鑫零售36.16%的股份。目前，阿里集团通过盒马鲜生这一新业态，来积极探索以线上线下打通为基础、以大数据重构传统商业要素的新零售模式。

2016年12月2日，阿里巴巴集团调整组织架构，新成立了天猫快速消费品事业部，包括天猫超市、美妆洗护、食品母婴、天猫生鲜等业务，靖捷担任事业组负责人，同时成为天猫超市负责人。“对于整个生鲜，我们希望到最后在一个城市里，阿里系可以全面服务这个城市里的所有消费者，我们要组成一个立体的服务体系。”[④]靖捷表示。

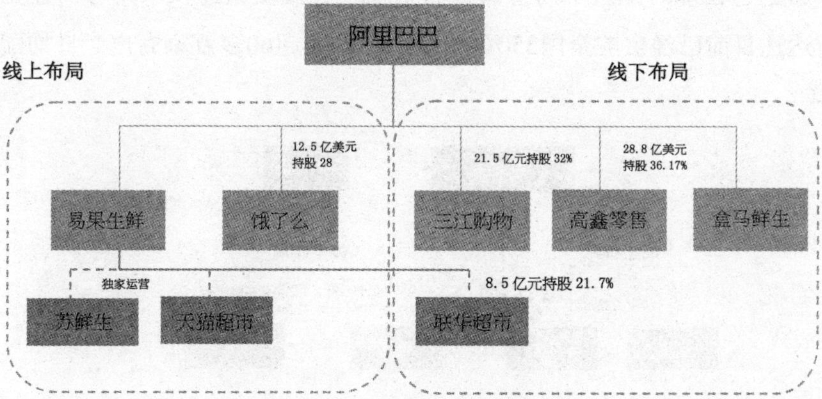

图7–6 阿里的线上整合线下布局

资料来源：新三板智库、长江商学院案例研究中心根据公开资料整理

---

① 易果自建物流安鲜达在北京、上海、广州、武汉、济南、成都、福州等10个城市建立11个大型物流中心个冷链物流基地，其中北京、上海、广州、成都等城市可以做到物流当日达，其他200多个城市可以做到次日达，已成为国内最大的冷链宅配平台。

② 三江购物是浙江省连锁零售龙头，拥有160 多家门店。

③ 联华超市在华东地区拥有3796 家门店，业态以社区超市和便利店为主。

④ 数据来源：搜狐财经。

京东的生鲜布局：以自营生鲜为中心，向更多方向拓展

京东的生鲜频道比阿里还早一年，主要以自营生鲜为主，在仓储、配送方面，京东生鲜则凭借其自营网络的优势，做到覆盖全国300多个城市，在220个城市实现次日达。

京东在生鲜电商上同样自建O2O平台。2015年4月京东成立了O2O业务平台京东到家，主打送货速度，生鲜商品2小时内快速送达。基于京东物流体系和物流管理优势，整合各类O2O生活品类，向消费者提供生鲜及超市产品的配送。

京东从2015年开始布局线下，2015年5月，京东以7000万美元领投天天果园。天天果园具备多年传统水果从业经验，积累了从选品、标准化、质量把控、供应链管理、运输、营销等丰富的水果行业经验。2015年8月，京东以7亿美元入股永辉超市持有其10%股权。2016年3月，京东成立生鲜事业部，大力发展京东生鲜业务。2016年4月，京东到家与达达进行了合并①，据易观智库的数据，新达达在即时配送市场份额排名第二，在同城快递领域具有明显竞争优势。新达达目前已经覆盖全国350多个城市，服务超60多万家商户，日均配送超100万单②。

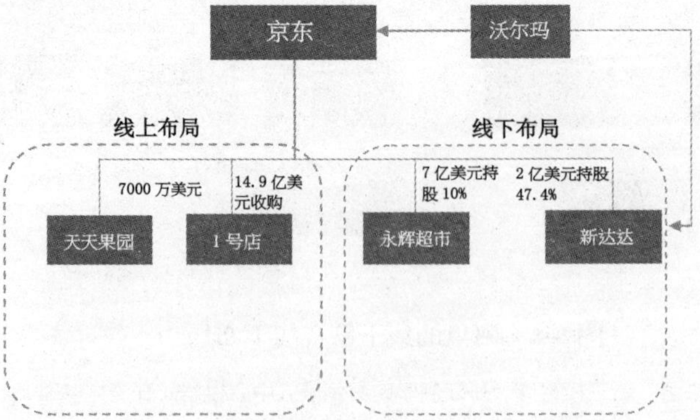

图7-7　京东的线上线下布局

资料来源：新三板智库、长江商学院案例研究中心根据公开资料整理

① 京东以"业务资源+2亿美元现金"方式，换取新公司约47.4%的股份，成为单一最大股东。

② 《水果零售行业：阿里京东占据线上半壁江山，百果园线下龙头地位初现》，新三板智库，2017-7-20。

2016年6月，沃尔玛通过将1号店出售给京东，持有京东约5.9%的股份，交易价格约为15亿美元，10月，沃尔玛宣布增持京东股份，持股比例增至10.8%，此后沃尔玛又以5千万美元战略投资京东旗下的生鲜平台新达达，山姆会员商店入驻京东，沃尔玛在京东开设跨境电商沃尔玛全球官方旗舰店，20多家沃尔玛购物广场上线O2O 平台“京东到家”。

近年来，阿里战略投资联华、高鑫，京东、腾讯战略投资永辉超市，体现了互联网巨头进军线下零售的决心。无独有偶，2017年6月，亚马逊收购北美最大的有机食品连锁超市全食，与阿里、京东战略不谋而合。

盒马鲜生公司背景

盒马鲜生创始人兼CEO侯毅，曾在上海可的源通实业有限公司①做物流部经理，2009年加入京东任供应链物流总监，后负责京东O2O项目（也就是后来的京东到家）。2015年初，侯毅离开京东开始筹备盒马鲜生项目。

彼时生鲜电商举步维艰，一度被寄予厚望的B2C和O2O电商模式并没能很好地解决这个品类固有的顽疾：高损耗、非标准、高冷链物流配送成本、品类不全，无法满足消费者对生鲜的即时性需求。在零售行业摸爬滚打近30年的侯毅，有着丰富的线下运营以及电商运营经验，他对中国电商的演变以及零售业的发展趋势有着自己的理解。

他认为，品类特征决定了电商业务的发展方向以及商业模式。例如目前中国有两大类电商：以淘宝为代表的平台类电商和以京东为代表的B2C电商。平台类电商最早的核心品类是服装鞋帽，这类商品的特性是毛利率很高，但是有无限的SKU，做自营根本无法实现。所以用平台模式，实现无限SKU对无限消费者，这是最好的经营模式。然后采用四通一达的快递模式做物流，物流成本相对较低。

① 该公司是一家隶属上海可的便利店有限公司下的系国内最先进的专门为连锁企业（大卖场、超市和便利店）服务的专业型物流国有企业。

而B2C电商早期经营的是家电或3C等标品，标品的经营是采购量越大竞争能力越强，所以做自营是最好的模式。由于品类客单价很高，相对来讲物流成本占比低，因此京东选择做自营的物流，在不断完善中成就了今天最大的自营物流体系。

那么，对于生鲜品类，有没有一个新的商业模式能够解决生鲜电商的痛点呢？通过对生鲜电商的长期观察，侯毅认为生鲜电商可以尝试利用移动互联网的技术和特点去拓展线下门店，用实体店加生鲜电商解决它的痛点。他看到对于生鲜品类，实体店至少有三大价值：一是快速建立消费者对品牌的认知；二是可以实现低成本的流量；三是实现低成本的冷链宅配模式。他想做线上线下一体化的超市，把模式做重。

侯毅的想法得到了阿里巴巴CEO张勇的认可。经过讨论，两人达成一致：做超市，以生鲜为特色；线下重体验，线上做交易；大方向确定为超市+餐饮+物流。张勇特别提出，用户体验是第一位的，形成消费粘性最重要。

2015年3月，盒马正式成立，初始团队共有7人，后增加到18人。2016年1月15日，盒马鲜生上海金桥店开业，盒马APP同步上线。张勇向创始团队提出了四个清晰目标：第一，线上交易需大于线下；第二，线上每天需做到单店5000单以上；第三，APP能够自己独立生存，不需要其他流量支持；第四，在冷链物流成本可控的范围内做到30分钟送达。

有了清晰的目标和顶层设计，团队开始制定具体的系统和流程。盒马创始团队提出新零售的五个具体标准：统一会员、统一库存、统一价格、统一营销、统一结算。据盒马公布的数据显示，盒马鲜生上海金桥店2016年全年营业额约2.5亿元，坪效约5.6万元，远高于同业平均水平（1.5万元）。线上订单占比超过50%，营业半年以上的成熟店铺更是可以达到70%；线上商品转化率高达35%，远高于传统电商。盒马鲜生模式，基本实现了最初的战略目标，证明了在某些区域，用门店引流、线上下单、3公里范围快送的可行性。

盒马鲜生的商业模式

从商业业态来看，盒马是一个集超市、餐饮、物流配送、APP为一体的复合功能体。其内部称之为“一店二仓五个中心”，即一个门店，前端为消费区，后端为仓储配送区，五个中心分别是超市中心、餐饮中心、物流中心、体验中心以及粉丝运营中心。

侯毅曾透露，盒马鲜生将始终围绕成本与效率、体验与服务，让零售回归商业本质，因此盒马从四个方面做了创新。第一是基于场景定位，围绕“吃”构建商品品类；第二在商品结构上，不是为顾客提供简单商品，而是提供一种生活方式；第三，在门店的消费功能之外，增加了餐饮、物流、体验、粉丝运营等功能，尽力满足不同场景的消费者需求；第四是销售模式，线上销售为主，线下销售为辅。

上线之初，盒马常常是人满为患。来到盒马的，不止是3公里以内的住户，还包括媒体记者、政府官员、同行，以及星巴克创始人霍华德·舒尔茨也曾慕名而来。2017年7月中旬，马云携阿里高层到盒马鲜生金桥店巡店，被视为阿里集团对盒马鲜生模式基本认可。接下来，我们梳理一下盒马鲜生的商业模式。

战略定位

从战略定位上看，盒马以“海鲜”为切入口，针对中高端年轻人群，走中高端的精品路线。

海鲜是盒马的主打特色产品，这也是传统超市有意避开的领域。盒马海鲜品类齐全、海鲜区域干净整洁。中高端品类如波士顿龙虾、帝王蟹等占比较高，具有一定的消费门槛，但价格明显低于其他渠道，相比海鲜酒楼的高价消费，盒马海鲜产品的价格定位更具有绝对优势（表7–2），部分生鲜支持现买现做现吃。盒马鲜生也有生鲜蔬菜和肉类，休闲食品和日用品占比相对较少。

表 7-2　盒马鲜生主要产品价格对比（2017 年 12 月）（单位：元）

生鲜产品	盒马鲜生	京东生鲜	苏宁生鲜	顺丰优选
鲜活波士顿龙虾（400–500g/只）	99	99.90	179	159
鲜活俄罗斯帝王蟹（2kg/只）	792	1198	无	无
法国吉拉多生蚝（只）	28.8	34.8	32.4	无
皮皮虾（500g）	49.8	78	88	无

资料来源：长江商学院案例研究中心根据盒马 APP，各平台官网整理

盒马定位是精品超市模式，进口产品相对较多，各个细节无不体现优良品质。盒马的目标消费群体是80/90后年轻群体，他们比60/70后更关注品质，时间敏感度高而价格敏感度相对较低。盒马的价格策略是靠高性价比的海鲜产品吸引用户，靠其他品类赚钱。同时筛选出中高端客户，为其线上业务服务，线上每单的履单成本（拣选、包装、配送员费用）是相近的，因此较高的客单价可以平衡履单成本。

业务模式

从业务模式上看，盒马采用以大数据为支撑的线上线下业务高度融合的业务模式。

盒马鲜生以线上销售为主，线下销售为辅。以线下体验门店为基础，并将之作为线上盒马APP的仓储、分拣及配送中心，通过将线上、线下业务完全一体化，来满足周边3公里范围内消费者对生鲜食品采购、餐饮以及生活休闲的需求。线上、线下所售商品完全是同一商品、同一品质和同一价格，线上提供快速的物流配送服务，线下增强消费者的场景体验感，双线协同作战、完美配合。

主要支付方式为消费者先下载盒马APP 后用支付宝付款，现金付款渠道极少，移动支付为更精准的营销奠定基础。

表 7–3　线上线下结合的意义

	特点	具体描述
线上	线上业务提升门店效率，增厚业绩	·据盒马鲜生金桥店数据每日线上4000单占比50%，坪效能达到3.24万元/平米（不包括餐饮等其他收入），是传统超市企业的3倍。 ·利润方面线上客单价70元，按25%毛利率再扣除配送费、包装费等有剩余，基本能实现盈利
	线上业务搭建用户体系和搜集大数据信息	·盒马鲜生只能通过盒马APP绑定支付宝支付，通过这种方式引导非现金支付，依托盒马APP建立完善用户体系 ·传统超市依托收银机支付维度有限，难以独立提取和统筹数据
线下	线下用户强体验和档次感为线上服务背书	·盒马线下布局的新变化，可以提升用户自由度和体验感 ·商品结构和精品装潢超市提升档次感 ·通过线下强体验建立品牌效应，完成线下到线上的引流
	线下门店承担前置仓功能，保证配送时效	·盒马承诺下单后30分钟内送达，相比较传统电商当日达，次日达，更具有时效性 ·盒马鲜生有5000个SKU，少于传统超市，提升挑选效率
	门店作为前置仓能节省成本	·超市是给商场吸引客户流的业态，可享受优惠租金，盒马门店作为前置仓，承担配送中心功能很大程度节省租金成本 ·传统电商的商品配送中心通常位于城市郊区，主要原因城市中心租金成本过高

资料来源：长江商学院案例研究中心根据公开资料整理

商业业态

从商业业态来看，盒马以零售+餐饮的跨界融合，实现了一体化服务。

“生熟联动”是盒马用户体验中的重要一环，盒马卖场内开辟了餐饮区，海鲜加工服务中心可为用户提供现场加工及堂食服务。这种把“海鲜排档”做到超市里的新模式，大幅增加了客户在超市的逗留时间，超市内各种商品对客户吸引和截留的机会也相应增多。另外餐饮跟生鲜的协同，还包括餐饮能方便超市处理一些临期产品，降低损耗。“超市+餐饮”的结合业态自盒马鲜生以来，也得到超级物种、百联Riso、步步高鲜食演义等争相效仿（表7–4）。

表 7-4　不同类型的生鲜新零售平台商业业态比较

	永辉超市红标店	超级物种	盒马鲜生	北京物美新零售体验店（原物美超市改建而成）
模式	线下	线上+线下	线上+线下	线上（Dmall App）+线下
合作方	/	永辉（京东未参与）	盒马+阿里	多点+物美
定位	大众消费	超市+餐饮	超市+餐饮	超市+餐饮
SKU（合计）	30000	850	4810	11000
品类结构	生鲜50%服装5%	生鲜30%食品50%	26%生鲜65%食品	生鲜50%
营业面积（平米）	9615	734	4000–10000	6000
线上下单比例	/	10%	超过50%	20%（截至2月）（物美全部线下超市）
配送体系	/	自建	自建	自建
快递承诺	/	3公里30分钟	3公里30分钟	3公里2小时
app活跃用户数	/	永辉生活App：34.13万（2017年3月）	盒马：115.45（2017年9月）	多点：424.4（2017年9月）

资料来源：长江商学院案例研究中心根据各平台财报数据整理

从某种意义上来讲，盒马鲜生的商业模式完全不同于传统的平台型电商与B2C电商，它是基于实体门店的精确流量运营的第三种模式。盒马用实体店解决了生鲜电商几大核心痛点：一是移动互联网流量运营。盒马实体门店实现了低成本的引流，彻底改变了流量的来源；二是3公里半径的精确流量运营，其复购和转化率大幅优于传统电商；三是冷链物流成本相当低，通过这样的模式能实现盈利；四是快销和生鲜全品类运营，消费者能够实现不同场景下的一站式购物；五是门店的体验和互动，门店再一次成为消费者休闲娱乐的场所；六是全渠道数字化运营，大幅提高了经营效率、降低了成本。因此，侯毅认为盒马鲜生是真正的移动电商3.0。

盒马鲜生运营模式

盒马实行线上线下一体化的运营模式，线下重体验，线上重交易，围绕门店3公里范围内，已经构建起30分钟送达的冷链物流配送体系。目前，盒马已经实现用户数字化、商品数字化、流程和管理数字化，从而大幅提高了零售的效率，提高了门店及物流的营运效率。

线下超市运营—店面布局及商品摆放

盒马鲜生超市内动线布局有别于其他超市，体现出以用户为中心全渠道经营的理念。根据调研我们发现，传统超市的入口和出口固定且单一，对顾客有明显的指定性，生鲜等购买频次高的商品大多布局在超市后方。而盒马鲜生有多个出入口，顾客行动自由，可以随进随出，给予客户充分的自由度和选择空间。在商品摆放方面，盒马鲜生的海鲜产品通常会放到主要出入口，特别显眼。水产区域干净整洁，没有杂味，而且规模大种类多，有很多产品在普通市面上很难买到。这点很吸引顾客眼球，增加了客户的购买欲望。据店员描述每天海鲜类都有不同的优惠活动。

在商品方面，以盒马北京十里堡店为例，SKU大约在8000个左右。进口产品品质高，包装好，价格合理，如：依云500ml矿泉水，盒马5.9元，其他超市15元左右。在生鲜类商品中，果蔬类产品已经按盒按袋包装，减少了称重时间，同时可以降低挑选的损耗。盒马也提供一些稀缺类蔬菜，如：鸡枞菌，黑松露等。除了直采的进口商品之外，还有部分联营的进口商品（如红酒）。在产品外包装上，每件商品都印有APP可扫描的二维码，价签上除常见的品名、包装日期、数量及价格等商品详情信息外，均附有一个条形码，可以直接扫码下单。另外，盒马还成立了自由品牌研发团队，侯毅希望未来自有品牌占比至少50%以上。

卖场内随处可见传送履带，盒马以自动化物流设备实现了店内分拣。拣货员负责拣货，他们人手一台移动手持终端FDA，FDA有上架，盘点、移库、收货、退货等多项功能。拣货员根据FDA进行存货补货管理。据盒马鲜生店内工作人员介绍，利用这套“微链系统”，盒马可以用10分钟完成拣货打包。

门店内餐厅运营——自营或合作

在盒马鲜生门店里餐饮部既有自营餐饮也有合作餐饮。就目前而言“超市+餐厅”主要的合作模式有，以店中店的形式对餐饮企业进行招租，以弥补实体店体验性不足，而且这些门店在结算时只能使用盒马APP。以盒马北京十里堡店为例餐饮区仍以自营为主，包括海鲜吧、日料吧、小火锅、牛排、水果吧、中餐等。门店还引入原麦山丘、贡茶、稻香村等餐饮相关的联营店，此外，盒马将多余的区域外租。十里堡店餐饮区域基本和零售区域面积比例相仿。餐饮都使用一次性餐具，减少损耗和员工配比。餐厅区域满足了顾客的即食需求，延长顾客滞留时间。

线上电商运营——线上订单的配送

盒马APP为线上客户端，目前主要以生鲜配送业务为主，未来也考虑中高端餐饮外卖服务。由于电商业务共享了线下门店仓储配送体系，仓储成本更低，且通过门店配送周边客户的时效性也更强，能够保证产品的新鲜度，可以做到3km内30分钟保质保量精准送达。

盒马线上订单配送流程大致是：消费者通过盒马APP下单后，系统会自动匹配最近下单的顾客中相近的订单，整合为同一批次；系统将统一批次的订单发给店内拣货员，拣货员根据品类不同（如肉类、水果、海鲜等）放入相应颜色的口袋中，拣货完毕后投入门店内的投单口处；商品通过店内传送带送至后场，同批次商品传送至同一伐道；后场打包员将同批次商品打包至保温配送箱中；商品打包后通过垂直升降系统配送至送员处，配送员扫码获取地址，按系统规划路线顺序依次配送；配送员到达顾客家中，按订单从保温配送箱中取出商品完成配送。

传统仓库拣货是一个人要拣完订单中的所有货品，但盒马是分布式拣货。

算法把订单打散，变成不同的拣货员就近拣货。每个订单的拣货环节控制在3分钟，传送到后仓库时间控制在3分钟。到达后仓之后，盒马会根据订单商品组成、相近的预约时间、相近的消费者位置、相近的配送员的路径，验算后指引商品自动合单，帮助打包员在后仓快速打包。整个打包过程也严格控制在3分钟以内。经过前面9分钟的处理后，订单商品会“乘坐”垂直升降系统被送到物流中心出货。留给配送员在路上的时间是20分钟。

盒马还搭建了自己的物流体系，包括常温物流、冷链物流、以及活海鲜的物流配送中心和暂养池等等。以上海金桥店为例，门店物流人员100人左右，来保证商品的30分钟送达。

供应链采购环节

“买得到、买得好、买得方便”是盒马鲜生的核心战略。在采购方面，盒马鲜生全面采用买手制[①]进行集中采购，生鲜商品基本实现基地直采和全球直采，消除中间环节，争取给消费者带来最具震撼力的零售价和最好的商品。

盒马鲜生的部分商品与天猫生鲜、天猫超市联合采购。在盒马里看到的车厘子、波士顿龙虾，都是和天猫国际采购团队联合协作的，天猫有很多资源和盒马鲜生共享。另一部分商品，如盒马超市里“日日鲜”商品，盒马通过和基地、农民建立双赢的渠道以及定单生产，全程冷链保证商品品质，同时也把价格做到行业最低水平。此外，盒马还直接与多个商家进行合作，如上海光明食品集团、中粮集团等大型食品集团进行合作，保证商品质量。

后台大数据和技术支持

从技术角度看，盒马以强制性的移动支付方式和高效的物联网配送手段“微链”将服务体验进行升级。盒马鲜生后台技术离不开阿里的大数据支持，如集团的系统研发能力、语音计算能力、配送时的算法优化等等。在阿里大数

① 侯毅强调，所谓的买手制，其本质不是供应商给你什么你就买什么，而是自己到市场上寻找最适合消费者需求的商品，然后买断。

据的支持下，消费者画像更加精准，运用用户的沉淀和数据学习会在一定程度上方便盒马鲜生进行精准营销以及备货，周围用户越多、使用越频繁，其营销备货越精准。

盒马鲜生的开店有阿里大数据作为指导，可以针对不同消费阶层的活动商圈划定门店范围。从目前的门店选址可以看出，盒马鲜生所选的商场多为中高档精品生活广场，周边有写字楼、中高端社区等配套功能。附近楼盘价格偏高，居民消费水平偏中上，符合盒马鲜生的目标用户需求。

盒马鲜生鼓励支付宝结账，支付宝统一付款为盒马鲜生创造了掌握线下消费数据以及线下向线上引流的机会。同时盒马已经与淘宝网、支付宝会员体系打通，实现了数据和生态共享，在一定程度上加快登陆速度和降低收银时间。而在传统零售过程中，顾客通过现金等方式结账购买，导致传统商超零售难以掌握消费者信息，客源数据缺失。而盒马鲜生线上支付形成的大数据，是极为重要的资源。利用消费者清晰的行为数据，盒马可以进行广告和营销，吸引更多消费者，形成良性消费循环。

另外，在消费环节盒马顾客可以通过扫商品二维码直接支付，从而建立起一个强制性的数据上传渠道，它从线下为盒马以及支付宝提供了丰富的分析数据。简单来说，二维码扫描手段就是对用户数据信号的接收，通过支付宝和盒马APP渠道传入线上分析平台，经过分析处理后再回传给盒马和支付宝进行商业使用，从而在零售前台环节建立起一个物联网的闭环。

盒马鲜生业态拓展

作为盒马鲜生的延伸，盒马集市于2016年12月12日在上海八佰伴上海湾正式开业。盒马F2便利店于2017年12月4日在上海北外滩白金湾广场开业。

盒马集市

盒马集市与盒马鲜生的区别在于：经营面积约10000平方米，相比较盒马鲜生门店面积大幅增加；集市内业态更为丰富，其中餐饮占比50%，还加入了花店等业态；盒马鲜生定位是80/90后中高端客户群，盒马集市的定位更多的是家庭人群，需要一站式购物+餐饮的客户群；同时，天猫超市在盒马集市落地，消费者可以在集市里的天猫超市购买三只松鼠等淘宝网店食品。盒马集市更像是一个集购物、餐饮、亲子等场景的休闲娱乐中心。

侯毅表示，“盒马集市是真正意义上的超市和餐饮、超市和百货服装、休闲和娱乐、线上和线下完全融合的商店”。相比较传统购物中心，盒马集市拥有不同业态店铺，可以满足不同年龄层的需求。依靠阿里大数据盒马集市供需更精准，体验更加多样化和趣味化。另外，盒马集市还解决了传统购物中心的另一个痛点，就是空手购物问题，顾客可以通过对商品扫码直接快递回家。其次，解决的痛点是餐厅排队问题，通过手机APP关注餐厅，远程报名排队，远程点餐，在最合适的时间去餐厅用餐。根据侯毅表示的中国人日常的三个场景，即在家、办公室和购物中心都有不同的需求，盒马集市是倾向于把购物中心事情做好。

盒马F2便利店

盒马F2（Fast & Fresh）便利店是盒马的第二条业务线。F2针对高端商务办公区域，为上班族提供服务。对于传统便利店排队等点餐、等加工、等结账的痛点。顾客在办公室下单，临近预约时间，前往店内自提，盒马便利店内有一个自开发的70度均衡保温自提机。顾客取餐后，自行到店内就餐或打包带走，店内就餐的顾客，吃完自行收拾餐盘倒掉，类似金拱门（麦当劳）、肯德基餐厅自食习惯。盒马便利店都需要使用手机来完成下单支付，一并解决排队难+餐食现做更好吃的两大顽疾。

F2是一个专门为线下场景打造的业态，没有线上配送到门的服务，体验部分全部以线下为主。侯毅表示，盒马便利店就是一个下单移动化，交付自主化，商品自动化，门店全程数字化管理，实现有人和无人之间的效率优化和无缝连接。F2便利店是把办公室的事情做好，针对办公室的核心需求，去构建一个商业场景。在F2运营方面，主要是以盒马大店为中心，围绕大店开F2便利店，用统一供应链实现大小结合，来拓展盒马覆盖率。其背后的逻辑仍旧是用新颖的卖场氛围去吸引消费者，引导消费者，进而改变消费者的消费习惯。

盒马模式背后的商业逻辑

透过现象看本质，盒马鲜生商业模式的背后到底有着怎样的商业逻辑？侯毅表示，“盒马所做的，表面上看是门店+APP（线上+线下）的所谓全渠道的商业模式，但实质上是人、货、场的重构，这是零售的革命，创造新的消费价值，引领新的生活方式”[①]。

“人、货、场”的重构

传统零售的“人、货、场”，重点讲究的是目标顾客定位（人）和商品定位（货）以及二者之间如何更好地进行匹配，是典型的二维思考。但是“人”不是孤立不变的“人”，“人”在不同的场景下会产生不同的消费需求和消费习惯。因此，需要加上“场”，不同场景下对“人”与“货”的影响，这是三维的考量。

盒马模式背后的商业逻辑，就是实现“人、货、场”的无缝链接与高度融合。“人”的变化在于，依托阿里大数据，可以对消费者进行多维地清晰地分析，然后精准的切入新需求；“货”的变化在于，盒马模式融合线上线下，盒马运用产地直采供应链，同时兼顾成本和品质，采用小份包装，灵活结算，切中消费者购物习惯；“场”的变化在于，从盒马鲜生到盒马集市，再到盒马便利店，盒马对消费场景不断升级，增加客户体验感，培养客户形成新的消费习惯。通过对场景的升级，对客户群进一步精准化划分。

① 《从线上到线下！阿里投资的实体店盒马鲜生究竟是个啥》，参见http：//www.yopai.com/show-2-127403-1.html，2017-9-8。

价值链重构：包括重构分销机制和定价机制

经过一段时间的运营，盒马用大数据和物联网技术基本完成了线上线下一体化的渠道建设和内部业务流程的优化。线上可以在盒马APP、淘宝、饿了么买到盒马的商品，线下除了盒马实体门店外，还有大量的战略合作伙伴（宁波三江购物、新华都），将成为盒马的线下渠道。作为零售商，渠道是最具价值的资源。

但盒马并未满足于“渠道为王”的优势。侯毅一再强调，盒马的核心竞争力是给消费者提供不一样的商品。他认为，理论上讲，企业内部与企业间流通耗损最终可达到无限逼近于“零”的理想状态，最终能够实现价值链的重塑。未来的零售业一定是“把产品捏在零售商自己手上”[①]。

盒马鲜生此前推出了日日鲜蔬菜、猪肉、羊肉、鸡鸭鱼肉、鸡蛋等核心商品，这是与直采供应商在产品上的合作，但盒马并没有涉足生产环节，只有品控。盒马目前正在尝试推出自有品牌产品。2017年12月，盒马又推出了日日鲜鲜奶，这是盒马第一次拥有完整的自有品牌供应链。盒马推出自有品牌的目的就是为了重构供应链，通过规模化的采购降低成本，去除中间多级流通环节，减少营销费用，从而改变商品的出厂定价机制。通过优化供应链，盒马可以赢得产品的议价权和定价权两大权利，进而把控产品的质量和价格。

① 盒马鲜生侯毅：2018年新零售将是“巨头之战” 要重构供应链，参见http：//guba.eastmoney.com/news，cjpl，736553509.html，2017-12-13。

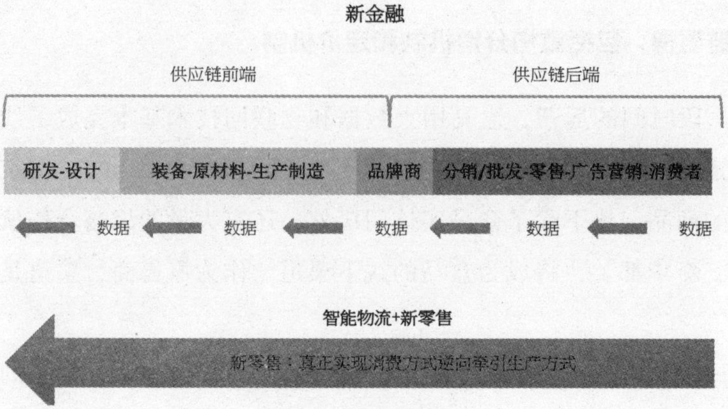

图7–8　价值链重构

资料来源：阿里研究院，兴业证券研究所

从盒马透视新零售的未来

2017年，被阿里定义为“新零售元年”。资本对于市场是最敏感的，互联网巨头纷纷布局线下零售渠道，阿里入股高鑫，京东、腾讯入股永辉超市，新零售浪潮已经来袭。接下来的问题是，入股之后，如何实现线上线下对接，如何打通会员体系，如何建立起从前台的消费需求，到中台的线上线下一体化运营，再到后台的技术平台、数据平台的无缝连接，如何优化成本结构和顾客体验是决定未来整合是否成功的核心要素。

无疑，盒马模式的商业实践为这一探索提供了有价值有意义的依据。从盒马的案例我们可以看到，今天的新零售之争，一方面是资本之争、技术之争、流量之争，但最终还是商业本质之争。以满足消费者需求为中心，重构“人、货、场”等商业要素，重构价值链，最终把控产品的质量和价格，满足消费者对产品和服务的终极需求，才是零售的终极商业本质。

（指导教授：荆兵　研究员：李梦军）

海澜之家

传统行业的颠覆者

案例点评：

近年来，以“优步”（Uber）为代表的新商业模式在许多行业引起广泛的注意和深刻的变革，即以轻资产、分享经济、信息技术与自动化技术深度融合为特征的智能服务模式。“海澜之家”成功地运用了这一模式创新的理念和方法，为成衣行业这个“夕阳”传统行业注入了新的活力。这个号称“男人的衣柜”的上市公司既没有做衣服的产能，也没有卖衣服的渠道门店，而是专注做好品牌建设、供应链和门店管理。同时它通过在江阴的管理信息系统和中央智能仓库，将两百多家供应商同五千多家门店连接起来，共享产能与需求，最大限度地提高产能利用率和客户满足率。“轻资产”模式使海澜之家能专注在供应链的某个或某些环节，做好自己最擅长的事，但是也带来许多挑战，特别是如何掌控或协调供应链其他环节（如供应商和加盟店）。

本案例通过“海澜之家”的发展历史和运营现状，展示“轻资产”、“共享经济”的新商业模式带来的优势和挑战，以及“海澜之家”是如何充分利用优势、应对挑战的。读者可以带着以下问题阅读和讨论案例题：

1.“海澜之家”的主要成功要素是什么？为什么成功？

2.“海澜之家”未来发展的前景？可能面对的挑战？

2017 年 5 月，身为海澜之家股份有限公司董事长的周建平马不停蹄，刚从欧洲回国的他，马上又要奔赴东南亚。这是海澜之家首次“出海”，尝试在海外市场开设店铺。除此之外，周建平的 To do list（愿望清单）里还有一长串任务：继续寻找合适的海外并购标的；去海外推广海澜之家的品牌；孵化更多女装和童装品牌，实现多品牌战略；筹建上海和广东等地的设计中心；加强电商业务等等。

在刚刚揭晓的“2017 年福布斯华人富豪榜”上，57 岁的海澜之家创始人周建平以 36 亿美元成为国内时尚业首富，而海澜之家以 451.97 亿元人民币的总市值位于 A 股服装上市公司市值排行榜首位。但周建平显然不满足于此，他希望未来把这家他一手创立的公司打造为“时尚品牌管理平台”，旗下拥有多个年销售额几十亿、上百亿元人民币的时尚品牌，公司更多朝着管理平台的方向发展。

从一个三四线城市起家的土生土长的小品牌发展到今天中国男装的第一品牌，海澜之家的快速发展得益于它从不把自己看作一家“独立”的企业，而是将自己看成是品牌价值链中的一员，着力打造一个“共赢”的商业生态圈，以更低的成本充分利用各类社会优质资源，从而实现快速成长。

创新商业模式，实现镇办企业转型

海澜集团的前身是成立于1988年的江阴市新桥镇第三毛纺厂，企业性质为镇办集体企业，在经过1990年代的改制，以及粗纺起家、精纺发家、服装当家的三次产品重大转型升级以后，海澜集团遇到了发展瓶颈。一方面如果想做自有品牌的零售，原先做面料时期的服装零售品牌客户会对其进行挤压；另一方面如果要做其它服装品牌的代理，又会受到超市、商场等渠道的挤压。

周建平想打破这个“怪圈”。2002年初，他到日本考察期间，参观了当时日本市场主流的服装连锁运营品牌。这些品牌独有的品种多样、中档价位、自选式购买的经营方式深深吸引了周建平，他直觉的认为这种大众化、自助式的新型服装连锁销售模式具有强大的竞争优势，当即决定将这一模式引入中国，回国后立即注册成立了江阴海澜之家服饰有限公司。

在经过对市场的深度分析之后，周建平决定避开当时服装市场竞争激烈的领域，将海澜之家的品牌定位于平价男装，丰富男装服饰品类，并借鉴日本品牌大众化、自助式的连锁销售模式，开创了国内男装自选、自助“一站式购物”的连锁零售模式，在竞争激烈的中国服装行业开辟出一片“蓝海”市场。

海澜之家随后的发展，经历了自产自销、模式转型、模式成熟三个阶段。通过创新性的“托管连锁”模式（指加盟商将全部运营管理全权委托给连锁管理总部，以财务投资人的方式分享门店盈利），加上在实践中不断的摸索，海澜之家逐步发展出一套“轻资产型”“杠铃型”的商业模式（图8–1）。在这套模式下，海澜之家集中精力做好品牌建设、以及供应链和门店管理，与此同时加强与供应商和加盟商的协调，使三方构成了一个紧密的利益共同体，共同为海澜之家品牌价值链的做大做强出谋划策，真正实现了上下游产业链各环节紧密配合、共担风险、共同盈利的良性运营模式。

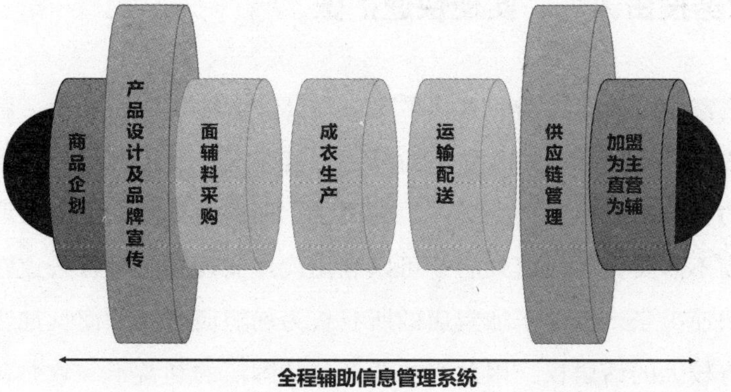

图8-1　海澜之家“轻资产型”“杠铃型”商业模式

资料来源：海澜之家提供

在这种模式的推动下，海澜之家实现了高速成长。2002年品牌初创，9月第一家门店在南京开业，2004年全年零售额突破1亿元，2008年突破10亿元，2009年在西藏开设第一家门店，2010年在海南开设第一家门店，至此，海澜之家门店遍布全国31个省、自治区、直辖市。2011年，全国门店总数量达到2000家，2013年接近3000家，2015年接近4000家，2016年底更是达到5243家。在中国服装行业整体不景气，各品牌纷纷关店的背景下，海澜之家却在逆势发展。

目前，以“男人的衣柜”为经营理念的海澜之家提供包括西服外套、裤装、衬衫、T 恤、茄克衫等在内的全系列男装，并以提供较高性价、多样化的款式为其主要特色。海澜之家强调平价快销，同样的商品其价格只有国内其他中高端男装品牌的二分之一到三分之一，以纯毛西服为例，它的价位只在380元到1680元，而市场同类产品的价格一般在800元到3000元左右。在坚持高性价比的基础上，2016年以来海澜之家对产品设计、系列风格的打造做了整体改进，在原有深沉、稳重的商务风格上，加入时尚元素，先后推出了“时尚单西系列”“彩牛系列”“马达加斯加系列”“父亲节棉麻系列”“怀真（中国风）系列”“著名设计师合作系列”以及“时尚大衣系列”等多种系列产品，以吸引更多年轻的消费群体。

借力“财务投资人”，实现快速扩张

海澜之家能以如此高速的方式扩张，与其开店模式密切相关。国际三大服装品牌优衣库、H&M和ZARA采用的都是直营模式，对于终端销售渠道有较强的掌控能力，但扩张速度会受到一定的限制。而国内男装一般则采取分级代理制，品牌商不需要自己找店开店，可以利用代理商现有的销售渠道在短期内实现门店的快速扩张，但由于加盟店的所有权为加盟商所有，而且加盟商在店铺管理上享有较大的话语权，因此当加盟商与品牌商的利益不一致时，品牌商对终端门店可能难以形成有效的管控，而这很可能会损害到品牌商的利益。

与这些经营模式不同的是，海澜之家采取的是“类直营”的模式。在这种模式下，海澜之家的加盟商扮演的更多是“财务投资人”角色，加盟商只负责支付相关费用，不必参与加盟店的具体经营。这样海澜之家既可借用加盟商的资金实力实现快速扩张，同时又保持着对终端门店的控制力。

具体来说，加盟商在与海澜之家签订《海澜之家加盟合同》后，以自身名义办理工商税务登记手续设立加盟店，加盟商拥有加盟店的所有权，海澜之家不收取加盟费。根据加盟合同，加盟商需要承租面积200至500平方米的店铺，店铺位置应该为加盟城市的一类商圈，黄金地段，一楼沿街门面，其位置须得到海澜之家总部的确认，加盟商负责店面的装修费用。此外，在2013年前加盟商还需要向海澜之家缴纳100万元的保证金，作为货品的担保，当合同期满，所有经济清算、交割结束后，这些钱会无息退还给加盟商，不过2014年后海澜之家取消了保证金制度。在日常经营中，加盟商需要支付员工工资、房租和水电等日常费用。除了支付上述费用，海澜之家部分有资源加盟商还负责部分外部管理工作，主要是和加盟店当地的工商、税务等监管部门打交道。通过这种加盟的方式，海澜之家减少了店铺租金、装修费用、人员工资、日常支出等费用开支，同时利用了加盟商在当地的人脉关系，减少了开店过程中可能遇到了各类阻碍，加快了开店速度。

作为回报，海澜之家设计了“诱人”的分成机制。在2014年改制前，加盟商的分成比例高达35%，即海澜之家的店铺每销售100元的货品，加盟商可获得35元的分成。加盟商在支付房租、水电、人员工资和税费后，剩余均为净利润。由于在海澜之家的加盟模式下，加盟商不需要支付加盟费，不需要承担压货风险，不需要参与实际管理，这样的分成比例对加盟商而言是很有吸引力的。

在海澜之家创立之初，为了招募加盟商，海澜之家的市场拓展团队专门要去拜访各地有实力的企业家。而现在则完全是另一幅画面：排队等待开店的加盟商已经有2000多家，按照海澜之家目前的开店速度，排在后面的加盟商甚至可能要等待四至五年。海澜之家的管理层表示，现在已经不公开招募加盟商，所有的加盟商要么来自原先的加盟商再投资，要么来自他们介绍的亲戚朋友。在强大的加盟商队伍支持下，海澜之家对开店也非常有底气，即使在2015年下半年以来服装市场很不景气的环境下，海澜之家依然加快了开店速度，并且拿下了不少城市核心地段的黄金店铺。海澜之家副董事长周立宸表示，“这些店铺在市场好的时候是很难拿到的，现在是‘占位’的好时机”。

除了加盟店，海澜之家近来也加快了商场店的布局，因为随着商圈的变迁，购物中心正在分流大批消费者。2015 年4 月海澜之家与万达签订《战略合作框架协议》。根据双方合作意向，在未来5年内，海澜之家发挥其吸引客流的能力，万达为海澜之家提供万达广场中优质的店铺资源，在同等条件下按协议约定优先将项目部分区域出租给海澜之家，协同促进海澜多品牌进入购物中心渠道。此次合作海澜之家期望与万达联合，绑定利益，实现共赢。

在利用加盟商资源快速开店的同时，海澜之家通过“类直营”模式牢牢把控着店铺的核心运营权。比如定价权，海澜之家门店销售的所有衣服，都是全国统一的定价，并且从不打折，海澜之家总部按照公司采购价的固定倍率来定吊牌价。举例来说，假如供应商生产成本为100元，在赊购模式下，海澜的采购价大约160元，吊牌价就是160元乘以2.5倍，即400元。此外，要给门店配发哪些SKU，要配多少数量，什么时候配送，也由总部的货品调配中心通过对各门店的服装销售数据和库存数据进行分析后决定。当然，处于销售最前端的门店也可以给总部的配货员提供一些相关的建议。海澜之家主要依靠总部的“大数据”系统，每天获取门店终端的数据来进行分析。海澜之家总部在配给门店的供货量方面，一般有几个主要考虑因素：上季产品的销售情况、下季新开店的计划、老店的增长预测等。如果销售过程中，发现某产品销售趋势很好，可以进行补单。一般来说，产品上架销售2周时间，总部即可以大致预测整季这款产品的销量，进而决定是否要做补单。

撬动供应商的多重杠杆

国内一般服装品牌商和供应商之间的关系非常简单，即“委托加工”关系，供应商赚取5%至8%的加工费，而海澜之家给供应商的毛利率则高达30%至40%，这背后有什么特殊的原因呢？海澜之家的供应商实际上是“一人分饰多角”，在与海澜之家的合作中，除了生产之外，它们还要提供设计，并且承担滞销产品退货的风险。

在海澜之家每年层出不穷的新款背后，仅有200余名被称为“中央军”的总部设计师。海澜之家总部的设计中心负责核心的品类规划和开发提案，而将非核心部分通过“联合开发”的方式外包给供应商，通过这种方式，可以撬动供应商一两千的“地方军”设计资源。

联合开发的操作过程为：海澜之家的设计中心作为服装产品设计“裁判”，首先会提出各类服装品味的开发提案，并与供应商的设计部门就产品的设计理念、风格进行足够的沟通。方案确定之后，供应商设计团队开始进行打样设计，海澜之家设计中心这位“裁判长”会对供应商的设计样品进行初选，而海澜之家则会以消费者的眼光对设计的产品进行打分评价。经过重重筛选之后，合格的设计才会付诸生产（图8–2）。通常海澜之家会从上千件打样中挑选一百件设计款，将订单交给提供这些设计的供应商。

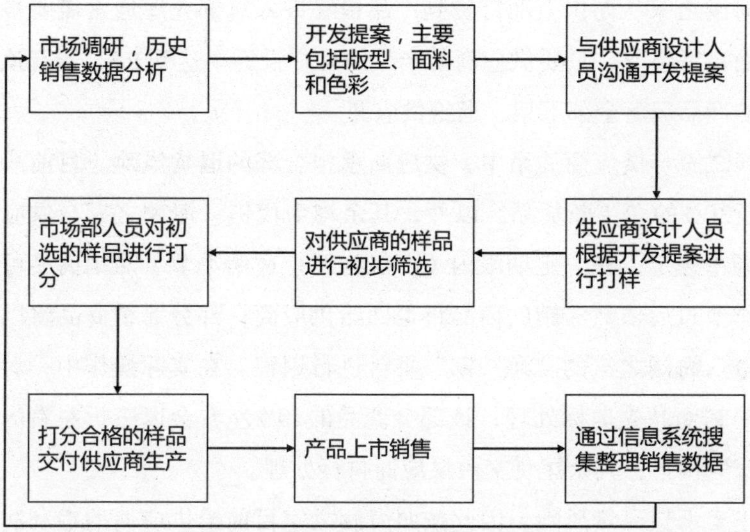

图8-2　海澜之家产品设计流程

资料来源：海澜之家提供

在生产环节，海澜之家对供应商也有着严格的管控。在挑选供应商时，海澜之家采取了外贸企业的“验厂”模式，根据供应商的资金实力、生产能力、产品品质、每期产品的动销率①等指标进行打分，将供应商分为三个等级：红榜、绿榜、黑榜。对红榜的供应商加大扶持，给予更大的订单量，更高的采购倍率，更高的毛利率，让其更快的扩充规模和能力；绿榜的供应商维持现有订单量；黑榜的减少订单或者取消订单，甚至慢慢淘汰出供应商队伍。海澜之家还在供应商工厂里常年安排跟单员，对整个生产的进展、工艺和品质进行把控。

此外，供应商的产品在进入海澜之家的仓库前，要先取得独立第三方的质检报告，同时海澜之家还要对这些商品进行10%的抽检，通过这些层层“关卡”后产品才能入库。由于订单量一般都很大，加上男装对时尚的要求不如女

① 动销率=总销售/总库存，一般以月为单位，考察库存积压情况，如月初某商品库存20个，本月进货80个，销售80个，动销率为80%。动销率越高，产品的销售状况越好。

装高，海澜之家从向供应商订货到产品最终进入总部仓库通常需要半年左右的时间。而售后环节，只要供应商某产品的客户投诉率达到3%，所有该供应商这个品类的产品马上全部下架，退给供应商。

海澜之家与供应商关系中，供应商承担全部的退货风险。目前海澜之家除了20%至30%的“买断货品”以外，其余均为代销。海澜之家与供应商签订采购的合同中规定，在一定期限内（一般为两个适销季节）滞销商品可退货，两个适销季节过后依然滞销的商品将退回给供应商；部分滞销商品将以二次采购的方式进入海澜之家的“海一家”平台进行销售。在实际操作中，对两季销售之后的滞销商品先剪标处理，该部分商品的40%左右会以三折左右的价格进入“海一家”销售，其余尾货交由供应商自行处理。

由于要承担退货风险，因此按照海澜之家目前给供应商的毛利润，一款产品两季的动销率需要达到60%，供应商才能实现盈亏平衡，如果能稳定在70%至80%，供应商的运营就会非常良性，而且动销率越好，海澜之家提供的订单也越大。因此对海澜之家的供应商来说，毛利率和动销率是两个它们最为关心的两个指标。多年来，海澜之家产品两季销售后的平均动销在70%以上，另外滞销产品的处理还能为供应商带来额外的收益。

除了这些激励和淘汰机制外，2012年以来海澜之家进一步发挥在供应链中的主导地位，在采购环节进行了重大改革，即联合主要供应商与上游服装原辅料提供商进行统一的谈判、议价，获得价格折扣后由各大供应商再分别与上游原辅料提供商签订采购合同，这大幅降低了供应商的生产成本。

掌控核心环节，专注品牌、物流、门店管理

在设计相应机制充分发挥加盟商和供应商杠杆作用的同时，海澜之家总部也承担了大量的管理职能，而这些都是保持海澜之家竞争力的核心环节，包括仓储物流、门店管理、品牌建设、人员培训、电商业务等。

与其他服装厂商采用区域化的管理不同，海澜之家自建了中央物流园，坚

持集中仓储、集中管理、统一调配、反应灵敏的物流管理模式，力求将物流做到最高效。海澜之家中央物流园总投资16亿元，其中2011年投资5亿的智能仓储中心，现已投入使用。整个仓储基地占地620亩，建筑面积80万平米，存储能力超亿件货品，可满足5000家门店的仓储需求。在中国服装行业，海澜之家的存储面积、存储量是最大的。在物流园里最醒目的建筑是20座高度智能化的物流仓库，这些仓库每天都要发送由供货商提供的近百万件衣服到全国的4000多家终端门店。

为保证仓储的高效运营，海澜之家建立了智能高位立体仓库，可存放约140万箱、5600万件产品，存储量是同样占地面积平库的7倍，所有存取作业皆有堆垛机完成。同时海澜还将销售管理系统与物流信息系统实时对接，一旦某家门店的某品类服装达到最低库存，系统会自动下达指令，仅需30秒，机器臂就会将这款服装送到拣送区。为进一步提升货品分拣效率和准确率，海澜之家还专门研发“RFID流水化读取系统”。该系统为服装贴上高品质RFID标签，采用“通道机”流水化读取服装RFID信息，实现成箱服装商品信息的批量扫描、实时上传、比对与分类处置，这将相关领域的工人数大幅降低了2/3，收发货效率提升7到8倍。

在配送环节，海澜之家总部一般根据需求，每周向各门店发货两次。各门店均备有一个小仓库存放备货，如果有临时的需要，也可向周边店铺调货。完善的物流体系，使海澜之家可以对整个供应链进行准确、高效的控制，为海澜之家的市场拓展提供了重要保障。值得一提的是，海澜之家总部在负责仓储的同时，将运输环节交由供应商和门店负责，进一步节约了成本。

由于采取了所有权和经营权分离的“类直营”模式，海澜之家总部承担了大量的日常门店管理工作。简单来说，海澜之家采取的是高度集中化的门店管理方式，将连锁门店的经营决策权和管理权高度集中于总部，在所有门店实行统一形象、统一价格、统一管理、统一采购、统一配送、统一装修、统一招聘、统一培训和统一结算等高度统一化管理。店长是各个门店的直接管理者，也是海澜之家标准的第一执行者。海澜之家创造性的设立了“职业店长”制度。每开一家新店，海澜之家就会派一名职业店长驻店1到3个月，对新开门店进行业务指导工作，直到培养出可以胜任的店长、领班和营业员后再撤在门店运营层面，海澜之家也制定了细致的标准。

“海澜之家”旗下门店从装修、用材和功能布局等都有详细规范，仅形象设计就有336项标准，货品陈列有1652项标准，服务行为有150项标准，确保全国所有的“海澜之家”门店在店面形象和装修风格等方面保持一致。海澜之家还将门店日常服务工作总结为《服务三十六计》，从细节上保障工作流程标准化。为了进一步确保标准落实，海澜之家还创立了“神秘顾客”制度，针对全国各个门店的服务进行无规律的不定期暗访，倒逼各个门店将“海澜之家标准”落实到位。

海澜之家的品牌建设也在与时俱进。早在品牌创立之初，海澜之家就通过聘请明星代言人，全方位的广告投放和门店的广告效应，给消费者留下了深刻的印象。随着电视互动类节目的增加，海澜之家又多次参与赞助此类节目，先后凭借中国男装国民品牌的形象、以服装赞助的形式支持浙江卫视《奔跑吧兄弟》、江苏卫视《最强大脑》和中央电视台《了不起的挑战》等综艺王牌节目。借助各档栏目掀起的收视狂潮，海澜之家的形象得到了快速传播。海澜之家通过打造明星同款限量版服装，显著提升了终端门店的销售收益。每年5亿元的品牌建设费用虽然不算十分宽裕，但海澜之家顺利实现了预期收益，是互动类节目的幕后大赢家之一。

除了上述职能外，海澜之家总部还负责战略规划、数据分析、人员培训、电商业务和新店铺选址等众多管理事务，是不折不扣的“全能总部”。

目前公司管理层希望未来把海澜之家打造成拥有多品牌的“时尚品牌管理平台”。而要实现这个战略目标，公司副董事长周立宸表示海澜之家将朝两个方向努力：一是品牌升级，孵化出有竞争力的女装和童装的新品牌，同时提升现有品牌的设计、品质等内功；二是在中国已有市场渐趋饱和的形势下，要有效利用宽阔的海外市场，通过海外并购或市场拓展的方式向海外进军。

在公司管理层看来，要想实现这两个目标，海澜之家目前面临的最大挑战是“人才瓶颈”，从面料到服装到品牌，再到未来升级品牌，每次转型都对人才素质提出了更高的要求，而企业发展实际上是人才升级的结果。海澜之家的管理层意识到，目前国内服装业的很多高端人才都在上海等一线城市，江阴对这些人才的吸引力不足，因此公司计划近期在上海筹建一个全新的设计中心，并在广东等女装和童装品牌集中的地区进行新品牌的孵化，同时海澜之家还计划更多的与国际知名IP和设计师合作，不断推陈出新。

海外市场方面，由于国际市场历来是欧美服装品牌在主导的，海澜之家想要加入其中，一方面需要寻找合适的海外并购对象，另一方面只能采用“农村包围城市”的方式，先从与中国近似的市场入手，比如说即将开张的马来西亚店铺就是一次大胆的“试水”，而这些尝试也有赖于公司在当地寻找到有实力靠谱的合作对象。

在过去的十几年中，海澜之家的经营模式已在中国取得了巨大的成功。未来，走出国门的海澜之家将直面优衣库、ZARA和H&M的竞争。这对海澜之家共赢式的商业“生态圈”模式将是巨大的考验，这同时也是公司突破发展瓶颈不可回避的一章。从更大的意义上说，这也是海澜之家能否成为一家百年老店的决定性战役。

（指导教授：李乐德　研究员：谷重庆、李超）

科大讯飞

探寻人工智能的实现路径

案例点评：

从人机关系发展的历史上看，在过去的几次工业革命中，机器往往作为人体或人脑的物理性外延，代替人类进行繁重的体力劳动或者简单重复的脑力计算。1956年达特茅斯会议（Dartmouth Workshop）上提出的人工智能（Artificial Intelligence）这一概念开启了人机关系发展的新篇章——机器是否可以帮助人类感知、认知世界，并进一步帮助人类做决策？人机交互的方式是否可以从人类主动学习机器语言完成指令输入，进化为机器使用人类自然语言完成与人类的对话？

21世纪初，科大讯飞选择语音合成和语音识别作为切入口，这一领域的技术发展相对较为成熟，政府对相关产业的政策倾斜也助力讯飞完成了早期的技术研发和产业化过程。在此基础上，科大讯飞进一步“取势”于第三次AI浪潮，在智能语音和人工智能领域获得了初步的成功。然而，第三次AI浪潮中其他企业入局AI的技术门槛同样被大幅降低。基于深度学习算法，国外以Google为代表、国内以BAT为代表，这些自带流量和网络效应的互联网巨头在大数据积累和AI生态构建上具备先天优势，并且均是使用资本杠杆快速撬动技术攻坚和落地的“行家里手”，这对从技术厂商起家的科大讯飞形成了不可忽视的挑战，科大讯飞如何长期维持竞争优势？又是否能成功跳出智能语音这一优势领域，持续实现AI技术在其他方向上的突破和落地？而从政策制定者的角度出发，如何从公共政策的角度鼓励更多类似科大讯飞这样的企业创立、成长，进而产生多样性、避免互联网巨头在AI领域的垄断，亦是值得思考的话题。

1956年美国达特茅斯会议（Dartmouth workshop）上，人类第一次提出了“人工智能（Artificial Intelligent，简称AI）”这一概念，梦想着基于彼时刚刚进入民用领域的大型计算机，构建与人类智慧具有同样本质特性的“机器智慧”。新技术的发展路径往往是“螺旋式”的，经历了长达60年的技术孵化与迭代，人工智能最终在2017年迎来了发展元年①，而随着大数据、云计算和深度神经网络的高速发展，人工智能或将成为未来10-20年最具颠覆性的技术——研究机构的预测数据显示，至2030年人工智能将推动全球GDP增长14%，而中国和北美有望成为人工智能的最大受益者。②

在A股市场的人工智能板块，科大讯飞可能是公认的执牛耳者。1992年，科大讯飞创始人、董事长刘庆峰加入中国科技大学电子工程系“人机语音通信实验室”③，在博导王仁华教授的鼓励下，开始牵头自主研发语音合成系统。1998年，刘庆峰负责的语音合成系统获得“863计划”成果比赛获得第一，并获得“863”专家组“语音合成技术初步达到实用化水平”的评定④。彼时，正值90年代末大学生创业潮，刘庆峰萌生了要把中文语音技术掌握在中国人自己手中、并将这项技术产业化的想法。1999年6月，26岁的刘庆峰带领同实验室的十几位同学，在中科大校园租下了一间三室一厅的民房开始创业，科大讯飞的雏形由此诞生。

2000年，科大讯飞在关键战略会议——巢湖“半汤会议”上定下《讯飞产业规划》，坚定将语音交互技术的自主研发和产业化落地作为讯飞核心战略

① 2017年5月，谷歌Deep Mind公司开发的人工智能软件“阿尔法围棋（Alpha Go）”击败人类围棋世界冠军柯洁，被业界普遍视为人工智能突破“波拉尼悖论”，初步具备自我学习能力的标志性事件。

② 普华永道2017年6月27日发布报告《抓住机遇：人工智能的商业价值和取用之道》。

③ 1985年，科大讯飞主要创始人共同的博导王仁华教授从美国回国后，在中国科技大学电子工程系创办了这一实验室，并于1986年起开始承接国家“863”计划项目，其中一个子课题正是语音人机交互。（资料来源：长江商学院案例研究中心专访科大讯飞高级副总裁江涛；新华网载文《人工智能专家——胡郁》；维基百科“863计划”词条）。

④ 长江商学院案例研究中心专访科大讯飞高级副总裁江涛。

方向。此后，讯飞的核心语音业务从语音合成、口语测评起步，向语音识别、语义识别、自然语言处理方向演进，通过语音芯片、语音引擎和语音云平台，向各行业 B 端企业用户、行业应用开发商提供语音技术开发及服务能力，截至 2017 年已经占有中文语音技术市场 70% 以上市场份额，其中语音合成产品在电信、金融、电力、社保等行业的份额超过 80%①。

2014 年起，科大讯飞基于深度学习算法，启动了针对人工智能的重大攻关项目“讯飞超脑计划”，旨在研发具有深层语言理解、逻辑联想推理、自主学习等能力的人工智能系统，让机器在“能听会说”的基础上向着“能理解会思考”的目标迈进，并依托讯飞人工智能开放平台“AIUI”构建以讯飞为核心的人工智能生态系统。面向 B 端用户，科大讯飞以“技术赋能者”的角色探索人工智能技术在教育、医疗、司法、智慧城市等行业赛道的应用落地；面向 C 端用户，科大讯飞集成其智能语音、人工智能技术能力，推出移动端讯飞输入法、AI 助手应用“咪咕灵犀”等软件产品，以及讯飞翻译机、智能音箱“叮咚音箱”、面向儿童智能玩具市场的“阿尔法蛋”系列等硬件产品，试图拓宽业务范围和潜在市场空间②。

在人工智能风口下，由于其行业领先的技术水平、逐渐完善的商业模式、迅速增长的主营规模，科大讯飞被市场视为“智能语音技术行业的龙头企业”、“A 股市场人工智能第一股”，一度备受资本追捧——2018 年 5 月 26 日中国上市公司市值管理研究中心发布的“十年市值长跑冠军榜”显示，A 股市场只有 9 家公司在 10 年内市值增长超过 10 倍，而科大讯飞以 19.52 倍位列第二。

如何看待科大讯飞？③

2018年8月，伴随着科大讯飞半年度报告的公布，刘庆峰敏锐地

① 数据来源：Wind资讯。

② 科大讯飞2017年年报。

③ 本章节全部情境描写仅服务于本案例内容的呈现，不代表科大讯飞立场，不具任何投资指导意义，特此说明。

发现了来自投资人和分析师的另一类“声音”。刘庆峰手头的财务分析简报显示，2018年上半年，归属上市公司股东的扣除非经常性损益的净利润较上年同期下降74.39%[①]——究其原因，讯飞近年来持续加大人工智能相关领域的研发投入和行业赛道的市场布局投入，虽然毛利率有温和上涨，但高昂的研发费用、销售费用和新增员工薪酬压低了企业的净利水平[②]。刘庆峰知道，这已经引发了部分财务投资者的质疑：科大讯飞作为一家上市公司，近年来面临着增收不增利、投资回报率走低的压力，估值风险可能较大。

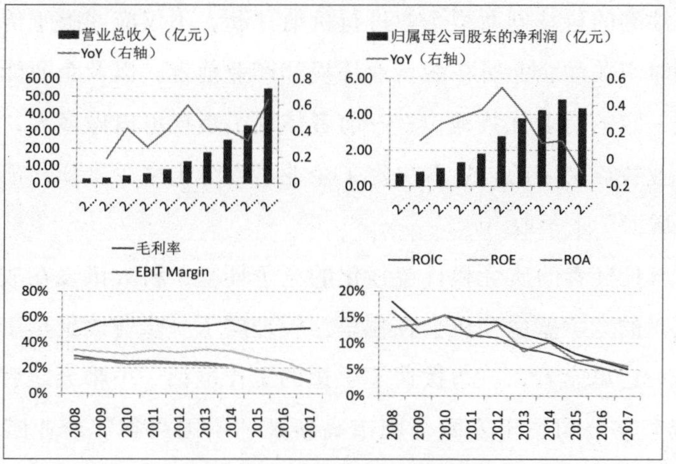

图9–1　科大讯飞部分财务指标

数据来源 Wind 资讯，科大讯飞历年财报

此外，业内亦有观点对科大讯飞面临的竞争环境表示担忧。对于讯飞的核心技术——智能语音交互，上海益研咨询团队表示：“语音交互技术发展到今天，算法本身已经不再是壁垒。随着BAT等巨头的持续投入对科大讯飞形成威胁，科大讯飞在语音识别领域很难获得较多的利润，未必能支撑它近千亿的市

① 科大讯飞2018年半年度报告。

② 2018年上半年，科大讯飞员工规模较去年同期增长近3500人，带来当期薪酬、费用的提升，直接导致上半年扣除非经常性损益的净利润下滑较多。从具体投入来看，2018年上半年公司新增研发费用2.29亿元（研发费用总额达5.87亿元，较上年同期增长63.84%）；新增销售费用3.19亿元（销售费用总额达7.33亿元，较上年同期增长77.10%）。

值。”[①]在人工智能领域，有观点指出：“在Google、IBM、BAT等国内外巨头纷纷布局AI的大环境下，科大讯飞在资金实力上有一定差距，同时也缺乏互联网企业先天拥有的大数据入口，怎样才能与之竞争？”对于科大讯飞在2C端产品方面的布局，亦有投资者发问：“面对一些有钱、有技术、格局较大的企业，它们在做2C产品上很有优势，既可以挖人，也可以打价格战。如果未来我们出来一个新产品，别的大公司追上来了，科大讯飞该怎么办？”[②]

站在投资人的角度，应该如何理解科大讯飞？对科大讯飞这样一家不断挑战前沿技术浪潮的科技创新型企业进行价值评断，不仅应着眼于传统的企业财务指标，同时应关注企业所在的行业环境和产业前景，以及企业能否正确“卡位”并占据一定的行业优势地位——前者体现了蛋糕可以做多大，往往是由宏观环境和行业特点决定的；后者决定了企业可以分走多少蛋糕，需要由企业通过筑建“护城河”来争取。

面对来自投资者的质疑和日益强化的竞争环境，科大讯飞在战略上应该如何应对？讯飞的竞争壁垒和机会在哪里？管理层下一步应该聚焦于哪些重大挑战？刘庆峰一边思索着，一边拨通了手边的工作电话……半天之后，科大讯飞高管团队聚集在公司位于安徽合肥市高新区“中国声谷”产业园的总部大楼内，展开了讨论……

技术前景和政策环境

智能语音技术的发展是人机交互模式向高级形态演变的必要条件。人机交互要解决的是人与机器之间的“沟通”问题，其根本目的是要促进机器以更低的学习成本、更高的效率来理解、处理、反馈人类的指令，从而使得机器智慧成为人脑的补充性外延，提高劳动生产效率。从只被少数专业人士掌握的机器语言、命令语言，到PC时代的图形交互界面（例如Windows操作系统），再到

① 36氪网站载文《科大讯飞二季度营收增长52%，围剿中能否再次创造奇迹？》，参见https://36kr.com/p/5148040.html

② 巨潮资讯公开资料《2018年3月29日科大讯飞股份有限公司投资者关系活动记录表》。

移动互联网时代的触控交互，人机交互模式的每一次变革都伴随着人类生活方式和需求的改变、信息入口的演变和相应产业生态的爆发。

刘庆峰认为：“微软把图形做到了极致，苹果把触摸做到了极致”，“作为最自然的交互方式，下一轮变革就在语音领域”①。“人类80%的信息输入依靠视觉，90%的信息输出依靠声音和语言”②。相比于触觉交互，语音交互更加符合人类向外界输出信息的自然方式，且可以有效满足“人机分离”场景下的远场交互需求。随着移动互联网、大数据、云计算技术的进步，语音交互技术有望成为万物互联时代的入口级技术，从而具有良好的增长前景；此外，语音交互技术（语音合成、语音识别、自然语言处理）与人工智能技术深度结合的领域，亦有着广阔的市场空间。（见图9–2、图9–3）

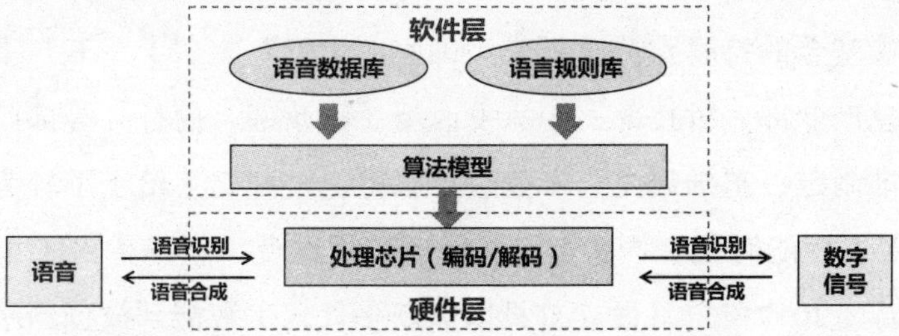

体系层级	层内结构	具体内容
应用层	消费级应用	智能音响、智能手机助理、车载语音助理…
	行业级应用	教育、医疗、政法、智慧城市…
技术层	认知计算	智能语音（语义识别）、逻辑推理…
	感知计算	智能语音（语音合成、语音识别）、计算视觉、生物识别….
基础层	计算能力	核心处理芯片、底层算法
	数据资源	大数据

图9–2 人机交互方式演变历程及语音交互技术流程资料

来源：长江商学院案例研究中心、东方证券研究所

① 新华网载文《行进中国·追梦圆梦:“用语音点亮生活是我们的梦想”——科大讯飞董事长刘庆峰的追梦故事》。

② 申万宏源官方自媒体载文《科大讯飞2017产品发布会纪要》，参见https://mp.weixin.qq.com/s? __biz=MzA4MDM1MTc4Mg==&mid=2654632845&idx=1&sn=2f542054caa778a71c873ca01c4a29fa&chksm=846b5cc4b31cd5d20d2f6f392c7a4c5b1a75502fcb9863ccbbff837a424c7e9304cb614b0f38&scene=0#rd 。

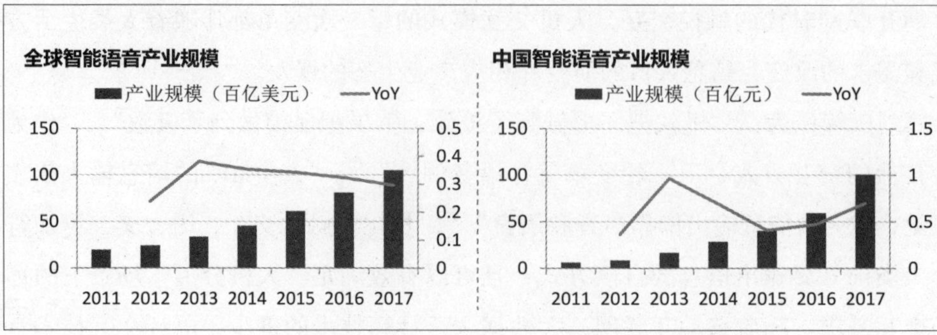

图9-3　2011–2017年全球、中国智能语音市场规模

资料来源：长江商学院案例研究中心

从政策层面，智能语音产业作为战略新兴产业，从发展之初就受到了政府的高度重视。中文语音技术研究不仅获得国家自然科学基金项目、国家863计划、电子发展基金的持续支持，更成为国家“十五”、“十一五”重点攻关方向，国家信息产业部、科技部、国家发改委、财政部、商务部等部门亦分别在智能语音标准制定、基础研究、产业引导以及资金配套上给予了较为全面的支持。[①]进入人工智能时代，国务院于2017年7月出台《新一代人工智能发展规划》，科技部于2017年11月设立首批国家新一代人工智能开放创新平台，其中科大讯飞与BAT并列入选，将承建智能语音国家人工智能开放创新平台[②]。

相比于国际科技巨头，科大讯飞作为在智能语音乃至人工智能领域拥有源头创新能力的本土企业，也享受整体产业发展的“红利”和相关政策的支持：其一，获取税收优惠、科研经费支持[③]；其二，在其语音技术的早期落地方向上，承接普通话口语测评系统等政府采购项目，在开辟收入来源的同时积累语音数据；其三，由信息产业部批准成为中文语音交互技术标准工作组组长单位，并牵头制定中文语音技术行业标准；其四，围绕科大讯飞平台打造语音产业集群“中

① 科大讯飞招股说明书。

② 首批国家新一代人工智能开放创新平台名单：依托百度公司建设自动驾驶国家新一代人工智能开放创新平台，依托阿里云公司建设城市大脑国家新一代人工智能开放创新平台，依托腾讯公司建设医疗影像国家新一代人工智能开放创新平台，依托科大讯飞公司建设智能语音国家新一代人工智能开放创新平台。资料来源：国家科技部网站。

③ 以2017年为例，公司获取的政府补助为1.49亿元（含退税收入），占营收比重3%；其中退税收入7212万元。

国声谷”，围绕其核心业务发展语音及人工智能软硬件配套产业链。

构建源头技术壁垒

刘庆峰团队认为，智能语音乃至人工智能产业均是典型的技术先导型产业，具有较为显著的“马太效应”——技术领先型企业可以通过创新性产品引导市场需求，在占据市场先机后，将会通过行业实践经验、数据资源、人才资源的积累，在后继技术竞争中表现出更大优势，从而树立起后来者短期内较难赶超的“护城河”①。为此，科大讯飞把研发放在战略高度，坚持以市场为导向进行核心技术的创新和迭代。

然而，在提升源头技术竞争力方面，科大讯飞在创业之初面临着较高的“进入门槛”。彼时，国际语音市场上参与语音技术研究领域高端竞争的“玩家”主要有三类：以美国麻省理工学院、美国斯坦福大学研究院、日本东京大学为代表的高校科研机构，以微软、IBM、Google、AT&T（旗下拥有Bell实验室）等为代表的跨国IT巨头，以及以Nuance（全球最大的专门从事语音识别软件、图像处理软件及输入法软件研发、销售的公司）为代表的专业语音技术厂商。②“在智能语音热潮下，微软、英特尔、摩托罗拉、东芝、松下等很多国际IT巨头都在中国设立了语音研究中心，而当时国内只有中科大、中科院声学所、中科院自动化所、清华大学等个别研究单位设有语音专业，多数研究人才毕业后主流就业方向是上述外资巨头和科研机构。”③

在此背景下，科大讯飞源头技术壁垒如何构建？

研发投入

科大讯飞构建源头技术壁垒，首先的表现形式是持续、高强度的研发投

① 资料来源：科大讯飞招股说明书。

② 资料来源：科大讯飞招股说明书。

③ 资料来源：长江商学院案例研究中心专访科大讯飞高级副总裁江涛。

入。自2010年以来，科大讯飞年度研发投入强度（即R&D投入占当年营业收入比例）始终保持在20%以上，2018年上半年高达25%[①]，远超国家标准界定的高新技术企业3%的水平；相比BAT以及国际主流科技巨头，讯飞受制于体量规模，在R&D投入绝对值上不占优势，但研发投入强度仍处于前列。从研发投入转化效率上看，近三年来科大讯飞研发投入达到可资本化标准的比例均在45%以上[②]，在语音合成、语音识别、认知智能技术领域均达到国际领先水平。

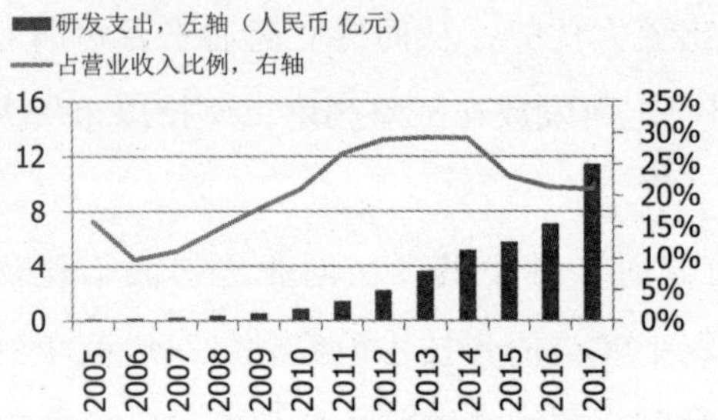

2017年：	营业收入（USD BN）	R&D支出占营业收入比例
Facebook	27.6	21.40%
科大讯飞	**0.83**	**21.04%**
Oracle	37.7	18.10%
Google	90.3	15.50%
百度	10.2	14.40%
Microsoft	85.3	14.10%
Nuance Communication	1.94	13.70%
阿里巴巴	23	10.80%
腾讯	21.9	7.80%
IBM	79.9	7.20%

数据来源：科大讯飞历年年报，PwC Strategy，Wind

图9-4 科大讯飞历年研发投入强度分析

资料来源：科大讯飞历年年报，PwC Strategy，Wind 资讯

表 9-1 科大讯飞在智能语音及人工智能领域所获国际奖项

技术领域	比赛	时间（年）	奖项
语音合成	国际语音合成大赛	2006-2018	十三连冠
语音识别	国际说话人识别评测大赛	2008	综合指标第一名
	国际语种识别评测大赛	2009	高难度混淆方言测试冠军、通用测试指标亚军
		2011	综合排名第二名
	国际口语机器翻译评测比赛	2014	首次参加，中英和英中互译方向第一名
	国际语音识别大赛（CHiME）	2016	首次参加，包揽大赛三个项目（六麦克风、双麦克风和单麦克风场景下的语音分离和英文识别任务）第一名
	图文识别挑战赛 MTWI Challenge	2018	科大讯飞与中科大语音及语言国家工程实验室联合团队在全部三项比赛任务上获得第一

① 数据来源：科大讯飞历年年报、科大讯飞2018半年报投资者交流会纪要。

② 数据来源：科大讯飞历年年报。

（续表）

技术领域	比赛	时间（年）	奖项
认知智能	国际认知智能测试(Winograd Schema Challenge)	2016	全球第一名
	国际知识图谱构建大赛（NIST TAC Knowledge）	2016	核心任务全球第一名
	SQuAD机器阅读理解挑战赛	2017–2018	3次刷新SQuAD世界纪录
	IDRiD眼底图分析竞赛	2018	科大讯飞在最体现机器辅助医生诊断能力的病灶分割任务中的子项目“MA分割任务”获得第一

资料来源：光大证券，科大讯飞提供资料

不过，由于科大讯飞研发投入的方向多为未来5到10年的领先技术储备，短期内科大讯飞想要通过其源头技术优势的积累“引爆”企业收入规模，尚需多方合力、等待行业环境进一步成熟。在此之前，高额的研发投入势必将压薄企业利润空间、带来资金压力，科大讯飞虽然可借助政策资金支持和二级市场直接融资，但未来的核心要务依旧是探索企业自身业务的造血能力。

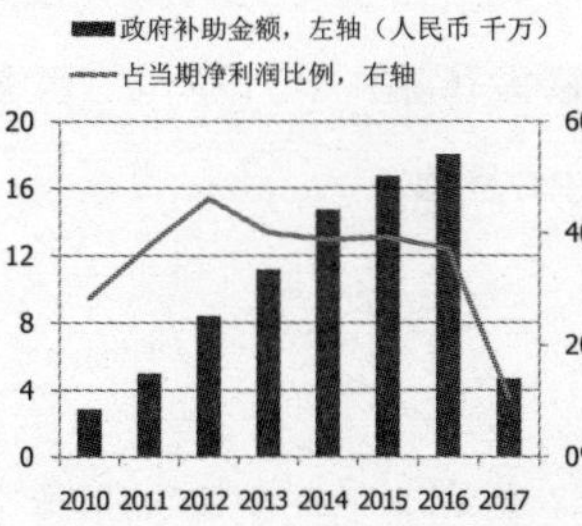

2010年科大讯飞获取政府补助项目明细（节选）	
项目名称	金额(万元)
增值税返还	976.77
畅言智能英文教学系统设备产业化项目(合肥市国家科技创新型试点市工作办公室)	332.70
自主创新专项资金	270.00
新一代智能语音芯片及应用产业化项目	200.00
智能英文口语教学系统研发及产业化项目	180.00
语音搜索电信增值业务系统研发及产业化项目	180.00
面向人机交互的嵌入式语音解决方案及产业化项目	164.00
863-多语言语音合成关键技术研究及应用产品项目	75.20
面向农村的新一代智能语音教学产品开发及产业化项目	50.00
安徽省语音信息安全重点实验室建设补助	40.00
语音合成识别项目奖励资金	31.75

图9–5　科大讯飞获政府补助金额、净利润占比及明细举例

资料来源：Wind 资讯

研发体系

智能语音和人工智能技术研发难度大、进入壁垒高，高额的研发投入只是企业取得源头技术突破的“必要不充分条件”，企业致胜的关键在于能否构建并维持一支专家型团队进行长期攻关，并配套以高效的研究成果转化机制。为此，科大讯飞一方面围绕其三大研究院构建企业自身的核心研发平台，另一方面从源头整合外部研发资源，通过与高校及科研机构、政府机构及企事业单位、行业企业、独立科研团队以共建联合实验室等形式展开合作，构建出了一套特殊的“卫星型”研发体系。

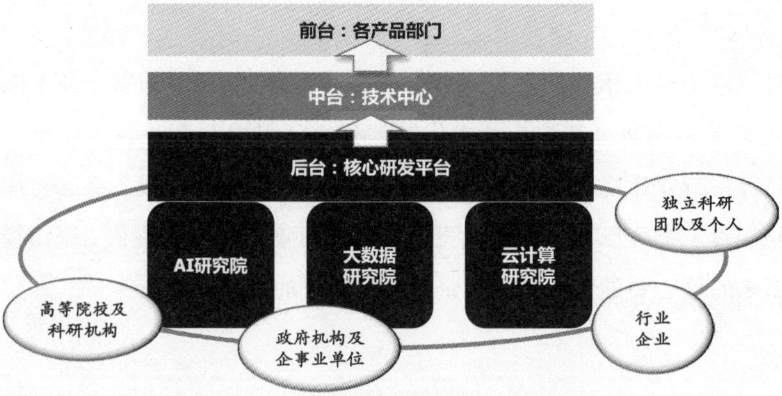

图9-6 科大讯飞“卫星型”研发体系

资料来源：长江商学院案例研究中心整理

（一）内部研发

核心研发平台是科大讯飞研发体系的内核，重点针对与讯飞业务发展紧密相连的核心能力进行底层研发。核心研发平台下属三大研究院，分别是人工智能研究院（AI）、大数据研究院（Big Data）和云计算研究院（Cloud Computing），这三个研究院均是基于语音交互技术这一重点领域发展出来的。

具体而言：AI研究院致力于人工智能、智能语音及语言等核心技术的研发，主要方向包括语音识别、语音合成、语义理解、机器翻译、语音评测、声纹识别、语音分析、手写识别、视频图像等；大数据研究院主要在顶层设计、数据挖掘技术以及工程实现上对集团业务负责[①]，涉及领域包括智慧教育、智慧政务、智慧交通以及计算广告业务等，并结合业务实际架构大数据体系，同时还致力于推动科大讯飞集团层面大数据汇集平台的建设，打通各业务自有数据、实现数据孤岛的互联互通，创建统一的大数据平台，使科大讯飞人工智能平台的海量用户、每天产生的近亿访问次数的数据价值最大化；云计算研究院由IaaS平台、PaaS平台、Odeon平台、DL平台、AI服务平台五大平台组成，为讯飞研究平台提供云“基础设施”以及从用户流量接入到用户数据转化的一整套自动化平台体系，助力公司AI生态持续发展，其中IaaS小组与浪潮云[②]于4月26日联合发布的AI Booster（一款面向于AI应用的16卡计算集群），能够有效提升AI应用中的语音识别、翻译等深度神经网络模型的训练效率，目前已经在科大讯飞的多个AI研究中进行试点。[③]

技术中心是连接后台研究院的底层研究成果与前台各产品部门需求的中间层。相对于研究院：技术中心的研发更靠近应用层面，目标是将底层科研成果转化为可以产业化落地的应用技术；技术中心的人员也更靠近前端客户，针对客户需求做定制化开发，为前台各事业部、事业群服务客户提供技术支持。从团队规模上看，科大讯飞2017年财报显示，在近万人的员工中，研发人员数量占比66.28%；根据2017年科大讯飞首届1024开发者节披露信息，讯飞核心研究院人数为1000人。[④]

值得指出的是，讯飞从战略稳定性、机制和文化设计上，为其研发人员提

① 顶层设计方面，主要运用大数据思维，创新大数据应用，设计使用解决方案；在数据挖掘技术上，旨在运用数据挖掘、数据可视化技术，提取数据中存在的知识和规律，解决业务中存在的大数据难题；在工程实现上，致力于建设大数据软硬件平台，收集、存储和管理大数据并最终实现大数据的应用落地。

② 浪潮是中国领先的云计算、大数据服务商，拥有浪潮信息、浪潮软件、浪潮国际、华光光电四家上市公司，业务涵盖云数据中心、云服务大数据、智慧城市、智慧企业四大产业群组，为全球100多个国家和地区提供IT产品和服务。

③ 21世纪经济报道，《解密科大讯飞研究院：三大“门派”合力攻坚AI高地》，参见http://www.21jingji.com/2018/4-27/5NMDEzODFfMTQyOTg5NA.html。

④ Wind资讯；数智网载文《科大讯飞胡郁：加紧布局“平台+赛道”抢占AI红利》，参见http://www.smartcn.cn/119635.html。

供了良好的科研环境——这既是激励、孵化源头技术创新的温床，也是留住优秀科研人才的重要条件。

首先，科大讯飞的创始团队（也即当下的核心高层团队）是基于中科大组建的、成建制的核心研究团队，这一团队均是科研背景出身，对源头技术研发工作本身的特点、规律及人才所需的环境有着切身理解，在核心语音技术、人工智能技术领域有专业积累和行业洞察能力，且自企业创立以来高度稳定——这保证了科大讯飞在研发层面的战略稳定性①。相比之下，以百度为代表的国内互联网企业，典型的做法往往是依靠外聘某个“行业大拿”来组建团队、制定战略和研发方向，但如果这一“大拿”流失到其他平台，则继位者往往会“另辟蹊径”，研发战略的可持续性和一致性难以维持，从而在某一方向的“攻坚战”上难以取得突破。

此外，科大讯飞在企业文化层面，强调科研创新的传统和文化，鼓励研发，为研究院科学家和研发人员提供充分支持，并配合以多期股权激励等经济激励手段②；在机制设计上，对研发项目“允许试错”，不对专注基础研究的科学家设定与销售或者成果转化挂钩的硬性KPI，但要求其对“失败”项目及时复盘、找到原因。

（二）外部合作

为了尽可能从源头整合行业研发人才，科大讯飞主要通过与三类外部机构合作共建联合实验室，对自身研发力量形成补充。（见表9–2）

---

① 长江商学院案例研究中心专访科大讯飞高级副总裁江涛。

② 根据长江商学院案例研究中心对科大讯飞2018年公布的最新一轮限制性股票激励计划名单统计，此轮激励计划共覆盖436人，其中有210人为研发工程师等科研人员，占比高达48.2%。

表 9-2 科大讯飞与外界共建联合实验室情况

	合作机构	成立时间	研究方向
高等院校科研机构	中科大	2011	语音技术基础研究
	清华大学	2006	语音技术基础研究
	哈尔滨工业大学	2014	语言认知计算
	兰州大学	2012	语音云计算
	西北工业大学	2014	语音通信
	东北师范大学	2016	智能教育
	上海外国语大学	2017	机器翻译、人机耦合的同声
	华东师范大学	2017	人工智能+教育
	华南师范大学	2018	大数据应用
	华南理工大学	2018	脑机协同混合智能技术
	青海师范大学	2017	少数民族语言语音技术
	云南大学	不详	少数民族语言语音技术
	新疆大学	2010	维语语音技术
	西藏大学	2011	藏语语音技术
	内蒙古大学	不详	蒙古语语音技术
	约克大学	2015	深度学习
	伯克利大学	2017	自然语言处理
	佐治亚理工大学	2016	语音识别技术
	新泽西州立大学	2017	大数据应用
行业企业	微软	2005	人工智能基础研究
	Nuance	2005	语音识别技术基础研究
	优必选	2015	语音技术应用
	创维	2013	语音技术智能家电应用
	长安汽车	2017	车载语音控制系统
	中信银行	2018	智能营销、客服、会议系统等
政府部门及企事业单位	安徽省公安厅、公安部物证鉴定中心	2010	物证鉴定和研究
	国家教育部考试中心	2016	教育考试领域人工智能应用
	中国科学技术大学附属第一医院	2016	医学人工智能
	贵州省检察院	2018	大数据与智能辅助办案
	常州市监察委员会	2018	人工智能、大数据、OCR图像识别等
	广东广电网络	2018	人工智能与大数据
	湖南广播电视台	2017	人工智能+教育
	四川省乐山市政府	2017	彝汉双语智能交互
	国家医学考试中心	2017	人工智能在医学考试领域的应用

资料来源：长江商学院案例研究中心不完全统计

首先，科大讯飞主要通过与各科研领域的优势高校合作，在以下两类核心问题上对其内部研发体系形成优势补充：其一，涉及语言及人工智能专业技术领域的基础研究，例如，科大讯飞在国内选择与中国科大、清华电子工程系分别共建“语音技术处理国家工程实验室”“清华–讯飞语音技术联合实验室”，在国外与约克大学、伯克利大学等在大数据、神经计算、深度学习和人工智能领域开展合作研究；其二，涉及语言学研究，科大讯飞选择与新疆大学、西藏大学、云南大学等共建民族语言联合实验室，意在推动语音技术（识别、合成、语意理解等）在多民族语言中的突破。

在联合实验室的运行机制上，科大讯飞高级副总裁江涛介绍称：“由讯飞出资、定义研究方向，研发成果的著作权归教授所有，但产业化落地必须通过讯飞完成——这样在讯飞大平台上，每个教授可以做他们最擅长的那部分研究，同时可以获得著作权和研发产业化成果的一部分股份，通过这种机制调动这些外部人才的积极性，激励他们参与到讯飞的产学研体系。”[①]而这种经过了长期磨合、且具有较为成熟的激励机制及利益分配机制的联合研发体系，是讯飞整合行业中最源头的、多样化的研发资源的有效方式，且往往具有较强的排他性和不可复制性。

其次，科大讯飞在政府参与度较高的行业——例如教育、医疗等具有政府背书优势，可直接对接政府部门或事业单位进行技术合作，以获得该领域的大量数据、并抢先占领相应市场。譬如，2016年科大讯飞与教育部考试中心共建联合实验室，重点探索语音识别、手写识别、智能测评等技术在教育部大规模考试情境下的创新集成应用。又譬如，在医疗领域与中国科学技术大学附属第一医院共建医学人工智能联合实验室，意在推动智能语音与AI技术在医疗领域的研发及应用突破。

最后，科大讯飞与行业企业合作研发，主要目的有二：企业起步初期，科大讯飞与语言技术行业的领先企业展开合作研发：例如2005年讯飞与Nuance共

① 长江商学院案例研究中心专访科大讯飞高级副总裁江涛。

建联合实验室，共同开展语音识别的核心技术研究——对于讯飞而言，这一合作有助于其推动语音识别技术针对中文应用领域的效果优化；而Nuance则可借此推进其在中国市场的语料库收集、本地技术服务人才培养以及技术、产品的推广。探索人工智能在各个行业的应用：这需要涉及教育、医疗、安防、智能硬件等多个领域的行业知识，为此科大讯飞亦寻求与各行业的标杆企业形成技术合作，在相应行业领域拓展技术落地方向，降低自身作为“外行人”在进入该细分领域的“冷启动”难度，譬如，与创维集团联合共建“智能电视语音交互联合实验室”，与长安汽车工程研究总院共建联合实验室。①

核心语音技术的产业化

源头技术壁垒只是“产学研”企业立足市场的根本要素之一，科大讯飞面临的更大的挑战在于如何找到适应企业不同发展阶段的的产业化落地路径，实现从“技术高地”向“企业价值高地”的跨越。可以发现，基于技术成熟度、市场环境的不同，科大讯飞进行产业化落地的方式也在演进。

科大讯飞起步阶段的技术背景是，语音合成技术已经达到大规模实用水平，在电信、金融等行业开始出现应用实例；基于模式识别理论框架的语音识别技术在快速发展后陷入技术瓶颈，始终无法突破80%的准确率水平，只是在针对特定人、有限词汇（100以内）的命令识别初步达到使用阶段。

在行业竞争格局上，实力雄厚的国际IT巨头成为早期智能语音技术市场的主导力量——在英文语音市场，两家以语音交互为主业的技术厂商Nuance和Scansoft不得不选择合并，以应对来自IT巨头的巨大竞争压力；同期，IBM、微软、Motorola、Intel等纷纷在中国成立了专门的语音研究基地，在科大讯飞成立前，由于缺乏可与之技术匹敌的本土竞争者，中文语音产业在2000年以前基本都掌握在国外公司手中。不过，彼时这些跨国公司基本把中文语音市场作为其主流

① 亿欧网人工智能频道载文《23家合建研究机构，科大讯飞400亿市值的技术支撑》，参见https://www.iyiou.com/p/45464。

市场的一种补充，对中文语音产品的应用开发和市场推广投入力度较为有限。①

市场进入策略：iFLY-inside

如何将自主语音技术推向市场？创业初期，刘庆峰对科大讯飞的定位是直接面向大众消费市场销售智能语音产品。2000年讯飞推出一款针对PC的智能语音软件“畅言2000”，试图在PC端将语音输入与传统键盘文本输入结合起来，同时在全国十余个省份推进广告投放和对外招商。然而，由于彼时国内软件市场盗版猖獗，且PC普及率较低、C端用户的教育和售后服务成本高，讯飞直接切入2C市场的尝试失败了，讯飞资金链也因此承受了极大压力。

与此同时，部分国际IT巨头对语音技术的落地方式正在悄然发生改变。ViaVioce是IBM于1998年推出的第一款面向消费市场的语音听写系统，代表了同时期语音技术产品的领先水平。但到2003年，IBM 将 ViaVoice的独家经销权授予Dragon Naturally Speaking（目前世界上最畅销的语音识别软件）的制造商Nuance Communications，退出了语音识别的消费市场，并决定集中精力面向2B市场开发电话和嵌入式产品：例如用于呼叫中心的IBM WebSphere Voice Server和用于汽车导航的IBM嵌入式ViaVoice。②

在此背景下，刘庆峰尝试转战2B市场，他和他的团队尝试寻求与中国电信合作，将讯飞的自主语音合成技术应用在168声讯系统。但问题是，大型企业客户十分强调产品的技术成熟度以及与之相关的用户使用体验，且一旦选定系统开发商则后期转换成本极高，故而中国电信并不愿意将这笔价值上亿的订单交给讯飞十几人的创业团队，而是希望寻找具备成熟的系统集成能力和企业综合实力的大型行业系统开发商。③

转机发生在深圳高交会，科大讯飞的语音合成系统引起了华为公司的注意，彼时华为正在开发智能网、呼叫中心这一类电信级产品，刘庆峰有机会将

① 科大讯飞招股说明书。

② 相关资料收集于IBM官网，参见http://www-31.ibm.com/ibm/cn/ibm100/icons/speechreco/ 。

③ 雷锋网载文《18年的ToC梦：科大讯飞的起点和原点》，参见https://www.leiphone.com/news/201802/9wi2x7TfHQ7B8RLt.html 。

讯飞的语音技术“嵌入”到华为的产品系统中，再走向市场。2000年前后，任正非对语音技术高度重视，对科大讯飞的语音合成系统进行了极为严格的技术测试。为此，科大讯飞最核心、最骨干的研发团队直接入驻华为现场，通过不断的测试、修改，将讯飞仍处于实验室状态的产品，在稳定性、工程化方面，优化至可以满足真正大规模商业的标准，从而赢得了华为的长期订单。

经历了创业前期的试错以及华为合作模式的成功，刘庆峰意识到，讯飞的技术没有问题，出问题的是商业模式：“科大讯飞这个初创的团队不知道怎么做市场、怎么做产品，我们（暂时）只有技术”，因而无论是直接做消费市场，还是面向大企业客户直接销售产品，“都有些理想化”，需要重新调整思路——“我们可以把核心技术和别人去‘拼盘’，让有渠道、有市场、有技术的大公司去把产品做好、卖向应用市场，从而实现讯飞技术的初步价值。”①

由此，科大讯飞发展出最初成型的商业模式——“iFLY-inside”。具体而言，“iFLY-inside”类似于“Intel-inside”，是2B模式的一种，也即科大讯飞并不直接面向终端应用市场，而是基于其掌握的核心技术，向开发商提供语音支持软件服务。与华为的成功案例帮助科大讯飞迅速推动上述商业模式落地：其一，面向华为、中兴、东软等行业应用系统开发商，提供电信级语音软件；其二，面向联想、方正、日立等数码终端产品开发商，提供嵌入式语音软件。

截至2000年年底，科大讯飞迅速发展起了包括上述企业在内的50多个稳定的B端开发商用户，并于2004年实现了盈亏平衡。科大讯飞招股书显示，截至2006年，科大讯飞在中文语音合成技术市场迅速占据了73.4%的份额；在彼时尚处于产业化初期的中文语音识别市场则主要代销Nuance的成熟产品，市占率在50%以上；2008年，基于科大讯飞电信级语音合成平台进行二次开发的厂商已经发展至电信、金融、政府等行业，实际应用案例超过6000个，讯飞技术间接触及终端用户数量达到千万级别。

① 创业家杂志2015年1月刊载刘庆峰口述实录《科大讯飞：押注语音生态圈》。

向行业应用升级

然而，科大讯飞高级副总裁江涛表示，“iFLY-inside”模式限定了科大讯飞仅仅是出售核心技术的“赋能者”，从而带来两方面“短板”：第一，科大讯飞只能在行业价值链中占据很小的一个环节，按技术License收费的模式利润空间有限；第二，科大讯飞在将核心技术交付给开发商后，在终端用户环节面临“黑匣子”——也即科大讯飞既不能根据终端用户的使用反馈对其技术进行优化和迭代，也无法积累终端用户数据。

2004年扭亏为盈后，随着公司在产品能力、市场能力、团队规模上的成长，科大讯飞开始直接面向行业终端用户，尝试开发应用系统。在行业选择上，科大讯飞瞄准的均是覆盖面广的刚需行业，包括：在教育行业承接国家语委“计算机口语测评”需求，推出普通话、英语口语测评产品；向中国联通、中国移动等电信运营商提供语音搜索增值业务，代表产品为基于语音搜索的电话彩铃/炫铃系统；向行业客户销售具有语音特色的信息服务与管理系统。

科大讯飞在上述行业应用领域的起步，往往得益于其在一个由政府机构或企事业单位主导的行业取得了先发优势，从而积累了基础数据资源和行业成功案例。

以教育业务为例：科大讯飞依靠其自主研发的语音测评技术切入教育业务板块。2006年，科大讯飞的计算机口语测评技术经国家语委鉴定达到实用化水平，并开始在国家语委和教育部语用司、语信司的指导下进行应用产品开发；同年10月，科大讯飞正式发布普通话口语测评产品，并在国家语委在上海主办的“普通话水平测试与规范创新论坛”上向全国各地语委专家开放试用，截至2008年讯飞IPO时已在安徽、上海、江苏、辽宁和重庆五省市完成落地。

实际上，普通话水平测试是国家级测试，相关技术应用必须得到国家语委认可，而科大讯飞的口语测评产品是彼时唯一获得国家语委鉴定的技术，在行业内没有直接的竞争对手。基于上述先发优势，科大讯飞可以进一步积累起大量测试数据，对其语音测评技术的准确性、对不同地区方言的适应性进行提升，从而持续保持核心技术的领先优势。此外，由于拥有国家语委普通话考试的成功案例，科大讯飞在将其语音技术产品向中小学普通话口语教学等延伸领域推广时，也享有一定的“背书效应”。①

产业链地位和盈利模式

在上述两种2B模式下，科大讯飞基本确定了在其核心语言技术的商业模式和产业链地位（见图表4），并根据技术特点和商用环境不同形成了三类盈利模式：其一，电信级语音平台和嵌入式语音软件采用授权许可的模式，按用户的使用数量收费；其二，一般行业应用软件采用软件系统销售的模式，通常是一次性销售；其三，行业应用软件中的语音增值业务则采用合作运营收入分成的模式，从运营收益中获得分成收入。②

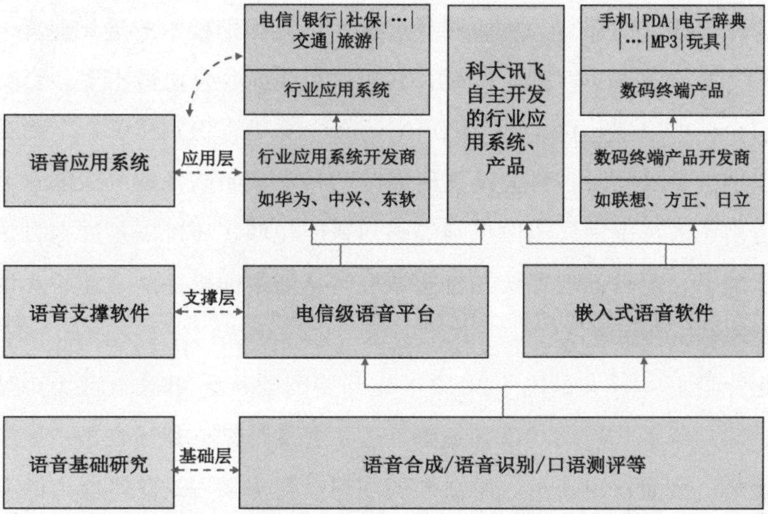

图9–7　科大讯飞在智能语音产业价值链中所处环节

资料来源：科大讯飞招股说明书

① 科大讯飞招股说明书。

② 同上。

人工智能的落地路径

在核心语音业务逐渐发展成型的同时，刘庆峰团队再次感知到了外界技术环境的变化。

在传统的模式识别框架下，语音识别技术需要人为地对数据进行特征提取和分类归纳，进化速度较慢，机器语音识别准确率在2000年后的10年内长期停留在70–80%，限制了行业应用场景的拓展；然而，2006年AI领域巨擘Geoffrey Hinton在《科学》（Science）杂志发表了《利用神经网络刻画数据维度》（Reducing the dimensionality of data with neutral networks）一文，奠定了深度学习的理论框架；2009年，前微软人工智能首席科学家邓力与Hinton在上述文章基础上发表Deep Learning for Speech Recognition and Related Applications，成为深度学习在语音识别方面的经典研究。上述深度学习理论框架的出现免除了人为归纳、提炼特征的环节，从而明显加速了语音识别技术的进化速度——据江涛介绍，“基于深度学习理论框架，在美国由Google公司做出了一套英文语音识别技术，在中国则是科大讯飞做出了一套中文语音识别技术。”而在研发上述语音识别技术的同时，科大讯飞研究院的科学家团队发现，深度学习理论框架不仅适用于语言识别、图像识别等感知智能领域，还可以扩展至自然语言处理、机器翻译、逻辑推理等认知智能领域，从而帮助机器从“能听会说”真正迈向“能理解、会思考”。

在此背景下，科大讯飞于2012年起开始酝酿从感知智能向认知智能的跨越，并于2014年正式启动“讯飞超脑”人工智能计划，目标在于“研发具有深层语言理解、全面知识表示、逻辑推理联想、自主学习进化等能力的人工智能系统”。[①]然而，人工智能技术规模化落地的路径在何方？

① 科大讯飞2014年年报。

从行业赛道出发

在认知智能领域，人工智能技术在不同应用层面的成熟度不同："在专才层面，利用人工智能学习行业专家知识和经验，进而解决有规律可循、有标准答案的问题，是目前AI业界内广泛认为已经可行的；在通才领域，利用人工智能解决一般性问题，例如回答高考试卷（特点是虽然问题有较为统一的答案，但学科覆盖面很广），目前全球没有团队解决这一问题；而上升到常识领域，让人工智能发展出适用于消费者日常生活场景的常识推理能力，目前技术还处在'六龄童'的水平。"①

基于上述三个技术"台阶"，科大讯飞认为人工智能技术的规模化落地，首先应该从专业领域的行业应用开始，再逐渐延伸至消费者领域。此外，科大讯飞亦有意通过率先布局行业赛道形成"涟漪效应"——讯飞基础技术研究通过在特定行业的产品化落地触及到行业用户，这些用户使用数据会返回来促进讯飞的技术研究形成闭环迭代，从而帮助其推出更符合相应行业需求的产品、实现"从领先一步到领先一路"。

搭建平台，构建生态

伴随着国内日益兴起的互联网热潮，科大讯飞从单一的核心技术提供商模式向基于云端的开放型平台思维的转变。伴随着大数据和云计算的快速发展，百度、搜狗等互联网公司纷纷入局智能语音赛道，互联网思维下的技术免费模式对科大讯飞的传统2B模式形成潜在挑战。刘庆峰表示："随着互联网应用逐渐兴起，我们陆续收到了来自中小企业和开发者的很多反馈，他们很想使用讯飞的技术，但我们的客户主要定位在中大型企业，因为讯飞提供的技术往往有较高门槛，企业需要先花费高额资金购买讯飞的技术，才能再去开发自己的应用，这对于中小企业和个人开发者来说，过于昂贵。"刘庆峰由此萌生了平台

① 长江商学院案例研究中心专访科大讯飞高级副总裁江涛。

思路："用户拧开水龙头，就可以接到水，但他不见得非要自己建个小型自来水厂。"

而对于人工智能产业的发展，刘庆峰认为："人工智能产业不是一家公司可以'包打天下'的，必须要建立产业生态——未来在人工智能领域，不是一个技术对技术、企业与企业的竞争，而是一个体系对体系、产业链对产业链的竞争。"为此，刘庆峰要求科大讯飞"搭建平台，构建一个合作共赢的生态体系，并通过持续不断的源头创新主导产业价值链关键环节"。

科大讯飞的AI实践

科大讯飞以"讯飞超脑"平台作为底层技术支撑，形成教育、政法、智慧城市、消费者四大事业群，以及智能汽车、智能服务、智慧医疗三大事业部，在"平台+赛道"战略下展开人工智能业务布局。其中，以智慧教育、智慧政法为代表的赛道源自科大讯飞在智能语音技术领域具备传统优势的2B、2G业务；开放平台及消费者业务源自科大讯飞从2B技术服务商向平台和生态型企业转型的努力；此外，科大讯飞也在智能汽车、智能服务、智慧医疗等创新型赛道，通过提供软硬件一体化产品和解决方案，尝试推动人工智能的落地。

表9–3 科大讯飞主营业务结构（营收及毛利率选用2017年数据）

所属部门	主营业务	业务细分	代表产品举例	营业收入（元）	占总营收比例	毛利率
教育事业群	教育领域[②]	教育产品和服务	教学：畅言智慧校园、课堂系列； 考试：高考解决方案； 学习：智学网及早教产品	1,390,344,059	25.54%	59.24%
		教学业务	安徽信息工程学院	119,695,394	2.20%	15.16%

① 教育行业产品和服务收入包括教育产品和服务收入及教学业务收入。教育产品和服务收入系指公司基于人工智能核心技术，在智慧教育领域中提供的产品销售、技术开发及服务收入；教育教学收入是指公司根据协议规定向其服务对象提供服务取得的收入，当前主要是讯飞合作办立安徽信息工程学院，向入学学生收取的学费收入、住宿收入等。

（续表）

所属部门	主营业务	业务细分	代表产品举例	营业收入（元）	占总营收比例	毛利率
智慧城市事业群	智慧城市	智慧城市行业应用	“新型智慧杭州”一期项目	440,701,729	8.09%	57.01%
		信息工程与运维服务	--	1,045,677,114	19.21%	18.46%
政法事业群	政法业务	--	智慧公诉一体化解决方案,智能语音庭审	556,903,692	10.23%	76.15%
消费者事业群	开放平台及消费者业务	电信增值产品	个性彩铃等无线音乐增值业务	563,267,229	10.35%	77.58%
		移动互联网产品及服务	讯飞输入法、咪咕灵犀智能语音助手	44,578,517	0.82%	89.81%
		开放平台	讯飞语音云平台、AIUI开放平台	304,576,816	5.59%	27.16%
		智能硬件	讯飞晓译翻译机、智能语音耳机“莫比斯”、叮咚音箱	299,042,585	5.49%	54.08%
		运营商大数据	主要由讯飞2014年收购的子公司上海瑞元提供,帮助中移动、联通等运营商提升移动互联网用户业务体验,并提供大数据分析支撑	165,035,106	3.03%	31.76%
智能汽车事业部	汽车领域	--	人工智能交互系统——飞鱼2.0	248,986,400	4.57%	46.42%
智能服务事业部	智能服务	--	运营商、银行营业厅机器人	155,104,520	2.85%	90.57%
智慧医疗事业部	智慧医疗	如智慧医疗	“智医助理”机器人	81,307,242	1.49%	47.14%

资料来源：科大讯飞 2017 年年报；长江商学院案例研究中心访谈整理

2G及大B类业务

科大讯飞探索人工智能技术的落地，核心方式之一是从政府主导或者行业集中度较高的领域起步，通过与政府机构、行业联盟等签署战略合作协议，“自上而下”推动其产品在相应领域的应用。

（一）智慧教育

教育业务是科大讯飞的传统优势领域，基于底层统一的语音交互和人工智能服务能力，科大讯飞目前围绕智慧考试、智慧教学、智慧课堂、智慧校园四大应用场景打造教育产品体系，意在实现教与学流程的场景全覆盖、终端全覆盖数据全贯通，业务的核心本质是面向B端的教育信息化。公司年报数据显示，截至2017年底，科大讯飞智慧教育产品已经覆盖全国15000余所学校，深度用户超过1500万。（见表9–4）

表 9–4 科大讯飞教育赛道主要 2B 产品一览

产品及简介	运营状况（截至2017年底）
智慧考试产品：以普通话、英语口语及听说测评系统为主要产品；以切入地域性和国家级考试为主要方向	·在全国包含北京、上海、广东、江苏等已开展中高考英语听说考试的10余省市累计测试2000万人次，全年测试303万人次； ·全国普通话考试，累计机测3320万人次，全年测试达616万人次； ·大学英语四六级考试，支持了北京、上海、西藏等6个地区约7万考生的英语口语考试； ·完成智能评分和智能质检系统开发，在28个地区中高考项目中正式应用。
智学网：利用人工智能自动分析学生知识掌握程度，有针对性布置个性化作业；意在打造教育大数据采集与分析及个性化教与学平台	已覆盖全国32个省级行政区超过12000所学校（含68所全国百强校），其中，在近1500所学校进行商业化试点运营，初步发展出增值服务的付费用户群体。
智慧课堂产品：基于动态学习数据分析和“云、网、端”的运用，帮助老师更加高效的进行课堂场景教学	目前智慧课堂已覆盖全国31个省、271个市，用户调研满意度达85.9%；科大讯飞与人大附中、北京十二中等名校共同成立“推进教育信息化应用名校联盟”。
智慧校园产品：针对新高考改革给学校带来的管理难题，提出包括学生生涯规划、高考选科、走班排课等在内的新高考解决方案	目前已在包括人大附中在内的上千所中学规模应用。

资料来源：长江商学院案例研究中心根据公开资料整理

为了进一步巩固市场地位、整合资源、扩大技术和产业规模优势，科大讯飞通过外延并购或参股的方式扩充其教育业务体系，自2013年其相继投资教育信息化领域具备技术或者市场渠道优势的企业，主要包括启明、皆成、乐知行三大公司（见图9–8）。

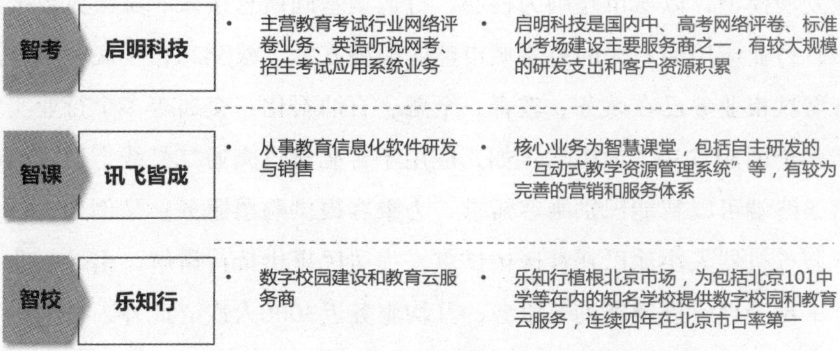

图9–8　科大讯飞通过外延并购扩展教育业务体系

资料来源：长江商学院案例研究中心根据公开资料整理

除传统2B业务之外，科大讯飞也开始尝试在教育信息化领域的其他相关布局，主要通过设立全资子公司、对外收购教育产品类公司、开展对外合作等方式完成落地。例如当前发展最为成熟的智学网，是科大讯飞基于2013年与北师大等联合共建的“中国基础教育质量监测协同创新中心”，于2014年发展出基于大数据和云服务的PC及移动终端智能化教学辅导平台，目标用户为教师及学生群体，提供包括：智能成绩分析系统“知学宝”，中英文作文批改产品“智批改”，智能志愿服务系统“高考志愿填报”、定制评价报告产品，作业、批改自适应学习，口袋课堂在线直播等系列产品。当前，智学网已经在全国30省的10000多所学校常态化应用，覆盖师生群体超过1500万人。①

（二）智慧城市

科大讯飞智慧城市产品源自其智能语音时代传统IFLYTEK–C3业务，C3指的是具有Collaboration（协作）、Communication（通讯）和Connection（互联）等功能的系统支撑平台产品，以软件和解决方案为主要产品形式，客户群体包括政府、公共安全部门以及电信等大型行企业。2014年起，科大讯飞开始尝试

① 中信建投研报载文《智能语音龙头，人工智能最强“音”》。

利用其人工智能技术提升政府服务管理效率，基于人工智能+数据驱动的城市智慧化发展模型，以城市超脑为核心，打造集基础信息接入、城市大数据和信息模型、行业应用为一体的智慧城市整体解决方案。截至2017年底，科大讯飞新型智慧城市业务已在政务、教育、金融、石油石化、交通等多个行业实现落地，覆盖全国10省30个地市。例如，应用于合肥轨道交通二号线，通过语音输入，售票终端可以智能识别乘客需求，为乘客提供购票服务；又例如，科大讯飞社区服务机器人小途已在社区中试点，为居民提供接待讲解、引导、业务咨询、办事预受理、进度查询等服务，月均服务近3000人次。此外，科大讯飞也加入中国智慧城市标准化总体组，参与标准建设工作。①

（三）智慧政法

科大讯飞智慧政法产品主要面向公共安全、检察院、法院领域，其中：

面向公共安全领域，结合人工智能技术推出“警务超脑解决方案”，主要与各省市级公安机关签署战略合作协议推进试点应用，探索以机器换警、以智能增效，最大限度地解放基层警力，提高公安核心战斗力。

面向检察院领域，综合运用大数据、智能语音、图像识别等核心技术，为全国四级检察机关提供以公诉业务为核心的全业务流程智慧解决方案。截至2017年底，相关应用已经拓展到全国24个省份。此外，科大讯飞还与最高人民检察院签订战略合作协议，共建智慧检务联合创新研究院。

面向法院领域，科大讯飞与最高人民法院信息技术服务中心及7个省高级人民法院签署战略合作协议，依托其智能语音、图文识别等人工智能技术对办案全流程提供支持和服务。例如，科大讯飞在上海市高级人民法院实际应用场景下研发了刑事案件智能辅助办案系统，利用人工智能技术对办案环节的证据链是否完整和自相矛盾进行分析，

① 科大讯飞2017年年报。

并给出类案推送和审判建议。截至2017年底，讯飞智慧法庭产品已覆盖31个省份、1500个法庭；智能语音庭审取得实际应用效果，庭审时长平均缩短30%，合议效率提升25%，显著提升法官办案质效。①

（四）智慧医疗

面向医疗行业，科大讯飞当前主要关注智能语音、医学影像、基于认知计算的辅助诊疗三大研发领域，在智慧医院、人工智能辅助诊疗平台、智医助理等业务方向构建人工智能医疗产品体系。例如，基于讯飞与清华大学联合研发的认知医学技术，推出“智医助理”机器人并使其高分通过2017年国家执业医师资格考试笔试，在全球首次让人工智能具备当全科医生的潜质；2017年8月在以LUNA（LUng Nodule Analysis）测试集为基础的肺结节检测比赛中，讯飞计算机医疗影像获得全球最好成绩，结节检出率达到三甲医院医生平均水平。

为了推进“人工智能+医疗技术”的落地，科大讯飞尝试与区域性医疗行业协会、当地及全国顶级医疗机构进行战略合作。譬如，与山西省医院协会签订战略合作协议，在山西省打造人工智能医疗创新示范基地，并依托山西省人民医院，共同推进科大讯飞人工智能研究成果在医疗方面的应用，适时向山西全省推广②。又譬如，与中国科学技术大学附属第一医院联合成立全国首家人工智能智慧医院（人工智能辅助诊疗中心），推动“智医助理”人工智能辅助诊疗系统在社区医院的应用，目前已实现对300余种常见病提供全科医生辅助诊疗。

截至2017年底，科大讯飞智慧医院产品已在全国84家医院上线落地，包括北京协和、301医院、上海瑞金、上海九院等国内顶级医疗机构。导诊机器人在301医院、瑞金医院和广州军区总医院等医院应用，每台机器人日均导诊服务量达1100次。③

① 赛迪网载文《智慧医疗惠“三晋”：科大讯飞与山西省医院协会签订战略合作协议》，参见http://www.ccidnet.com/2017/1026/10324777.shtml。

② 同上。

③ 科大讯飞2017年年报。

（五）智能服务

科大讯飞智能服务产品主要面对运营商、金融行业，产品形态从语言导航起步逐渐发展向全语音门户，通过语音和文本识别、合成等技术的结合，为上述行业B端客户提供多渠道智能客服、AI助理应用、营业厅导流机器人等产品和解决方案。2016年，科大讯飞发布智能交互“晓曼”智能客服机器人，将语音合成、语音识别、语义理解和人脸识别等AI技术综合应用，同时结合麦克风列阵、3D摄像头、身份证读卡器等外设硬件，可提供语音、触屏、动作等多种人机交互体验。2017年科大讯飞发布智能客服2.0，包括全语音门户、智能客服助手两个系列产品，重新定义企业客服系统，让企业客服系统将不再是简单地由通讯构成，而是由人工智能为我们每一个客户提供的个性化全语音与人机协同的客户服务。

当前，科大讯飞智能服务业务客户主要包括中国联通、中国移动、中国电信三大运营商，工商银行、交通银行、建设银行、浦发银行、中国平安、阳光保险等金融机构，并在电网、航空公司、医疗机构、广电行业、物流快递行业等主流呼叫中心市场实现了智能客服的规模化落地。[①]

讯飞开放平台

在平台和生态思维下，科大讯飞于2010年推出了讯飞语音云平台[②]，向行业开发商输出核心语音技术能力；2014年“讯飞超脑”计划启动后，科大讯飞希望在人工智能领域复制其语音业务从技术到平台的成长路径。2015年，科大讯飞正式推出AIUI人工智能交互操作界面，开始通过统一的交互接口和灵活、可定制的功能搭配，为移动互联网、智能硬件领域的创业开发者提供AI开发与服务能力，“讯飞语音云”由此进化为国内首个以智能语音和人机交互为核心的人工智能开放平台——“讯飞开放平台”。

① 同上

② 语音云，即采用云计算的方式来执行语音操作。在传统通信计算模式下，语音的处理方式多是通过单个通信终端完成；在云计算技术背景下，语音的格式转换、辨别等操作完全在"云"端执行。

科大讯飞通过开放平台对外输出其智能语音和人工智能能力的主要方式是提供“纯软件”服务或产品，也即基于讯飞开发平台提供云端或离线的嵌入式技术能力，包含以下业务模式：

与各行业的龙头企业合作项目

讯飞开放平台与高德地图、携程、腾讯、滴滴等“大B”类企业合作，为其PC、移动端APP等产品提供平台化智能语音技术解决方案，借此形成行业示范效应。例如，在地图导航领域，讯飞开放平台为高德地图提供语音搜索功能、定制化的明星语音导航播报功能；在出行领域，为滴滴出行司机端APP提供完全本地化的语音合成技术，实现实时订单语音播报功能；在OTA（Online Travel Agency，即线上旅行代理业务）领域，为携程旅行提供语音识别和语义理解能力，帮助其开发支持语音查询功能的APP。

B端平台化服务

通过开放API接口向下游应用开发者输出智能语音交互和人工智能能力[①]，从而围绕讯飞开放平台搭建起第三方开发商和行业应用生态。在此模式下，下游应用开发者可以依托讯飞云平台对外提供服务，从而免去了前期在服务器上的资金投入，降低开发门槛；上游技术研发方也可以将自己的自有技术搭载到讯飞平台对外开放。对于科大讯飞而言，这一开放平台模式可以通过积累不同行业应用场景下的数据，“反哺”其核心技术的迭代。刘庆峰表示：“通过云端，科大讯飞的技术可以实现自我学习和进化，后台数据越多，识别准确率越高。”

2018年半年度报告显示，“讯飞开放平台”面向B端已经开放了包括语音合成、语音识别、生物识别（人脸及声纹）、语义分析、语言测评、语音转写在内的近百项AI能力和场景方案，聚集第三方开发者数量达80万（YoY：114%），日均服务次数达46亿次（YoY：24%）。而基于上述开发者的第三发

① 在数字化和互联网时代，越来越多的平台型企业依赖API运营，通过开放API，开放企业的数据和服务给第三方，开发出新的应用，从而催生出新的商业模式和盈利模式。成功的互联网巨头，比如Salesforce、Amazon、Google、Twitter和Facebook都将开放API作为重要商业模式。Salesforce的收入，有一大半来自开放API渠道，eBay 几乎达到60%，Expedia 则高达 90%。Twitter、Netflix和Google每天需要处理10亿级别的API订单。

应用，讯飞语音技术和AI能力在生活服务、教育、出行导航、新闻阅读等多个领域得到快速落地，截至2018年8月已触及19亿终端用户，科大讯飞AI生态由此初具规模。（见图9-9、图9-10）

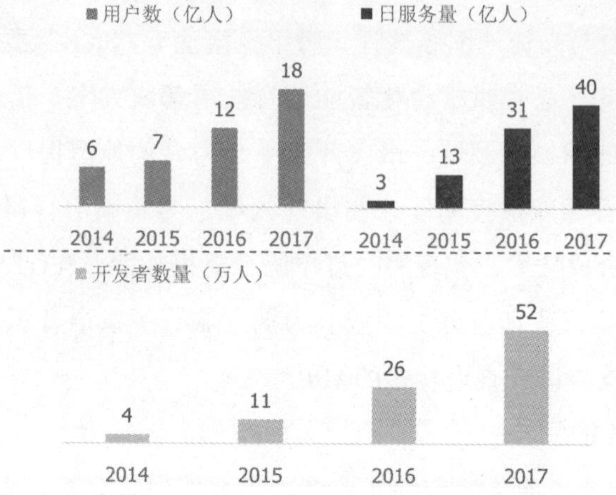

图9-9　科大讯飞开放平台年度运营数据

资料来源：Wind 资讯

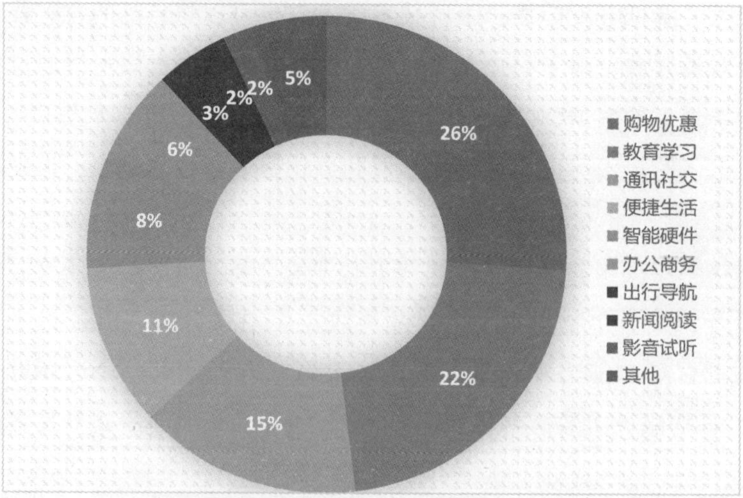

图9-10　科大讯飞开放平台上线应用按功能分类

资料来源：科大讯飞提供数据

在AI生态培育方面，科大讯飞一方面依托教育、运营商等优势业务，试图丰富开放平台生态内容。例如，在教育领域，每天有7000多万师生在使用科大讯飞的教学产品，老师们上传至讯飞的课件资料，（在协议规定范围内）可供第三方开发商在讯飞平台上共享使用；在电信运营商领域，科大讯飞建立了国内唯一打通三大运营商的音乐搜索和发布平台，第三方音乐、戏曲内容可以通过讯飞平台推销给各运营商，而智能音箱、玩具等产品的开发者也可以通过讯飞平台调用上述音乐资源。

另一方面，科大讯飞于2017年宣布投入10.24亿元生态扶植基金，配合以AI生态沙龙、AI众创空间和AI钻石团队，尝试通过资本运作的方式对有核心技术和商业想法、但缺乏产业化能力的第三方开发者团队做孵化，意在通过开发者拓展讯飞的AI生态外延。

（三）自主开发应用

除除了为B端企业用户和开发者团队提供技术赋能，科大讯飞也基于讯飞开放平台自主开发面向C端市场的移动端、PC端应用产品，包括：讯飞输入法、讯飞语记、咪咕灵犀、录音宝、配音阁、酷音。目前，C端软件产品对于科大讯飞而言的战略意义一方面在于积累C端用户大数据，更重要的是在于向B端用户展示其平台技术的商业化方式，提供示范性的标杆项目。（见图9-11）

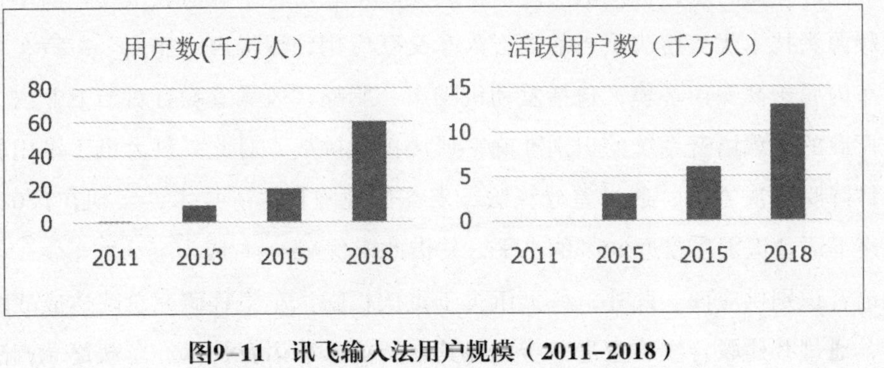

图9-11　讯飞输入法用户规模（2011-2018）

资料来源 科大讯飞提供数据

软硬件一体化解决方案

讯飞开放平台的纯软件业务主要为各类在线场景的移动端、PC端APP提供语音交互和人工智能技术，但刘庆峰认为“语音市场未来趋势是软硬件一体化”。为此，科大讯飞自2014年起即成立相关硬件部门，并在组织形态上进行相应调整，开始基于讯飞开放平台，对外提供包含智能语音技术服务和麦克风列成、语音智能芯片等模组的软硬件结合解决方案。上述软硬件一体化方案除了服务于Ninebot、优必选等多家第三方智能机器人开发商，还在针对智能家居、车载、线下翻译等应用场景实现落地。

（一）智能汽车

车载场景中由于用户双手被占用，是智能语音交互的强需求场景。与云知声、思必驰等从汽车后装市场切入的模式不同，科大讯飞选择从车载前装市场切入，将讯飞AIUI应用于车载语音，推出“飞鱼助理”人工智能车载交互系统，为用户在行车环境中提供通讯、导航、多媒体收听、车身控制、信息查询等多种交互服务。截至2017年底，科大讯飞已经与大众、丰田、雷克萨斯、上汽、一汽、长城、吉利等众多国内外汽车品牌开展合作，智能车载产品累计装车数量超过1000万台。在收费模式上，科大讯飞与汽车厂商之间按汽车出货量收取License费用。

值得一提的是，科大讯飞得以快速突破车载语音系统前装市场，离不开其依赖源头技术优势解决了当前语音人车交互应用领域噪声“痛点”：汽车行驶时车内属于高噪声环境，包括发动机噪声、胎噪、风噪等噪音对当下业内大多数厂商的车载语音系统的识别准确率形成极大挑战，对此，科大讯飞采用软硬一体降噪解决方案，通过差分算法、麦克风矩阵算法等技术，实现在120分贝噪声下语音识别率接近 85%的水平，并借此取代Nuance 成为宝马汽车新一代车载语音识别供应商。此外，科大讯飞于重庆长安汽车工程研究总院达成战略合作，通过共建联合实验室进一步加强其在智能车载语音技术、车载终端产品和车载应用平台方面的竞争力。

（二）消费端智能硬件

在2C智能硬件领域，科大讯飞当前落地的产品主要包括：针对翻译场景的讯飞翻译机、针对家居场景的叮咚智能音箱和语音遥控器、针对儿童教育场景的儿童手表和阿尔法蛋机器人。

从商品价值本质上看，智能硬件首先应该具备作为硬件本身的商品价值，满足消费者的硬件使用需求（例如智能音箱的音效、智能电视的画质），其次才是基于智能控制、人机交互技术体现智能价值，也即满足消费者对信息感、智能感、互动感和角色感的需求。因此，科大讯飞作为一家依靠技术起家、以2B模式为主、以智能语音交互技术为核心卖点的企业，入局2C智能硬件的尝试或许仍将面临诸多挑战：一方面，技术厂商如何提升对硬件产品的研发能力、工业设计能力和大规模量产能力？在成本控制能力、产品生态丰富度和2C品牌运营管理、用户群体运作上，如何与以小米为代表的行业“颠覆者”进行竞争？另一方面，在Amazon、BAT等国内外巨头的激烈竞争下，科大讯飞仅凭借智能交互技术能否创造出被消费市场长期、普遍认可的“拳头”产品？

基于上述挑战，科大讯飞亦表示当前2C硬件业务属于探索性业务，讯飞作为上市公司在探索性方向做前期投资，风险与机遇并存。[①]为此，科大讯飞一方面寻求与行业优势企业进行合作：例如，叮咚智能音箱的推出源自于科大讯飞与京东合资成立的智能硬件公司灵隆科技，科大讯飞负责提供智能语音交互技术，同时借力京东的硬件能力与渠道优势。

另一方面，科大讯飞在企业内部鼓励创业孵化机制，提高需要探索的应用业务创新成功概率，同时降低上市公司的经营风险：例如，讯飞2009年成立的玩具事业部在经历了连续7年的亏损后，转而采用内部创业机制，在引入外部投资的同时允许部门员工出资持股，成立了独立于讯飞上市公司体系的子公司“淘云科技”，当前该公司已经基于讯飞语音交互和人工智能技术，推出了阿尔法蛋机器人等硬件产品。

1　刘庆峰于科大讯飞2018年年会上做了题为《科大讯飞的三层生态框架是如何建成的》的演讲。

AI赛场中的科大讯飞

随着移动互联网、大数据和云计算的快速发展以及深度学习理论框架的出现，人工智能领域正逐渐进入技术爆发期。国外科技巨头和国内互联网巨头纷纷进入人工智能领域，从不同维度布局相关技术和产业链。

在底层技术研发方面，国外科技巨头争相抢夺AI人才，建立AI实验室，重点推进AI核心算法的突破；国内BAT等互联网平台则在中文数据资源方面占优，或有机会借助国内庞大的内需市场和保护性政策实现弯道超车；而国内一批AI领域初创公司，大多在基础层、技术层研发较为缺失，主要依靠外部开源平台获取技术能力。在商业化应用层面，以Google、BAT为代表的拥有巨大数据资源的巨头企业，主要通过将AI技术与各自原有主业数据进行整合，利用AI提升用户体验，强化主业竞争优势；而以IBM为代表的并无大量数据积累的公司，则通过大量收购垂直行业数据（如医疗诊断），加速AI技术向医疗等传统产业渗透。在此之外，亦有一批诸如英伟达、Intel等芯片公司针对深度学习框架研发专用的AI芯片，为各AI企业提供产品和方案支持，寻求新的业务增长点。①

表 9–5　科技巨头典型 AI 产品、战略和重点领域一览

公司	AI代表产品	战略特点	AI重点领域
IBM	Watson、Deep Blue、类脑芯片	围绕Watson 和类脑芯片展开，开启认知商业时代，重塑产业格局	医疗诊断、认知计算的各行业解决方案、类脑芯片及量子计算
Google	AlphaGo，无人驾驶汽车，谷歌智能助理	积累底层AI 技术（AI 算法及芯片），覆盖更多用户使用场景	无人驾驶、医疗诊断、智能家居、智能搜索、语音图像识别、量子计算
微软	微软小冰、微软小娜	重点攻克语言识别、图像识别、计算机视觉等技术，将AI技术融入每一款产品	语言识别、图像识别、计算机视觉、云计算
亚马逊	Alexa智能语音助手、Echo智能音箱	重点布局Echo智能音箱、亚马逊云服务，寻求Echo与电商业务结合点	智能家居、云计算

① 长城证券研究载文《人工智能深度报告：国内外科技巨头围绕主业打造AI生态，加速AI向其他业务扩散》，参见http://www.cgws.com/ccweb/main/zxzx/zhbg/201611/t20161115_277680.html。

（续表）

公司	AI代表产品	战略特点	AI重点领域
苹果	Siri助理、Apple Watch	利用AI提升苹果产品用户体验	语音识别、图像识别、自然语言理解
百度	度秘（语音助手）、小度机器人、百度无人驾驶、百度大脑	重点研究AI核心算法，对外开放智能语音生态系统，对内在自身搜索、输入法、地图等业务实现AI First	AI核心算法、智能搜索、无人驾驶、医疗诊断
阿里	天猫魔盒、阿里小蜜、ET大脑	阿里人工智能注重垂直领域的应用，主要聚焦在B端应用	智能家居、智能车载、虚拟语音助手
腾讯	车载路宝盒子+路宝APP、微宝机器人、语音识别开放平台	侧重于内部社交、游戏和内容推进等核心应用，并通过投资、收购等各种方式完善在医疗、智能硬件、自动驾驶等多方面布局。	图像识别、语音识别、智能助理
NVIDA	Tesla P100 芯片、DGXDGXDGX–1计算机	重心由从传统PC GPU 芯片业务转向深度学习专用芯片	GPU 芯片、超级计算机、无人驾驶
Intel	Xeon E5–2600 v	重心由PC及移动 CPU芯片拓展至数据中心（云服务）、物联网、人工智能	计算机视觉、融合Altera FPGAs及Intel Xeon 的一体化芯片

资料来源：长城证券

面对日益激烈的AI竞赛，有观点认为，在深度学习框架下，在数据规模、资金实力和运算能力方面占据优势地位的国内外巨头企业或将对科大讯飞的AI战略形成挑战。这一挑战首先体现在以语音合成、语音识别为代表的感知智能领域，对此江涛亦表示：“在感知智能领域主要是拼数据，拼应用场景，拼规模，拼算力，这方面讯飞确实面临着来自BAT的激烈竞争。”

但在自然语言处理、逻辑推理等认知智能领域，江涛认为“需要具备三大关键成功要素：算法、行业数据、行业专家，三者缺一不可”。目前，在算法层面，科大讯飞依靠成建制的内外部科研体系，排布了一个“加强团”在不断攻坚，而如前文所述，这一研发体系的构建壁垒相对较高，也是科大讯飞的源头优势所在。然而，如果要利用AI算法和技术对医疗、政法、教育等传统产业进行渗透，无法回避的环节是要积累相应领域的行业数据和行业专家，这对科大讯飞和其竞争者来说均非易事，而尝试扎根教育、医疗等刚需应用，布局重点行业赛道，从而在国内市场对传统行业形成一定的“穿透力”，或许是科大讯飞在AI领域的机会所在。

“AI能够比较好产生应用场景的往往是传统行业，而这些行业的信息化、数据化水平往往并不高，这是一个很重要的现实——互联网巨头的爬虫程序爬不到学生作业的数据、法官判案的数据、医生病例的数据，这些卷宗数据在很多地方甚至连电子化都没有实现。”江涛表示，“科大讯飞为此已经做了大量的dirty work去推动相关传统产业的电子化、数据化，在此过程之后才有机会实现智能化乃至人工智能化。例如科大讯飞的智学网系统，我们做了很多扎实的工作，一个学校、一个学校地去推广，让老师可以基于这个系统命题、布置作业，然后用我们部署在学校的高速扫描仪来扫描学生答卷并传到云端，在此方式下用了多年的时间才逐渐完成这个过程的数字化。”上述过程“需要沉下去慢慢磨，这是科大讯飞这样‘爬山型’的科技创新型企业的路径选择，也往往是‘冲浪型’的互联网企业不能接受的”。[①]

（指导教授：李伟　研究员：梅新蕾）

① 资料来源：长江商学院案例研究中心专访科大讯飞高级副总裁江涛

先临三维

中国 3D 打印的先行者

案例点评：

以信息技术与自动化技术深度融合为特征的智能制造、智能服务模式，正在引发整个实体经济的深刻变革。3D打印是制造业有代表性的颠覆性技术，实现了制造从减材到增材的重大转变，提升了制造的柔性，改变了传统制造的理念，对流程创新、应对变动性具有重大价值。特别是3D打印和其他柔性制造技术使得“云制造”概念成为可能，也就是由分散的、地域不同的小微企业组成一个大规模“分布式生产”网络系统，其中各种生产资源和产能通过智能传感器联结到互联网，由中央“云计算”平台进行自动化的管理和控制，以及时、就近满足客户的个性化需求。

本案例通过杭州先临三维公司的发展历史和现状，介绍3D打印这一新技术，思考这一技术的利弊、以及对企业商业模式和运营战略的影响。读者可以带着以下问题阅读和讨论案例：

1. 3D打印新技术的优势？劣势？
2. 3D打印新技术将对“中国制造”带来什么影响？
3. 3D 打印的前景如何？你对先临三维未来的发展战略有何建议？

2014 年 8 月 8 日，被誉为中国第一家“纯正”的 3D 打印股——先临三维，正式在新三板挂牌上市。因其在国内首次提出布局 3D 打印全产业链，并试图打造完整生态系统，公司受到了投资者的热捧：截至 2014 年 8 月 19 日，公司静态市盈率高达 426 倍，市净率 12 倍，先后有 10 家券商为其提供做市报价服务[①]，并于 2016、2017 年连续入选新三板创新层，并开始筹备 IPO 工作。

然而，总经理李涛回溯 2009 年的情况，那时，国外 3D 打印热潮刚刚席卷到中国，就被赞颂溢美之词所包围：“所见即所得”、“第三次工业革命最具标志性的生产工具”、“工业 4.0 革命技术支持的核心之一”。与之对应国内的境况却差距很大：3D 打印技术全面落后、行业小而散、没有领军企业。那时的先临三维还主要是将技术用于生产个性化礼品的消费领域，刚刚开始尝试将其核心技术——三维照相和三维激光内雕——运用于工业方向。也就是说，先临在 3D 打印其他领域的拓展也才刚起步。

那么八年时间内，先临三维是如何在行业中脱颖而出的？其全产业链雏形如何搭建？与互联网融合后，在生态体系上又做了哪些改造？未来公司面临哪些挑战？

① Wind资讯

3D打印行业

3D打印，又称为“增材制造”技术，是一种以数字模型文件为基础，运用粉末状金属或塑料等材料，通过逐层打印的方式来构造物体的新型技术。与传统制造相比，3D打印在柔性制造和生产周期上具有显著优势，可满足个性化、小批量及快速的生产需求。

3D打印技术问世于20世纪80年代中期。1983年，查克·赫尔（Chuck Hull）发明了世界上第一台SLA光固化工艺的3D打印机，并于1986年成立了第一家3D打印公司3D Systems，受到舆论的广泛关注。90年代3D打印开始在各大型制造企业内使用，用来做快速成型（Rapid Prototyping）。期间囿于材料种类少，且设计经验及设计工具的不发达，3D打印主要用于产品设计环节，除航空航天和科研院校外，其他大部分企业并没有考虑用这个技术来做一些功能性产品。进入21世纪，随着2008年第一款开源桌面打印机的发布，3D打印逐渐从工业大型企业走入普通家庭，推动了行业的发展。与此同时，2011年底，奥巴马政府提出制造业回归，美国率先将3D打印技术纳入发展规划，更是在全球范围内掀起了3D打印的热潮。

目前，3D打印已形成较为完善的产业链，包括上游的3D建模工具和打印耗材、中游的3D打印设备、以及下游的相关应用与服务。建模工具包括建模软件（如面向消费级用户的Autodesk 123D，工业级别的三维CAD设计工具UG、Solidworks、Catia，以及逆向设计软件Geomagic、Rapidform等）、建模扫描仪（如德国GOM产品、先临三维扫描仪）。打印耗材分为非金属耗材（塑料、树脂、陶瓷等）和金属耗材。其中塑料类耗材（ABS+PLA）市场占有率较高。中游打印设备若从应用的维度划分，包括工业级打印机、商用级打印机和消费级打印机。若从技术维度，则可划分为FDM、SLA、SLS、SLM、3DP、LENS等十多种，其中FDM（熔融成型）、SLA（光固化）、SLS和SLM（选择性激光烧结）为当前技术主流。下游服务环节，3D打印应用广泛，已扩展至各个领域。据Technavio统计，2016年全球3D打印应用前四大领域，分别为汽车、消费电子、生物医疗、航空航天，占比分别达到21.51%、18.49%、16.23%、14.72%。

经过三十多年的发展，3D打印产业已初具规模。据Wohlers Report统计，2016年全球3D打印市场规模达到60.63亿美元。从3D打印设备累计装机量分布上看，北美、欧洲、亚太三个地区占据了全球95%的市场，其中美、德、日、中四个国家位居前列，形成了“美国领先、欧洲协同发展、日中加速追赶”的基本格局。全球3D打印市场产业集中度高，主要集中在美、欧等行业龙头。美国企业多专注于非金属材料领域，其中3D Systems和Stratasys占据全球专业级3D打印设备出货量的近70%，两巨头通过兼并收购方式打通全产业链，构建生态体系成为行业发展的趋势。欧洲企业多集中在金属材料领域，德国的EOS、Concept Laser、SLM Solution，瑞典的Arcam，法国的Phenix Systems五大厂商在工业级金属3D打印方面处于领先地位，累计装机量占全球的80%。①

相比美欧，中国的3D打印技术起步较晚，自3D概念提出后，受到产业和资本市场驱动，市场规模也在快速增长，2011年国内3D打印市场规模约为10亿元，2016年已达到100亿元左右。②目前，国内3D打印行业依旧保持小而散的格局，没有典型的行业龙头，只在产业链各环节存在有一定竞争力的企业：如上游扫描技术的北京天远三维（2015年6月被先临三维收购控股），耗材环节的银邦股份（主要做金属粉末耗材）；中游打印设备的太尔时代、北京隆源、华曙高科、陕西恒通；下游服务的金运激光。先临三维是国内首家以3D数字扫描技术和3D打印技术为基础，初步打通全产业链的企业。

① 华融证券研究报告载文《3D打印专题研究系列报告之十二——欧美主导，中国紧随》。

② 平安证券研究报告载文《机械行业深度报告之3D打印——改变世界的力量》。

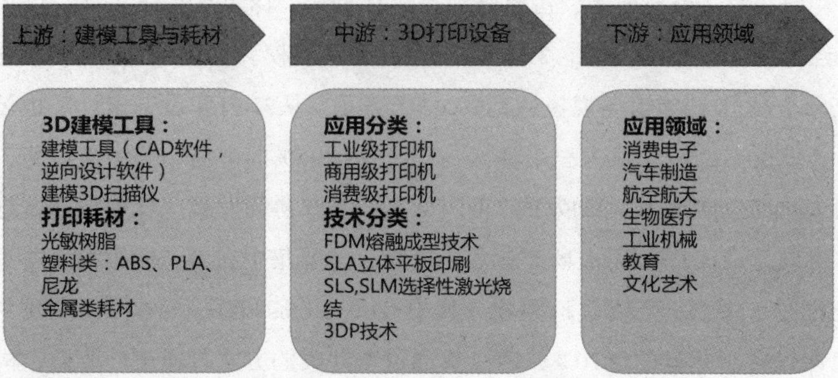

图10–1 3D打印行业产业链

资料来源：长江商学院案例研究中心整理

从化纤到3D打印

先临三维的创立董事长李诚一直比较关注各种前沿科技，2004年左右，一个偶然的机会，在一位浙江大学教授的牵线下，他接触到了一个激光内雕项目。其实，这一项目并不能称作真正的3D打印，只是通过激光内雕设备，在外观不破损的情况下，可以在水晶内部雕刻3D影像或模型。李诚觉得这一设备科技含量高，又可以做成旅游商品，盈利前景也好，就拿出100万，于2004年12月投资成立了先临三维公司。刚开始，由于这一技术的独特性，市场上并无竞争者，所以设备的毛利率高达70%–80%。通过内销景区、外销欧美，公司很快开始盈利。到2008年，净利润达到了1000多万。

然而，经过四年的发展，李诚发现这一项目虽然短期盈利较高，但长期来看，盈利空间有限。公司的激光内雕技术，本质上是获取三维信息的过程，它带有各种参数信息，不仅可以应用在消费领域，更可能在工业等其他领域大展拳脚。早期为了生存，先临只得将技术先应用在投资较低的消费领域（个性化礼品）。2008年后，李诚决定融资扩大规模，进军工业领域。三维照相和三维激光内雕技术，在技术原理、底层算法和控制技术上与现有的三维扫描和3D打印技术本质上是相通的。2009年，先临开发出工业三维扫描仪，并通过代理国外打印设备进入工业3D打印应用。

这时，在国际市场上3D打印行业也发生着重要变化。2008年后，桌面打印机逐渐向普通消费者渗透，推动了行业的商业化进程。随后，2012年，奥巴马政府呼吁高端制造业回归，也带动了全球范围内3D打印浪潮。

在此背景下，李诚任命李涛为总经理，带领公司向3D打印其他领域不断拓展业务。2011年初，公司在杭州设立了第一个3D打印工业服务中心。2012年，先临开始自主研发消费与工业级的3D打印设备，并以三维扫描和3D打印技术为基础，通过不断向上下游延伸，以及自研+并购两大方式，初步打通了3D打印全产业链。2015年至今，公司在“3D打印+互联网”战略下逐步布局线上业务，试图通过结合线下3D打印创新服务中心和线上3D打印云平台，搭建覆盖全国的3D打印分布式制造服务、个性化定制服务以及销售推广网络，培养3D打印O2O生态圈。

三个阶段	2004-2008	2009-2011	2012-2015年中	2015年中至2018
所处时期	激光内雕	转型期	3D打印	3D打印+互联网
业务演变	早期投入100万，将技术用于生产个性化礼品，通过内销及出口，很快开始盈利	早期项目虽然盈利较好，但长期空间有限。公司开始尝试将技术应用于工业领域，开发工业扫描仪，并代售国外3D打印设备	开始自主研发消费级和工业级3D打印设备，并以数字化扫描和3D打印技术为基础，搭建了全产业链雏形	开始全面推进“3D打印+互联网”战略，发力建设线上3D打印云平台，发展线下3D打印创新体验中心，构建线上线下（O2O）3D打印生态系统

图10–2　先临三维发展历程

资料来源：长江商学院案例研究中心整理

布局全产业链

全产业链初具雏形

目前，从前端的数据获取（三维扫描）、三维的软件设计，再到后面的3D打印输出、一体化解决方案，先临三维已经成为国内少有的以3D打印全链条技术为主业的公司。产业链各环节的布局如下：

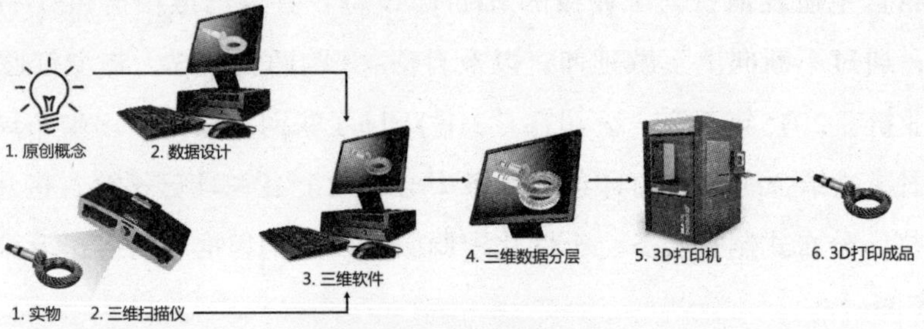

图10-3　先临三维产业链条

资料来源：先临三维公司股转说明书

上游三维扫描技术起家。基于多年激光扫描的研发实力，先临三维已形成了涵盖手持三维扫描仪、桌面三维扫描仪、齿科三维扫描仪、工业高精度三维扫描仪、三维相机等设备在内的多系列产品。其中，2015年推出的全球首款高精度白光桌面三维扫描仪EinScan-S，在扫描精度和速度上都明显高于同类产品。公司已成为白光三维测量系统行业标准的第一起草单位，并获得多项发明专利，构筑了较强的三维数字化技术壁垒。

中游3D打印设备延伸。在数字化技术外，先临三维还延伸至3D打印环节。目前，公司已自主研发多款3D打印设备，包括桌面3D打印机、生物材料和细胞3D打印机、工业光固化3D打印机和激光3D打印机。

与国内大多数基于美国开源软件而设计的打印设备不同，先临三维3D打印的软硬件全部都是自主研发。这样做的优势是打印设备的延展性更好，后续研发升级的能力更强，并且便于上下游原材料、软件的对接，以及软件、产品升级换代。此外，先临三维3D打印设备的可靠性与稳定性也相对更高。以一款桌面打印机为例，行业内有条不成文的约定，如果能连续工作40个小时无故障，就算是还可以的打印设备；而先临三维的打印机可以做到连续工作4000个小时。

下游3D打印应用扩展。在积累三维数字化和3D打印技术的同时，先临三维先后在工业制造、生物医疗、教育消费等领域拓展应用，为客户提供打印设备及一体化服务解决方案。

在工业制造领域，先临三维一方面尝试工业企业的应用，生产小批量飞机、汽车等核心零部件，另一方面服务于广大“创客”，为其快速提供各类模具或样品。在生物医疗领域，公司主要以齿科应用和新药研制为突破口，提供齿科的数字化解决方案以及新药研制和细胞3D打印。在教育消费领域，先临三维则主要以激发学生的创造性、想象力为出发点，通过对学生进行实训，帮助学生利用3D打印机将创新概念转化为实物模型。此外，公司还将这一技术广泛应用于文物保护、考古及衍生品开发等文化创意领域，并逐步渗透到雕塑、陶瓷、琉璃、青瓷等艺术创作领地。

图10–4　先临三维四大应用领域解决方案

资料来源：由先临三维公司提供

自研+并购，技术不断补强

在产业链初具雏形的同时，总经理李涛也清醒地认识到，公司当前的“全产业链”尚名不符实。真正的全产业链，以3D systems和Stratasys为例，都拥有较为完备的、不同技术、多种型号的扫描仪和打印设备，同时在工业、航空、消费电子、医疗、教育等领域的应用也非常广泛。而先临三维显然还有很大的差距。

为完善自身布局，公司首先要在技术上不断补充、加强，缺哪些技术，就逐步补齐。而补强的实现方式有两种：一是依靠内部研发；二是对外并购。2013–2016年，公司累计投入约1.5亿元资金进行技术研发和技术收购。

首先，先临三维持续投入资源用于内部研发。2015、2016年及2017上半年，研发费用占营业收入的比例分别达到了13.29%、14.3%、26.4%。①2017年上半年，公司研发费用支出同比增85%，以金属3D打印技术、细胞3D打印技术、高精度3D获取技术为重点突破方向。

表 10–1　2017 年先临三维自主研发重点方向

重点突破方向	针对企业痛点
高精度、快速3D数据获取技术	解决3D打印数据内容不足问题和快速进行全尺寸三维检测
金属3D打印技术	解决高端复杂零件、模具、医疗器械的直接制造
细胞3D打印技术	布局最前沿3D打印技术，研究3D打印人工组织器官

资料来源：长江商学院案例研究中心根据先临三维公司企业年报整理

为了支持内部研发，公司不断扩充人才储备，一方面引进国内技术专家，如原浙大CAD&CG国家重点实验室主任鲍虎军担任首席科学家，浙江省三维数字化与3D打印研究院院长赵晓波担任技术总监；另一方面增加基础技术人员，

① 先临三维公司股转说明书，2014年公司年报。

截止2017年6月，公司总员工680人，研发技术人员占比41%。

当然，坚持内部自主研发必然伴随着前期投入巨大、研发成果不确定的风险，也必将在短期内给公司净利润带来负面影响，尤其是在公司正在筹备IPO事宜的背景下，先临三维愈加审慎选择研发方向，所有研发项目都需要完整地经过技术和市场分析、内部立项、阶段性分析总结、项目验收等环节，试图控制研发投入的风险。当前，公司在大尺寸粉末床激光选区熔化增材制造工艺与装备研发、3D造云平台研发取得了可资本化的研发成果。

除了加强自身研发外，先临三维近两年开展了一系列收购。从上游的扫描技术，到中游应用于不同领域的打印设备，再到之前尚未涉足的材料环节，逐渐形成承担三维机器视觉检测、金属3D打印、生物材料和细胞3D打印等专业化3D数字化和打印技术、产品研发的子公司体系。

上游扫描技术方面，2015年6月，公司收购了竞争对手——北京天远三维，后者为国内最早从事工业级非接触三维光学数字化测量技术的企业，是国内技术实力最强、销售规模最大的工业三维扫描解决方案提供商之一。先临三维通过增资1500万元，同时向两位创始人发行275万股，获得天远三维55%股权。此外，还与两位创始人进行2015-2017年业绩对赌[①]，以营造业绩激励机制。通过股权合作与业务整合，先临希望此次联手，能巩固自身在工业领域3D数字化的领先地位[②]。2015、2016年，北京天远三维的净利润分别为375万元和673万元，均已达到业绩对赌协议的支付标准。

中游打印设备覆盖应用板块，收购要点便是在相应板块配以最好的技术。以齿科应用领域为例：2013年，先临与杭州电子科技大学教授徐铭恩团队合资组建了捷诺飞生物，后者在生物材料和细胞打印领域颇有研究；2014年8月，先临与三个自然人合资成立了东莞易登，进一步完善在齿科服务领域的布局；

① 先临三维公司与李仁举、叶成蔚进行2015年-2017年业绩对赌，收购整合后的北京天远三维科技有限公司2015年-2017年经审计后的净利润目标为400万、800万、1500万，公司同意收购整合后的北京天远三维科技有限公司，2015年-2017年如当年实现的经审计的净利润超过净利润目标的80%（含），则公司同意按股权比例下一年支付李仁举、叶成蔚500万元（三年最多为1500万元）。

② 先临三维公司公告及Wind资讯。

2016年12月，公司公布与美国专业齿科公司Bayshore合资成立子公司的计划，开启先临齿科三维数字化综合解决方案在北美市场的推广。此外，先临也于2015年1月先后收购易加三维和南京宝岩，控股比例均在55%以上，从而加强自身在工业和教育3D打印的技术优势①。

在李涛看来，当前技术收购主要是以锁定人才为主。3D打印在国内起步晚，大部分技术公司是由科研院校出来的团队建立，他们拥有一定的技术，或者前瞻的技术创意，但商业化运营做的不够。通过收购，先临在整合技术的同时，可以凭借多年的渠道优势，提高被收购公司设备的销量，并进一步拓展其商业化应用。而这也正是被收购公司愿意与先临合作的原因之一。

除渠道价值外，先临之所以吸引被收购公司，还有两点重要原因：一是给予对方合理的价格。以北京天远为例，有券商估计先临是按照31倍的市盈率进行的收购，远高于2012–2014年并购市场平均20倍市盈率的行情。②而支撑这种收购的重要财力保障，来自于公司及时登陆新三板的战略举措。2014年8月，先临在新三板挂牌。作为一家3D打印概念股，先临受到投资者的追捧。上市至今，先临三维共展开三次定向增发，并于2017年5月开始筹划IPO事宜。

表 10–2　先临三维登陆新三板以来募资情况统计

公告日期	融资方式	发行价（元）	募资总额（万元）	用于投资/并购子公司的资金
2016–01–28	定向增发	15.50	14，570.00	并购北京天远三维4600万元；其他控股及参股子公司投资3062万元
2015–04–30	定向增发	11.00	1，870.00	收购北京易家20%股份；收购南京宝岩55%股份
2014–12–23	定向增发	15.00	10，500.00	投资北京易加等子公司4762万元，用于新产品研发

资料来源：Wind 资讯，先临三维公司公告

二是先临自身的平台效应。经过几年的发展，先临已具备比较完整的产业

① 先临三维公司公告及Wind资讯。

② 广证恒生研究报告载文《先临三维：强势收购竞争对手》。

链及较强的业务整合能力。通过协同作用，它能让合资或被收购公司在平台上发挥放大效应，并可选择合适的时机单独上市。以捷诺飞生物为例，在成立并运营两年后，这家公司当前作价达到了3亿。当前，先临已开启这家子公司的单独上市计划：2015年6月，公告捷诺飞对外增发10%股权，融资3000万，并于2017年4月正式改制设立股份有限公司，目前挂牌新三板工作正在进行中。又例如，先临另一控股子公司北京天远三维当前也已完成增资扩股、股改，其新三板挂牌申请亦于2017年4月被受理。

最后，参股材料公司也是先临的一大动作。2015年4月，先临与永盛新材料（香港）合资设立江苏永盛新材料，先临占40%股权，双方合作进行PLA、ABS等3D打印丝材的研发。2015年5月，先临又以35%的比例参股浙江多维新材料，主攻光敏树脂的研发。2016年8月，公司通过捷诺飞收购拥有医疗器械证、专业从事生物医用材料研发和产业化的杭州铭众生物科技有限公司，试图打通从材料到装备再到产品的齿科3D全产业链。①

参股材料环节，有两个考虑：一是可以降低材料成本，二是在材料研发过程中，取得更大话语权，开发性能更合适客户要求的材料。此外，参股后先临成为产品的主要用户，供方也能受益。

表 10–3　先临三维在产业链不同环节收购或合资项目

	收购的公司	收购时间	涉及领域	具体信息
扫描	北京天远	2015年6月	3D工业扫描	现金+股权获得55%股权，同时签对赌协议
打印设备	捷诺飞生物	2013年1月	生物3D打印	近期作价3亿，单独融资3000万，先临控股比例从55%降为50%
	易加三维	2015年1月	工业3D打印	现金+股权，获得北京易加55.25%的股权
	南京宝岩	2015年1月	教育3D打印	向特定对象发行股份，获得55%股权

① 先临三维公司公告及Wind资讯。

（续表）

	收购的公司	收购时间	涉及领域	具体信息
材料	江苏永盛新材料	2015年4月	打印耗材	与永盛新材料合资，先临占40%，主攻PLA、ABS等丝材3D打印材料的研发
	浙江多维新材料	2015年5月	打印耗材	与乐道战略材料公司合资，先临占35%，主攻光敏树脂3D打印材料的研发
	杭州铭众生物科技	2016年8月	生物医用材料	通过捷诺飞收购杭州铭众51%股权，后者从事生物医用材料的研发和产业化，拥有医疗器械证，可以定制可降解的医疗器械
应用服务	东莞易登	2014年8月	齿科服务	合资成立东莞易登，先临占85%
	InteliScan 3D，LLC	2016年12月	齿科服务	与美国知名齿科公司Bayshore合资成立齿科子公司InteliScan 3D，先临占60%，用于在北美推广先临的齿科三维数字化综合解决方案

资料来源：长江商学院案例研究中心根据先临三维公告信息整理而成。

创新+复制，应用加速推广

“先临三维虽然以技术为主，但非常关注应用。”李涛对外反复强调的一点。他从国外发展经验中看到，3D打印在最近几年大力发展，很大程度上得益于其产业化运用的突破，特别是从高端的航空、医疗等领域扩展到市场更为广阔的家庭消费后，对行业的良性循环起到很大作用。因此，李涛认为，公司应坚持两条腿走路，加强技术的同时，更应重视应用层面。

目前，先临主要瞄准工业、医疗、教育消费三大领域发力，一方面在这三大方向上不断摸索、尝试新的应用方式或手段，另一方面在新的模式得到检验后，快速在各地复制扩张。

工业制造领域，继早期在杭州设立第一个服务中心后，先临探索出一条较为独特的商业应用模式，即以区域性专业打印服务中心为载体，在服务于广大工业企业和“创客”的同时，带动工业三维扫描和打印设备的销售。2015年11月，公司注资1000万元成立先临三维云打印技术有限公司，用于统筹母公司在全国范围内的3D打印创新服务中心。截止2016年底，公司的线下中心已杭州、南京、佛山、温州、威海、珠海、重庆、海门、邵东等十多个城市落地。

对于为何采用服务中心模式，李涛基于以下分析：工业3D打印设备价格高昂，大部分中小企业和个人用户买不起。另外中小用户的需求量小、不稳定，加上工业级3D打印设备的操作对于技术和经验要求很高，自购设备的话，使用率不高。因此，采用类似早年电脑普及前，设立网吧的形式，在主要大城市建立3D打印服务中心，可以提高设备利用率，降低小企业和个人的使用成本，使得3D打印更容易在个人和中小企业推广起来。在他看来，这一群体对公司的发展非常重要。当前国内不少3D打印公司多从航空航天等工业领域切入，对应的打印设备单价高，但需求有限，短期不容易实现快速增长。而中小企业和个人消费者反而是一个范围更大的群体，先临从这个市场切入，可以让用户体验3D打印的魅力，培养他们的消费习惯。同时在竞争对手尚未进入这一市场前，保持先发优势。

为了加快服务中心的建设，先临根据不同城市的情况，采取自建或合资的方式。受惠于智能制造政策风口，先临三维2015年设立的大部分服务中心设备都是政府买单，先临租用；同时政府也会给用户补贴服务费，降低使用门槛，提高用户使用量。李涛希望这些服务中心不仅满足中小企业生产模具、样品等切实需求，带动打印设备的销售，同时成为“创客中心”和“实训中心”，对创客开放设备，鼓励创新、创业，更可以作为一个教育基地，对职业院校的学生进行技能培训。在他看来，服务中心未来还有很大的想象空间，当足够多的创客入住、服务中心活跃起来后，公司不排除和政府进行深度合作的可能，将其升级为3D打印孵化器。

在教育消费领域，先临则主攻学校，将校园3D打印创新教室作为突破口，为学校提供3D打印创新综合解决方案，同时通过搭建3D数据网络平台，开设3D打印创新体验中心，带动家庭购买消费。3D打印进校园，一方面能培养学生的创新意识和创造能力，培养更多的创业者、创新者、创客；另一方面如当年电脑进入校园，设立网络教学课堂一样，校园的普及能带动家庭或全社会的广泛应用。为加速校园推广，先临推出了面向学校的全套3D打印设备解决方案，该方案包括教室的装修策划、全套的打印数据，以及针对不同层次的学生，设置的各类教育培训课程。此外，公司还推出定期培训计划，给相应的老师更新3D打印课程并颁发证书。

目前，校园推广活动得到了政府的大力支持。2014年2月，相关部委批准设立了专项基金，在全国范围内实施“3D创新教育播种”计划。云南省一次性采购6300台设备配给学校，北京、河北、浙江等地区校园也已有打印设备走入。在李涛的设想中，每一台设备、每一个学校都是先临的一个“点”。当设立足够多“点”时，先临希望点与点之间建立互通，学生之间能通过网络数据平台衔接，起到以点带线的作用。然后，再利用各种创意大赛、微信营销等宣传方式，带动3D打印的全面推广。

在生物医疗方向，由于这一领域定制化程度高，对成本不敏感，被认为是3D打印最好的应用方向之一。先临当前主要以齿科应用为切入点，通过参股或者设备销售的方式与齿科3D打印工厂合作，不仅向其销售牙齿扫描设备，更积极研发性能稳定、价格更为优惠的齿科打印设备，来取代当前齿科工厂主流的进口打印机。同时，先临三维也积极推动3D打印设备在骨科的应用，但囿于国家在准入上严格的限制，这一细分领域尚未有太大进展。此外，旗下子公司捷诺飞生物也尝试在生物和细胞3D打印应用推广，打印人体组织或人体器官用于新药研制：2015年捷诺飞已实现了具有稳定功能的3D打印肝单元的批量生产，其开发的第三代生物3D打印工作站已实现商业化销售。

下一步，公司希望在生物医疗领域从单纯的齿科三维扫描、生物3D打印装备开发向装备开发与服务应用并重的方向发展，在医疗器械定制服务、开放式生物材料研发平台开发、生物医学科学研究平台开发、细胞3D打印和药物筛选应用等方面进行突破。在李涛的战略构思中，通过三个领域市场的占领，特别是工业和教育，先临要努力搭建一个完善的平台，形成有层次的市场。不仅实现短期销售设备的盈利目的，而且中期能培育客户，甚至长期可以达到培养人才的目标。

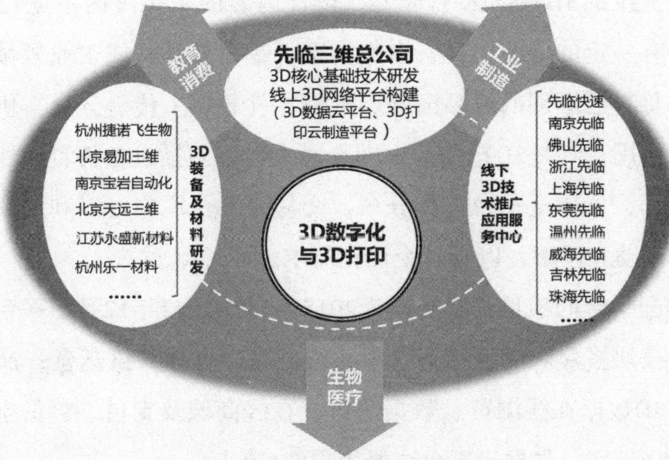

图10-5　先临三维生态体系

资料来源：由先临三维公司提供

O2O生态圈的构想

在线下布局全产业链的同时，李涛也有和同行一样的困惑：3D打印技术诞生30多年，至今没有产业化，关键的原因就是缺乏合理的商业模式。大多数企业还是沿袭传统制造业的老路，生产设备卖设备。

2015年前后，国外以Shapeways为代表，通过社交网络把“3D打印产业链”搬到线上的方式，给了李涛启发。他意识到，将3D打印与互联网结合起来，或许是行业未来的一条重要出路。于是，在国内轰轰烈烈互联网+的热潮下，先临三维的线上化战略从打造数据云平台和云制造平台开始。

3D数据云平台

3D数据云平台（3D客网），是先临在互联网上建立的可实现设计分享的3D模型库。李涛认为，技术的发展，让3D打印设备逐渐走进人们的生活，但随之而来问题是拥有设备终端后，用户发现内容无法满足。因此，他认为，先临线上化首要举措就是搭建内容平台。

在先临三维的3D数据云平台上，设计内容的来源有两条途径：一是软件建模，由于有一定的专业门槛，多数情况下是由设计师或工业领域的厂商来完成的，他们将自己原创的产品配件、维修零件数据上传、分享，供平台用户购买、下载、使用；二是3D扫描，也即普通人通过扫描设备将自己所见的实物转化为三维数据，上传至平台进行分享、交易，平台用户可以利用软件在这些数据基础上做改动和调整，以满足个性化需求。

3D数据云平台的项目开发周期为2015年1月~2017年12月，平台已于2015年度完成功能模块搭建和后台运营管理系统开发，并投入试运营；2016年，平台进一步完善3D数据在线浏览、数据分析、在线商城及支付、会员空间等功能模块，截止2016年底，数据云平台注册用户约6万人。

3D打印云制造平台

除了在设计层面，建立可分享内容的平台，先临的另一个构思是，当线下3D打印设备越来越多，积累到一定量级后，利用互联网将这些如网点般分布的设备串联起来，织一张智造大网。

为此，先临三维于2015年同时建设3D打印云制造平台——3D造网，并与公司全国范围内的线下3D打印创新服务中心联网。用户只需在该线上平台下单，后台便可根据各服务中心接单量以及设备分布情况，将订单分配给就近的服务中心；产品制造完成后，再由该中心寄送给用户。

2017年上旬，公司将原有的3D打印数据云平台“3D客网”和3D打印云制造平台“3D造网”合并升级为“3D造云平台”：设计师可在该平台提供个性化定制设计服务；个人消费者可在该平台的“3D模型库”购买3D数据内容，并连接至线下3D打印体验中心、3D打印教室和家庭设备；企业用户则可通过“在线3D打印”模块连接先临三维的线下3D打印服务中心和齿科3D打印工厂，获取3D打印云制造服务。当前，3D造云平台入驻3D打印设计师600余位，注册用户数达25万，个人与企业用户比例约2：8。

凭借这一平台，先临希望能在设计和制造两个环节构建线上线下O2O，形成从线上数据和设计服务，到线下打印设备及服务整个生态圈的闭环，真正为用户提供一站式傻瓜服务，让打印设备成为每一个用户带来生产、生活巨大变革的工具。

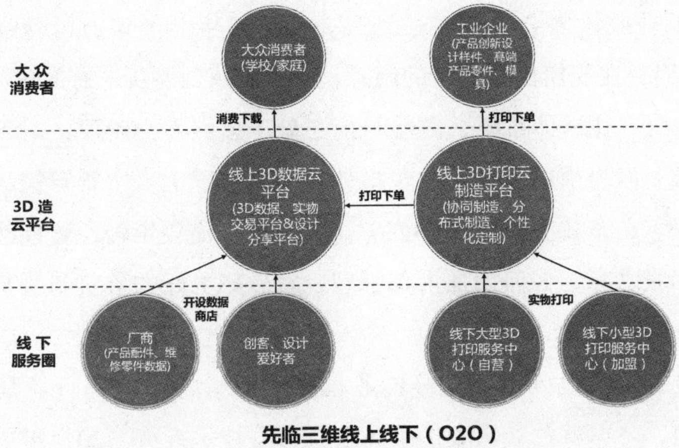

图10-6　先临三维线上线下O2O构想

资料来源：由先临三维公司提供

然而，李涛认为，受当前3D打印应用范围所限，上面只是初级的玩法。未来当打印设备走入更多家庭，如现在的PC机普及一样后，云制造对传统规模制造的影响力才会真正得以发挥。

过去工业时代的制造基础是规模经济。通过专业化分工、流程式制造，在集中的工厂，完成生产过程。这种模式类似过去几年，电话网络呈现的大型化、集中化特点，一个公用电话满足一条街区人群的使用。如今，移动电话已经非常普及，世界上大约60%的人拥有手机，移动互联网将数十亿部手机连接成分布式的全球网络。正如这数十亿手机一样，制造业有朝一日也会形成数百万小型自动组织的生产节点。如果说过去集中化的生产模式是“背着扩音器的蚂蚁”，那么未来云制造平台，将带领制造商、消费者和小公司进入“蚂蚁工厂”。

李涛判断，从长远看，3D打印将会改变现有的这种集中、规模化制造方式，未来制造业将朝着按需制造、分布式制造、个性化制造、智能化制造的方向发展。

未来的挑战

在新的战略布局下，过去几年，先临经营业绩取得了快速增长。2009年至2016年，营业收入复合增长率达到32%，2017年上半年公司营收同比增长31.39%。[①]然而，在规模快速扩张的同时，李涛也感到前所未有的压力。

首先，在全产业链体系下，先临目前正处于多点发力阶段，对管理能力提出了更高要求。但当前的管理层，包括他自己（35岁）、主管营销的副总经理赵东来（36岁）、董秘黄贤清（30岁），队伍都还比较年轻，管理经验不足。在人员急剧膨胀之际，如何加强内部管理，将战略更好的落实到执行力，是当前对他的一大考验。

其次是员工的激励问题。先临的股权激励在国内3D打印行业是相对较好的。创业初期，公司就曾拿出股份给高管及核心技术人员，2014年更是推出覆盖面更广的股权激励计划。然而，由于国内尚未出台与新三板挂牌企业相关的股票期权规则，公司于2017年4月被迫终止2016年度对33位核心员工的股权激励计划，转而向旗下控股子公司捷诺飞和易家三维的核心员工支付总计79万元的股份薪酬。作为一个开始与互联网融合的新兴企业，如果以互联网企业来对标，先临三维的股权激励机制在灵活性和力度上，尚有一定的差距。

最大的问题还是，企业的增长点究竟在哪里？过去几年企业规模快速增长，但营收、利润增速却放缓。先临希望扩大打印耗材生产和3D打印服务，可是这两项业务的收入占比却连年下降，好像还是在"造设备卖设备"。而其3D打印O2O生态圈的构想虽已有雏形，但无论是从线下服务中心网点密度，还是从线上平台数据量级、活跃用户基数上看，想要真正形成"生态"尚有较大努力空间。怎样才能使先临三维，乃至中国的3D打印，像公司的英文名字（Shining）一样前途光明灿烂？

（指导教授：李乐德　研究员：梅新蕾、刘晓婷）

① 先临三维公司公告及Wind资讯。

图书在版编目（CIP）数据

可操作的转型：中国企业的成功转型样本 /李伟，周立主编. -- 成都：四川人民出版社，2019.5

ISBN 978-7-220-11187-7

Ⅰ.①可… Ⅱ.①李… ②周… Ⅲ.①企业管理－案例－中国 Ⅳ.①F279.23

中国版本图书馆CIP数据核字（2019）第004305号

KECAOZUODE ZHUANXING ZHONGGUOQIYEDE CHENGGONGZHUANXINGYANGBEN

可操作的转型：中国企业的成功转型样本

李伟 周立 主编 杨燕 执行主编

责任编辑	林袁媛
责任设计	戴雨虹
责任印制	王 俊
出 版	四川人民出版社
策 划	杭州蓝狮子文化创意有限公司
发 行	杭州飞阅图书有限公司
经 销	新华书店
制 版	杭州真凯文化艺术有限公司
印 刷	杭州钱江彩色印务有限公司
规 格	710毫米×1000毫米 16开 16.75印张 251千字
版 次	2019年5月第1版
印 次	2019年5月第1次印刷
书 号	ISBN 978-7-220-11187-7
定 价	52.00元
地 址	成都槐树街2号
电 话	（028）86259453